厦门大学
哲学社会科学繁荣计划
2011—2021

■ 本书为2012年国家社科基金资助项目"财政分权、
包容性增长与治理研究"（12CJY097）的研究成果
■ 本书受厦门大学哲学社会科学繁荣计划的出版资助

厦门大学公共事务学院文库

CAIZHENG FENQUAN BAORONGXING ZENGZHANG YU
ZHILI YANJIU

CAIZHENG FENQUAN BAORONGXING ZENGZHANG YU ZHILI YANJIU

财政分权、包容性增长与治理研究

黄君洁 著

中国社会科学出版社

图书在版编目（CIP）数据

财政分权、包容性增长与治理研究／黄君洁著.—北京:中国社会科学出版社，
2019.7

ISBN 978 – 7 – 5203 – 4661 – 0

Ⅰ.①财… Ⅱ.①黄… Ⅲ.①财政分散制—关系—经济增长—研究—中国
Ⅳ.①F812.2②F124

中国版本图书馆 CIP 数据核字（2019）第 128587 号

出 版 人	赵剑英
责任编辑	孔继萍
责任校对	冯英爽
责任印制	郝美娜

出　　版	中国社会科学出版社
社　　址	北京鼓楼西大街甲 158 号
邮　　编	100720
网　　址	http://www.csspw.cn
发 行 部	010 – 84083685
门 市 部	010 – 84029450
经　　销	新华书店及其他书店

印刷装订	环球东方（北京）印务有限公司
版　　次	2019 年 7 月第 1 版
印　　次	2019 年 7 月第 1 次印刷

开　　本	710×1000　1/16
印　　张	20
插　　页	2
字　　数	268 千字
定　　价	118.00 元

厦门大学公共事务学院文库

编 委 会

（由学院学术委员会成员组成）

主　编　　陈振明

编　委　　朱仁显　李明欢　陈炳辉　卓　越

胡　荣　黄新华

总　序

　　公共事务是一个涉及众多学科的重大理论与实践领域，既是政治学与行政学（或公共管理学）的研究对象，也是法学、社会学和经济学等学科研究的题中之义。公共事务研究是国家的一个重大战略要求领域。随着全球化、市场化、信息化以及数据化、网络化和智能化时代的来临，当代国内外公共事务的理论和实践都发生了深刻变化；我国改革开放和现代化建设亟须公共事务及其管理的创新研究。党的十八届三中、四中全会分别做出了《中共中央关于全面深化改革若干重大问题的决定》和《中共中央关于全面推进依法治国若干重大问题的决定》，提出了"推进国家治理体系和治理能力现代化"以及依法治国的改革总目标。

　　全面深化改革，国家治理现代化，依法治国，决策的科学化民主化，都迫切需要公共事务和管理理论的指导及其知识的更广泛应用。这为中国公共事务研究提供了前所未有的发展机遇。改革与发展中的大量公共管理与公共政策问题需要系统研究，国家治理的实践及其经验需要及时总结。新形势要求我们迅速改变公共事务及其管理研究滞后于实践发展的局面，推动中国公共事务及其管理的理论创新，以适应迅速变化着的实践发展需要。这是我们继续出版《厦门大学公共事务学院文库》这套丛书的初衷。

　　厦门大学政治学、行政学和社会学学科具有悠久的历史。早在20世纪20年代中期，我校就设立了相关的系科，中间几经调整分合及停办。20世纪80年代中期，作为国内首批恢复政治学与行政学学科的重点综合性大学之一，我校复办政治系，不久更名为"政治学与行政学系"，随后社会学系也复办了。2003年，由我校的政治学与行政学系、社会学系和人口研究所三个单位组建了公共事务学院，2012年学校又批准成立了公共政策研究院。

　　经过三十年的发展，我校的公共管理与公共政策、政治学和社会学等学科已经取得了长足的发展，迈进了国内相关学科的前列。学院及研究院拥有公共管理、政治学两个一级学科博士点和博士后科研流动站，人口、资源与环境经济学二级学科博士点（国家级重点学科），社会学二级博士点和博士后科研流动站，公共管理硕士（MPA）和社会工作两个专业学位，"行政管理"国家级特色专业，公共管理、政治学和社会学3个福建省重点学科，厦门大学"985工程"及一流学科建设项目——公共管理重点学科建设平台，福建省2011协同创新中心——"公共政策与地方治理协同创新中心"，福建省文科重点研究基地——"厦门大学公共政策与政府创新研究中心"和福建省人文社科研究基地——"厦门大学公共服务质量研究中心"以及多个人才创新或教学团队。此外，学院还建立了设备先进的公共政策实验室。

　　本学院及研究院已形成一支包括多名教育部"长江学者"特聘教授或讲座教授及中组部"万人计划"人才在内的以中青年教师为主、专业结构比较合理、创新能力较强的人才团队，并形成了包括公共管理理论、公共政策分析、政府改革与治理、公共服务及其管理、公共部门绩效管理、人才发展战略、社会管理及社会保障、国家学说、新政治经济学、政治社会学、社会性别与公共事务在内的多个有特色和优势的研究领域或方向。

　　作为厦门大学公共事务学院和公共政策研究院以及"厦门大学

哲学社会科学繁荣计划"和 2011 省级协创中心等项目或平台的研究成果,《厦门大学公共事务学院文库》围绕公共事务及其管理这一核心,遴选我院教师的各种项目研究成果以及优秀博士论文汇集出版,旨在显示近年来我院公共事务及相关学科的研究进展,加强与国内外学界的交流,推进我国公共事务及相关学科的理论创新与知识应用。

陈振明

于 2016 年 8 月 28 日

自　序

　　《财政分权、包容性增长与治理研究》一书即将交付印刷出版，对该议题的研究也暂告一个段落。自 2012 年 6 月起，本人所主持的"财政分权、包容性增长与治理研究"的国家社会科学课题组组织了本课题的成员覃志刚、漆亮亮、雷艳红、江新昶、梁萧、黄立恺参加了课题的研究工作，经过近四年的工作，课题组完成了一系列的研究任务，取得了一定的研究成果，并最终形成 30 万字左右的研究报告。本书正是由课题组成员综计前后，耗时近四年所得的研究成果的集结。

　　正如漆思、杨淑琴（2009）所言，中国发展观与发展理念的发展，一直引领着中国特色社会主义发展道路的探索。中国的经济发展理念在经济社会发展的历史进程中不断演化与发展，历经了经济增长、综合增长、全面增长、可持续增长，直至包容性增长。"包容性增长"的基本要义是公平合理地分享经济增长，它突破了以往无发展的增长观念，改变了以往见物不见人的做法，它是破解中国当前经济社会发展困境，适应中国发展战略需要的一个新的发展理念，有助于处于转型期的中国巩固改革开放的成果，有助于中国实现经济可持续发展、政治稳定和社会和谐，对当前的中国具有极强的现实意义。

本书在前人研究的基础上，首先从包容性增长的内涵和特征等基础理论研究出发，分析了影响包容性增长评估的重要因素，并在此基础上尝试建立起包容性增长评估体系，并将其运用于对中国及其各省份的包容性增长水平的测度，搜集相关数据，运用层次分析法和 Z 分数法对其进行统计分析，即用包容性增长评估体系测算从2006 年到 2012 年中国及其各省份的包容性增长水平，进而对财政分权与包容性增长关系进行经验检验。另外，本课题还对中印两国所实施的包容性增长战略及其实施效果进行比较研究，并针对实证研究中所发现的问题，从实现中国国家治理现代化的角度提出了在当前中国财政分权的背景下提高中国的包容性增长水平的相应政策建议，以期为中国及其各省份未来发展包容性增长提供评估的工具，为完善分税制财政体制，以促进中国及其各省份的包容性增长水平提供理论依据。可以说，本书是在已有研究基础上的进一步深化与拓展，从包容性增长这样一个全新的和更符合社会发展现实的角度对财政分权问题进行的有益探索，具有一定的理论创新，而且，通过设置包容性增长指标体系、首次建立理论模型和利用经验数据来检验财政分权与中国包容性增长水平之间的关系，以及财政分权对包容性增长的影响机制，拓展财政分权理论的研究范围，为财政分权的政策实践提供理论的支持和引导。另外，通过对包容性增长评估体系的层层分解，可拆分出包容性增长的细节，从而更为立体和全面地寻找分权化改革后期的各种利益矛盾和利益冲突的根源所在，有利于从细处落实包容性增长的政策目标，以期有效坚持科学发展、和谐发展、可持续发展的道路，这对于当前我国发展现状来说，具有很强的适用性。虽然本书在研究内容及研究方法方面具有一定的创新性，但受研究水平和能力，以及数据缺失等主观或客观条件的限制仍存在一些不足，如在提高数据的完整性、细化和深化省级乃至县级层面的研究以及提升政策建议的实效性等方面仍有许多有待提高的地方。

　　"路漫漫其修远兮，吾将上下而求索。"本书的完成是下一个研究征程的开始，我将继续在探索财政分权体制改革与发展道路，探索中国未来发展道路的研究之路上砥砺前行。我相信，前路更加美好！

目　录

第一章 导论

第一节 研究背景

近年来，中国以财政分权①（fiscal decentralization）为特征的财政体制改革对经济、社会等方面的影响已受到学者的普遍关注，以及较为深入的研究。但是，有关财政分权的理论研究并没有得出一致的结论，财政分权的利弊之争持续不断，争论的焦点在于是否要进行财政分权改革和怎样实行财政分权政策。赞成者有之，反对者亦有之，另有学者主张在分权和集权之间寻求一个平衡点（黄君洁，2011）。尽管有关财政分权的理论文献众说纷纭，财政分权的政策实践已远远超过了理论研究的步伐②。20世纪以来，世界各国普遍出现了财政分权的趋势，全世界人口超过五百万的75个发展和转型经济体中，84%的发展中国家正致力于向地方政府下放部分权力（Dillinger，1994）。大多数OECD国家也把财政分权写入了政治议程。这些国家制定财政分权政策、进行财政分权改革都是为了实现提高公共部门效率、刺激经济增长、减少贫困和扩大民主等一系列特定目的。正如Bahl（2000）所指出的那样，如此

---

① 也称财政联邦主义（fiscal federalism）。

② Taillant（1994）指出，许多国家的问题不是"要不要"分权，而是"如何更好地"分权。

大范围的（财政分权）改革是服务于各自特定的目的，这在一些情况下局限了政策的设计。也就是说，财政分权本身是多维的，它所造成的影响可能是多方面的。可见，争论分权是好是坏，不仅毫无意义，而且是一种误导，因为分权的作用取决于它的设计（Litvack，Ahmed 和 Bird，1998）为了判断一国的财政分权改革是否发挥了积极作用，就应该在其实践过程中特别注意财政分权所带来的各种可能后果，着重看财政分权的后果是否与该国的社会发展目标相一致。

　　自改革开放以来，我国的经济增长取得了巨大的成功，甚至被称为"中国奇迹"，与此同时，财政分权亦是中国经济发展中的一个典型事实，所以，理论界也不乏财政分权与经济增长关系的研究文献。中国的经济保持了三十多年的高速增长，所取得的成就为全世界所瞩目，但是，现已位居世界第二大经济体的中国走的却是一条高耗能、高污染和低劳动力成本的发展道路，其经济增长付出了巨大的代价。单纯地以国内生产总值（GDP）为追求目标及盲目跃进的发展模式让中国的经济社会发展付出了一系列沉重的代价，如东西部地区之间、城乡之间经济发展不均衡，城镇居民内部的收入差距过大，以及资源破坏与环境污染等矛盾突出，可以说，并不是所有人都能够相对公平地享受我国经济快速增长所带来的益处，尤其是处于偏远农村地区的农民和城市贫困人口这些弱势群体越来越被边缘化。回顾中国的改革历程，我们发现，虽然中国经济保持高速增长的态势，而发展严重失衡也是事实，中国成为"不包容性增长"的典型（余闻，2010）；现实生活中经济发展的成果并没有惠及所有国家和地区、惠及所有人群（周建军，2010）；机会不平等、收入分配不公、贫富差距不断扩大，经济增长并没有使所有的人都受益，特别是贫困人口（孙翎，2010；汤敏，2010）。与此同时，汤敏（2010）认为，中国 GDP 如果再保持在两位数以上的增长，资源、环境的压力会增大，由增长本身不均衡导致的矛盾也会增多。因而，"唯 GDP"的经济增长理念遭到了普遍的诟病，引发了社会各界对社会发展模式的重新思考，而中国经济增长的特点及其衍生的各种社会问题使得人们更为关注经济和社会的均衡发展。那么，社会发展的最终目的若不仅仅是经济增长，又该是什么呢？

在此背景下，经济发展理念也在经济社会发展的历史进程中不断演化与发展，历经了经济增长、综合增长、全面增长、可持续增长，直至包容性增长。第十一届全国人大五次会议的政府工作报告将 2012 年我国国内生产总值增长目标定为 7.5%，这是八年来 GDP 增速预期首次低于 8%。国内生产总值增长目标略微调低，主要是要与"十二五"规划目标逐步衔接，引导各方面把工作着力点放到加快转变经济发展方式、切实提高经济发展质量和效益上来，以利于实现更长时期、更高水平、更好质量发展（温家宝，2012）。政府层面主动调低经济增长预期目标显示了其"调结构、促转型"的决心，表明政府希望能够更好地贯彻以科学发展为主题、以加快转变经济发展方式为主线的经济发展之路，也就是说，改善民生和经济发展方式的转变将成为重要的考核标准。2010 年 9 月 16 日，时任国家主席胡锦涛在第五届亚太经合组织人力资源开发部长级会议的开幕式上发表题为"深化交流合作实现包容性增长"的致辞（新华网，2010），倡导包容性增长①。现任国家领导人也多次在多个场合提及包容性增长。

---

① 胡锦涛指出，实现包容性增长，根本目的是让经济全球化和经济发展成果惠及所有国家和地区、惠及所有人群，在可持续发展中实现经济社会协调发展。我们应该坚持发展经济，着力转变经济发展方式，提高经济发展质量，增加社会财富，不断为全体人民逐步过上富裕生活创造物质基础；坚持社会公平正义，着力促进人人平等获得发展机会，不断消除人民参与经济发展、分享经济发展成果方面的障碍；坚持以人为本，着力保障和改善民生，努力做到发展为了人民、发展依靠人民、发展成果由人民共享。

2014 年 5 月 8 日，国务院总理李克强在阿布贾出席第 24 届世界经济论坛非洲峰会全会时，围绕此次峰会"促进包容性增长、创造就业机会"的主题，指出包容性增长已成为世界普遍认同的发展理念（人民网，2014）。2015 年 1 月 6 日，李克强总理在广州白云区了解外来务工人员生活情况、考察危旧房改造时再次强调，我们要的是包容性发展（人民网，2015）。2014 年 7 月 8 日，习近平总书记在主持召开经济形势专家座谈会时谈到，发展必须是遵循经济规律的科学发展，必须是遵循自然规律的可持续发展，必须是遵循社会规律的包容性发展（习近平，2014）。这一重要论述，是对中国经济发展新常态的科学把握和理性思考，是对推动经济持续健康发展新思路、新目标的高度概括（新华网，2015）。

显然，"包容性增长"的基本要义是公平合理地分享经济增长，这正是破解中国当前经济社会发展困境，适应中国发展战略需要的一个新的发展理念，有助于处于转型期的中国巩固改革开放的成果，有助于中国实现经济可持续发展、政治稳定和社会和谐。所以，深化对经济增长的认识，转变增长理念，从单纯强调经济增长到"对穷人友善的增长"以及"包容性增长"的演进（蔡荣鑫，2009），强调公平、公正和协调发展，以及经济、社会和资源环境间的协调发展，在中国具有非常强的现实意义（王军，2010）。因此，我们应该跳出单纯的以经济增长来衡量财政分权作用的局限，而应该关注财政分权究竟有没有使增长成果为大众所共享。考察当前中国的包容性增长水平，研究现有的财政分权体制是否有效地促进中国的包容性增长，成为我们需要解答的问题。但是，目前关于财政分权后果的研究和包容性增长概念的引入在中国还属于起步阶段，从国内外现有的文献资料看，探讨财政分权与包容性增长之间的关系的研究更是非常匮乏。

第二节 研究范围、方法和结构安排

一 研究范围

分权是一个广泛应用的术语,且在不同场合有不同含义。国内外学者主要是从政治分权 (political decentralization)、行政分权 (administrative decentralization) 和财政分权 (fiscal decentralization) 三个不同的角度探究分权及相关问题。政治分权意味着地方政府是由直选产生,地方官员要对选民负责。在行政分权下,地方政府有权聘用或解雇地方政府的工作人员,而不涉及上级政府。通常意义上的财政分权则是指赋予地方政府财政自主权,使其承担起在辖区内征税和支出的责任。财政分权使得选举产生的地方官员必须认真衡量选区内的财政收入与支出,否则他就有可能在下一轮的选举中失利 (Tugrul 和 Shah,2002)。但本课题的研究范围仅涵盖财政分权,而不包括政治分权和行政分权。可是,财政分权理论本身所涉及的研究范围依然很广,正如 Grewal,Brennan 和 Mathews (1980) 所指出的那样,财政分权理论试图解决的问题很多,包括采取分权结构的原因、收入来源和支出在不同层级的政府之间的配置原则、自由移民的效率性和政府间转移支付及其形式等。受研究目的的约束,本书主要讨论中国的财政分权是否有助于促进包容性增长水平的提高。同时,虽然现在中国有中央、省(自治区、直辖市)、市、县、乡五级政府,分税制改革也确定了省以下分税制改革仿照中央对各省、自治区、直辖市的方案,但是,由于省级以下的分税制改革仍不完善,不规范的现象时有发生,而且省以下财政分权状况的地区差别较大,所以,本课题将把研究范围限定在研究中央政府和省级政府之间的两级财政分权问题。

目前，有关经济和社会发展的理论和政策评估体系中，仍然是以 GDP（或 GNP）为核心指标，物的增长的发展观仍占据主流地位。但是，仅以 GDP 指标作为唯一的发展成就评估标准，并将其增长视为发展的最终目标时，会产生诸如资源耗竭、贫富分化、社会动荡等许多严重的问题，尤其表现在对经济可持续的影响上。1971 年，美国的 Dennis Goulet 率先提出"发展"的概念需要重新定义，他认为发展的意义应扩展到一个更广的层面上，那种以人类的痛苦和远期发展目标的丧失为代价的所谓的发展实际上是反发展的。而"包容性增长"这一概念的提出正是使我们得以跳出"经济增长"这一狭隘的框架，从一个更为宽广和较为综合的视野来看待发展问题，让我们在追求经济增长的同时更加关注社会的和谐与稳定。

本课题主要研究中国财政分权与包容性增长之间的关系，而要测度中国的包容性增长水平首先要准确看待和确定包容性增长的内涵与外延，并在此基础上构建一套可供操作的科学的指标体系，进而检验财政分权在促进包容性增长方面是否确实发挥实效。总而言之，可以通过对财政分权与包容性增长关系的实证分析来检验我国的增长成果是否为大众所共享；确立明确、具体和细化的包容性增长评估体系，可以准确反映财政分权背景下我国经济社会发展的现状，据以完善财政分权体制。因此，本书试图要回答的几个问题可以概括如下：

1. 中国及各地区的包容性增长水平如何测度？

2. 财政分权是否能够促进中国的包容性增长水平？

3. 财政分权对处于不同经济发展水平的中国各地区的包容性增长水平的影响是否存在地域差异？

4. 财政分权的子指标对包容性增长的作用是否一致？

二　主要研究方法

（一）文献分析法

着重运用文献研究方法对相关文献资料进行梳理，通过整理、归纳和分析文字材料，从中挖掘和收集有用的信息，并导出研究问题。在财政分权研究成果方面，主要归纳分析了财政分权与经济增长、社会发展、资源环境等关系的研究成果。在包容性增长研究成果方面，主要厘清什么是包容性增长、其影响因素有哪些、如何构造包容性增长的评价体系等问题。

（二）调查研究法

通过问卷调查、专家访谈和实地观察数据等方法，设计包容性增长评估体系，并在所选取的样本城市展开实地调研，实际应用包容性增长评估体系以测度中国的包容性增长水平。

（三）量化研究法

主要运用无量纲化中的极值法以及线性加权法来分别处理财政分权与包容性增长的相关指标的标准化问题。同时，构建了包容性增长评估体系，以及财政分权与包容性增长关系的相关模型，并运用 stata 软件进行分析，经过豪斯曼检验，最终采用固定效应模型的分析结果。

（四）比较分析法

主要是对各地区的包容性增长水平进行对比分析。通过对比分析，以探讨不同地区包容性增长水平的差异性及其可能的原因。并通过对中印两国在实施包容性增长之前的发展现状、现实条件以及实施包容性增长战略的具体模式、实施后的效果的对比分析，研究中印两国增长的包容性程度以及导致增长非包容性的因素。

三　结构安排

本书的研究主要包括以下几部分内容：

第一部分为导论。交代选题背景、研究目的和意义，说明研究的主要内容、基本思路、研究方法、结构安排，以及研究的重点、难点和创新、不足之处。

第二部分为文献综述。首先对财政分权与经济增长、社会发展和资源环境的相关文献进行简要回顾，并且探讨了已有研究的可拓展之处。再对包容性增长的概念进行界定，并对相关文献资料进行回顾和述评，为下文的指标体系构建、理论模型分析和实证研究提供经验基础。

第三部分为包容性增长评估体系的构建及应用分析。首先，根据对包容性增长概念的界定，选取和设计三级指标，在依托层次分析法、Z分数法和无量纲化的基础上，构建起包容性增长的评估体系，最终实现具有反映功能、评估功能、监控功能和引导功能的"四位一体"的包容性增长评估体系；其次，在全国各省份选取样本地区，对这些地区进行问卷调查、专家访谈、实地考察，并结合相关统计年鉴的数据，对各省份的包容性增长水平进行测算，且进行比照分析。

第四部分为财政分权与包容性增长关系的实证分析。首先，分析我国的财政分权与包容性增长的状况，然后提出待检验的假说；其次，对实证分析中所用变量和检验方法进行了说明，运用面板数据模型检验两者之间的关系；最后给出计量结果，并且进一步探讨财政分权子指标对包容性增长的影响。

第五部分为中印两国实施包容性增长战略的比较研究。分别描述了中印两国实施包容性增长战略的不同背景及模式，而后从持续的经济增长、公平享有公民权利、共享经济成果、人与自然协调发展四方面对两国实施包容性增长战略的效果进行对比分析,最终比较分析两国增长的包容性程度、非包容性的表现。

第六部分为结论与政策建议。总结整个研究,立足于我国的实际情况,对完善财政分权体制、推进中国国家治理的现代化、促进包容性增长提出相应的政策建议。

简言之,本项研究的基本思路是在对相关文献资料梳理的基础上,构建包容性增长评估体系并应用于分析,在数据样本采集的基础上测算出各省份的包容性增长指标,而后对财政分权与包容性增长关系进行经验检验,并比较了中印两国所实施包容性增长战略,最后得出结论并提出相应的政策建议。主要内容和思路如图1—1所示。

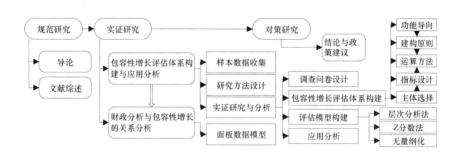

图1—1 研究的基本框架

第三节 研究的重点难点与预期价值

一 研究的重点难点和创新之处

研究的重点在于包容性增长评估体系的构建、变量的测量以及数据和信息搜集，并实证研究财政分权与包容性增长之间的关系。研究的难点是如何提高研究效度，包括作为变量的评价指标测量的准确性、变量间相关关系推论的可信度乃至包容性增长理论解释的可信度，主要通过控制变异量来实现。而且，由于研究所涉及的省份众多，各省份的数据在统计范围方面存在一定的差异，部分省份在某些数据上并未统计或是统计较为混乱，导致了部分指标的缺失。为了保障统计口径的一致性，方便省份间对比，对于不能处理的指标，本书只能采取舍弃的方式，这在一定程度上影响了指标测算的完整性。

研究的创新之处在于：一，研究财政分权对包容性增长的影响改变了以经济增长为研究视角的传统，研究视角新颖，有利于推进财政分权理论的发展并得出一些创新性观点，并为如何客观全面评判财政分权改革实践提供了某种特定的检验标准；二，建立包容性增长评估体系可以为如何评判包容性增长实践提供了某种特定的检验标准，并对影响包容性增长的因素做出客观判断，有针对性的衡量和反映出经济社会发展状况。

二 研究的预期价值

本研究是在已有研究基础上的进一步深化与拓展，具有一定的理论创新，而且，该研究成果可以引导实际部门的工作和实践活动，因而具有一定的实际应用价值。

（一）理论价值

1. 丰富了研究内容

一直以来，财政分权的利弊之争在理论研究和经验检验方面都没有得出一致的结论，很大程度上是由于判断的标准不一致造成的。在这一背景下，有必要先明确社会发展的目的所在，以此作为

"要不要"财政分权的检验标准，而后进一步明晰财政分权是如何实现这一发展目的的。而之前众多文献的研究焦点在于财政分权与经济增长的关系上。本课题试图跳出经济增长这一狭隘框架，从包容性增长这个角度来系统地探讨财政分权的效果。包容性增长强调经济、社会、环境发展的均衡性，是一个从全新的和更符合社会发展现实的角度对财政分权问题进行的有益探索，这对于当前我国的发展现状来说，具有很强的适用性。

2. 创新了研究方法

本课题在对包容性增长的相关文献进行梳理的基础上，通过设置评价指标作为包容性增长的客观评价标准，对影响包容性增长的因素做出客观判断，有针对性地衡量和反映出经济社会发展状况，为如何评判财政分权背景下包容性增长实践提供了某种特定的检验标准。并且首次建立理论模型和利用经验数据来检验财政分权与中国包容性增长水平之间的关系，以及财政分权对包容性增长的影响机制。这不仅可以拓展财政分权理论的研究范围，为财政分权的政策实践提供理论的支持和引导，研究结果也证实了二者之间的相关性，即财政分权程度的提高确实会对包容性增长产生积极的促进作用，而且有利于推进包容性增长的相关研究并得出一些创新性观点，通过对包容性增长评估体系的层层分解，可拆分出包容性增长的细节，有助于从更为立体和全面的视角寻找分权化改革后期的各种利益矛盾和利益冲突的根源所在，有利于从细微处落实包容性增长的政策目标，以期有效坚持科学发展、和谐发展、可持续发展的道路。

（二）实践价值

就我国的财政分权的实践而言，自中华人民共和国成立以来的财税体制改革大体上可分为三个阶段：第一个阶段（1950—1978），是实行高度集中的、统收统支的中央集权模式。第二个阶段

（1978—1994），中央逐步放权。从 1980 年实行的"划分收支，分级包干"到 1985 年实行的"划分税种，核定收支，分级包干"体制，中国财税体制开始进入分权的轨道。第三个阶段（1994 年至今），则以分税制改革为标志。如何在中央和各级地方政府之间合理分权，始终是我国财政体制改革的要点和难点。因此，本书的研究结果对检验我国财政体制改革的结果具有一定的实践意义，可用以引导实际工作部门的实践。一套科学合理、行之有效的包容性增长评估体系无疑可以为衡量财政分权背景下中国经济和社会发展状况提供评判标准和客观依据，不但能够通过验证来纠正偏离包容性增长的行为，如进一步完善财政体制、构建促进中国包容性增长的政策体系、公平发展机会、缩小地区发展差距，而且所构建的包容性增长评估体系不仅具有评估功能，还具有对地方政府促进包容性增长的引导功能，力图成为地方政府官员的业绩考核的综合指标，使业绩考核的依据更为科学合理，保证执行过程中权、责、利的统一，进而促使其实现符合新的社会发展理念的发展目标。

第二章 文献综述

第一节 文献检索

通过对有关财政分权、包容性增长的中文文献进行检索，可以初步了解和把握国内对该研究主题的研究现状和发展进程。由于中国期刊网较为完整地收录了国内各期刊的文献，故在中国期刊全文数据库中以"篇名"为检索项[①]。

首先，以"财政分权"为检索词，以"全部期刊"为检索范围，时间跨度为所有年份，且为"精确"匹配进行检索，检索的结果是，自1997年至今，共有记录940条。但是，如若将上述的检索范围局限在"CSSCI"之中，则找到538条结果。在中国优秀硕士学位论文全文数据库和中国博士学位论文全文数据库中以"题名"为检索项，以"财政分权"为检索词，进行精确检索，结果显示分别为144条和42条记录。在对近年来国家自然科学基金项目和国家社科基金项目进行梳理，分别得到1个和13个项目。

其次，以"包容性增长"为检索词，以"全部期刊"为检索范围，时间跨度为所有年份，且为"精确"匹配进行检索，检索的结果是，自2009年至今，共有记录736条。但是，如若将上述的

[①] 检索时间截至2015年6月8日。

检索范围局限在"CSSCI"之中，检索产生的记录大幅缩减为 224 条。而在 736 篇文献的检索基础上，以"指标"为关键词在结果中进行扩展检索，仅得到 6 篇文献。而且值得注意的是，检索结果显示，2009 年仅一篇文献，而 2010 年至 2015 年，检索的结果分别是 87 条、298 条、167 条、110 条、59 条和 14 条记录。在中国优秀硕士学位论文全文数据库和中国博士学位论文全文数据库中以"题名"为检索项，以"包容性增长"为检索词，进行精确检索，结果显示分别为 39 条和 8 条记录，其中仅 2014 年的 2 篇文献测度了中国的包容性增长水平（张晓梅，2014；孟久儿，2014），其余文献主要是以"包容性增长"为研究视角对某个问题进行探讨。此外，对近年来国家自然科学基金项目和国家社科基金项目进行梳理，分别得到 0 个和 18 个项目，但没有得到除本课题外的将"财政分权"与"包容性增长"相结合进行研究的项目。这反映了近三年来，"包容性增长"在国内学术界已逐渐成为一个热点问题，相关主题的研究文献数量激增，但系统性和深入的研究文献仍较为缺乏。

最后，以"财政分权"并含"包容性增长"为检索词，以"全部期刊"为检索范围，时间跨度为所有年份，且为"模糊"匹配进行检索，仅检索到 1 篇文献，且该文只是基于包容性增长的视角，测度分税制以来的财政分权与公共服务均等化的相关性（李丽琴，2012），并没有就中国的财政分权与包容性增长关系进行研究。

由于 ISI Web of Science 是目前全球最大、覆盖学科最多的综合性学术信息资源，其收录的核心学术期刊在各个研究领域也最具影响力，其中的"SSCI"（Social Science Citation Index，即社会科学引文索引）所收录的社会科学期刊和论文是当今社会科学领域重要的期刊检索与论文参考渠道，因此，选择该数据库进行相关文献检索可以获得国外在相关领域较为权威的研究成果。在 Web of Science 的"SCI&SSCI"数据库中分别以"fiscal decentralization""inclusive growth"为标题加引号进行检索，时间跨度包括所有年份，词形还原打开，检索的结果为177条和35条记录，但以"fiscal decentralization"和"inclusive growth"为标题去掉引号进行检索，时间跨度包括所有年份，没有获得文献记录。详细情况见表2—1。可见，目前国内外分别对财政分权和包容性增长做了较为大量的研究，但是，还没有直接将二者结合起来进行探讨的文献。

表2—1 国内外主要数据库的检索结果

检索库	时间跨度	检索项	检索词	检索范围	匹配项	检索结果（篇）	文献时间（年）
中国期刊全文数据库	所有年份	篇名	财政分权	全部期刊	精确	940	1997—2015
中国期刊全文数据库	所有年份	篇名	财政分权	核心期刊	精确	538	1998—2015
ISI Web of Science-SCI&SSCI	所有年份	标题	fiscal decentralization	—	—	177	1980—2015
中国优秀硕士学位论文全文数据库	所有年份	题名	财政分权	—	精确	144	2002—2015
中国博士学位论文全文数据库	所有年份	题名	财政分权	—	精确	42	2003—2014
国家社科基金项目	所有年份	项目名称	财政分权	—	—	13	2009—2014
国家自然科学基金项目	所有年份	项目名称	财政分权	—	—	1	2011
中国期刊全文数据库	所有年份	篇名	包容性增长	全部期刊	精确	736	2009—2015
中国期刊全文数据库	所有年份	篇名	包容性增长	核心期刊	精确	224	2009—2015
ISI Web of Science-SCI&SSCI	所有年份	标题	inclusive growth	—	—	35	2009—2015

检索库	时间跨度	检索项	检索词	检索范围	匹配项	检索结果（篇）	文献时间（年）
中国优秀硕士学位论文全文数据库	所有年份	题名	包容性增长	—	精确	39	2011—2014
中国博士学位论文全文数据库	所有年份	题名	包容性增长	—	精确	8	2011—2014
国家社科基金项目	所有年份	项目名称	包容性增长	—	—	18	2011—2014
国家自然科学基金项目	所有年份	项目名称	包容性增长	—	—	0	—
中国期刊全文数据库	所有年份	篇名	包容性增长＋指标	全部期刊	精确	6	2011—2014
中国期刊全文数据库	所有年份	篇名	财政分权＋包容性增长	全部期刊	模糊	1	2012
ISI Web of Science-SCI&SSCI	所有年份	标题	"fiscal decentralization" 和 "inclusive growth"	—	—	0	—

第二节　财政分权：研究现状及进展

在过去的十年里，发展中国家出现了将收入和支出的权力转移给下级政府的趋势，这一趋势受到了广泛的关注（Sarkar，2000），财政分权在世界范围内引起广泛关注。发达国家重塑他们的政府间财政结构以更好地适应"后福利国家"（post-welfare state）这一事实（Bennett，1990；Wildasin，1997）。东方和中欧的转型国家也正致力于建立新的地方财政制度和政府间财政关系（Bird，Ebel，Wallich，1995）。尤其是 20 世纪后半叶以来，许多发展中国家则采取不同形式的财政分权，将其视为一项能够提高公共部门效率、增加地方政府间提供公共服务时的竞争性以及刺激经济增长的重要举措。财政分权理论的提出正是基于这样一个问题：如果按照新古典经济学的原理，中央政府能够完全根据居民的偏好、经济中的产品和服务总量以及资源禀赋供给公共（产）品，从而实现社会福利极大化，那么一个国家就不可能出现多级政府，也就没有现在要讨论的财政分权问题。但是，现实中地方政府不仅实实在在地存在着，而且作用非常大（方晓利、周业安，2001）。

财政分权实践的发展和随之出现的许多新现象和新问题，促使西方经济学家开始论证地方政府存在的合理性，并为财政分权模式寻求理论依据。研究财政分权的文献不断增加，理论界也就不乏许多有关财政分权理论研究文献，其中对财政分权后果的研究，尤其是财政分权与经济增长关系的研究更是热点之一。对财政分权理论的研究是以 Tiebout 在 1956 年发表的经典文献《地方公共支出的纯理论》为起点的。Tiebout 在 Samuelson（1954）对公共支出定义的基础上提出了地方公共支出的概念，使之与一般的政府支出相区开来，从而引出了对地方公共财政问题的关注与研究。他认为居民的自由流动必然引起社区间的竞争，从而使得各地区提供的公共产品和税收组合最适合本地区居民的偏好，即著名的"用脚投票"理论。Musgrave（1959）的"分权思想"进一步提出了税收在政府间进行分配的原则，对政府的三项职能在中央和地方之间进行了分工。Oates（1972）则首先明确了财产税作为地方性公共产品融资的主要来源。鉴于他们在传统财政分权理论上的先驱性贡献，传统财政分权理论又被称为 TOM 模型。但是，该财政分权理论的假设前提是存在一个仁慈而又高效的专制政府，能够自动地按照公众意愿实现资源配置的帕累托效率。这一政府模型假设受到以布坎南和图洛克（1962）、杰佛瑞·布伦南和詹姆斯·M. 布坎南（1980）为代表的公共选择理论和以 Montinola、Qian 和 Weingast（1995）、Weingast（1995）、McKinnon（1997）、McKinnon 和 Nechyba（1997）、Qian 和 Weingast（1998）为代表的市场维护型财政联邦主义（market-preserving federalism）的质疑，他们将政治因素和机制设计等理论引入对政府间财政关系的讨论中来，其被称为第二代财政分权理论（转引自杨志勇，2006）。他们的研究对政府模型的假设更接近现实生活中的真实情况，在承认政府本身有激励机制的同时，认为一个有效的政府结构应该实现官员和地方居民福利之间的激励相容，而且证明数学和微观经济学的新近发展成果的引入使得对财政分权的研究超越了传统的规范分析，丰富了财政分权研究的内容，进一步完善和扩展了财政分权理论。

但是，在分权化改革的实践和财政分权理论的发展过程中，学者对财政分权的利弊问题各持己见，持肯定意见的学者主要是基于居民的流动性和偏好的多样性、地方政府的信息和竞争优势以及增进民主等理论的。而以 Tanzi（2002）为代表的持反对意见的学者则认为，财政分权资源配置功能和市场培育功能的发挥需要满足一些假设条件，而这些条件在现实中是难以达到的。因此，财政分权会造成系列弊端，诸如财政分权会刺激地方政府过多地设置规章制度，以费代税；形成不同的地方利益，从而造成国内市场的分割；增加了官员腐败的可能性；以及会降低整体经济的协调性和财政透明度等。最为严重的是，财政分权削弱了中央政府的作用，淡化了地方政府之间的联系，危及一国的统一，对大国而言尤为如此。有关财政分权、财政分权的后果以及财政分权的决定因素这些理论研究是紧密联系的（Musgrave，1959；Oates，1972）。从某种程度上讲，现有文献的研究范围主要是覆盖财政分权和下列因素的关系：财政稳定、公共部门规模、效率、地区间的竞争、民主、政府数量和经济增长（Granado，1972）。而且，根据规范的公共财政理论，政府间财政关系的安排主要涉及支出划分、收入划分和政府间转移支付三个部分，可见，财政分权本身所覆盖的范畴很广，文献收集也存在一定的困难，对其总结不能详其所有方面。因此，不可能也没有必要对所有有关财政分权的文献进行综述，本节仅梳理出有关财政分权与包容性增长相关的各方面的关系研究，主要包括财政分权与经济增长、财政分权与社会发展以及财政分权与环境保护及资源利用等关系的理论观点和经验研究结论，最后结合我国财政分权与包容性增长的实践，进行简要的评价并得出几点启示。

一 财政分权与经济增长关系的研究（黄君洁，2010）

在许多发达国家和发展中国家，促进经济增长一直被作为实施财政分权政策的主要目标之一。但正如 Oates（1993）所指出的那样，迄今为止，有关财政分权与经济增长关系的研究仍未形成一致的理论框架，甚至财政分权与经济增长之间是否存在直接或间接的因果关系都是非常模糊的。他就此正式提出了财政分权与经济发展的因果关系问题，也就是财政分权是经济发展的原因还是结果。

一般来说，大多数发展中国家和转型经济的财政分权程度普遍要低于发达国家。Oates（1985）分析了 43 个国家的样本，结果显示在 18 个工业化国家中，中央政府支出占全部支出的平均比重为 65%，而 25 个发展中国家的相应平均比重为 89%，它们的中央财政收入平均比重甚至超过了 90%。Bahl 和 Nath（1986）的研究发现也印证了这一财政分权现象。Wasylenko（1987）甚至认为发达国家的分权度平均是发展中国家的两倍。那么，从发达国家的分权程度较高这个现象中，是不是就可以得出经济发展越成熟财政分权度越高的结论呢？也就是说，财政分权与经济增长之间存在的是一种单调的关系吗?

(一) 财政分权与经济增长关系的规范研究

1. 财政分权对经济增长的直接影响

由于财政分权理论是以地方政府在资源配置上更有效率为研究的切入点[①],所以,分权与增长之间的连接主要是通过分权对效率,也就是通过对消费者效率和生产者效率的影响实现的 (Martinez-Vazquez 和 McNab,1998)。Oates (1993) 也认为经济效率的提高是分权的经济基础。财政分权理论所涉及的 "效率" 主要是指消费者效率 (consumer efficiency) 或称分配效率 (allocative efficiency)、生产者效率 (producer efficiency) 或称技术效率 (technical efficiency) 这两个概念。消费者效率是指支出政策更好地适应纳税人的偏好所带来的居民福利水平的提高。由于该效率的获得是来自对资源的最佳配置,所以,又被称为分配效率[②]。生产者效率则是指以相同数量的支出生产数量更多或质量更高的产品,或者是相同数量的产品或服务能够以更低的成本生产时所获得的额外收益 (Martinez-Vazquez 和 McNab,2002)。下面将从消费者效率和生产者效率两个角度入手,总结规范研究文献中有关财政分权与经济增长关系的观点。

就消费者效率而言,一般认为财政分权能够提高消费者效率。因为地方政府更了解当地居民的偏好,具有较强的信息优势,也就更能激励他们提高效率 (Bardhan 和 Mookherjee,1998)。而且由于辖区内的居民被赋予更多的决策权 (Hirschman,1970;Oates,1993),或者居民可以通过辖区间的流动而获得更广的选择权 (Tiebout,1956),所以,由地方政府分散提供公共产品能够更好地

---

① 参见 Oates,1972;Boadway 和 Wildasin,1984。

② Martinez-Vazquez 和 McNab (2002) 认为这个术语本身还不明确,因为总的说来,一种分配带给当地居民福利的最大化并不意味着经济增长的最大化。

适应居民的偏好。不仅如此，分权赋予人们更多参与地方公共事务的权力和热情，会增加他们对政府的支持，最终促进民主的进步和社会的稳定。

理论上财政分权能够提高消费者效率，但在实践中，消费者效率本身是难以衡量的，也就无法通过经验分析来检验这一命题。特别是存在外部效应时，财政分权对消费者效率的影响就更加难以衡量了（Bird，1993）。因为外部效应的存在会导致不同辖区间居民不一致的激励，因此不适合由各地方政府分散提供公共产品。而且，财政分权要发挥对消费者效率的作用需要满足一些假设条件，但这些条件在现实中是很难达到的，尤其是在发展中国家。财政分权能够获得多大的消费者效率不仅取决于各级政府所拥有的辖区内居民偏好等信息的多寡，还取决于政府在多大程度上想要或者能够充分利用这些信息[①]。事实上，发展中国家和转型国家通过财政分权获得的消费者效率是极小的（Bahl 和 Nath，1986；Prud'homme，1995；Bahl 和 Linn，1992；Tanzi，1998）。Prud'homm（1995）认为，大多数发展中国家要解决的问题不是去揭示不同辖区间偏好的差异性，而是如何满足最基本的需求。在各地区收入不平衡的情况下，分权造成贫困地区更加依赖中央政府的转移支付，而无从获得消费者效率（Rowland，2001；Prud'homme，1995）。同时，发展中国家的贫困及民主机制的不完善也限制了"用脚投票"和"用手投票"的实现（Davoodi 和 Zou，1998；Tanzi，2000）。

就生产者效率而言，更多的文献是关注产出总量的提高而不是

---

① Hayek（1945）认为，每个人在特定时空中都具有独特的信息优势，但只有在信息拥有者利用信息作出独立决策或者在决策过程需要依赖他的参与的话，该信息才能发挥效用。所以，政府拥有信息并不能保证这些信息能够更有效率地提供公共产品。

产出质量的提升。如果财政分权能够促使政府在提供公共产品时更接近于生产可能性边界的话，就可以带来更大的生产者效率，必然会引起收入的增加，进而促进经济的增长（Martinez-Vazquez 和 Mc-Nab，1998）。Sewell（1995）认为这是因为许多国家有功能良好的地方政府，他们有更强烈的动机来有效地提供公共产品。但是，这一观点却遭到 Bahl 和 Nath（1986）、Tanzi（1998，2000）和 Prud'homme（1995）的反驳，他们认为由于中央政府能够以更高的薪资和更好的职业前景来吸引更优秀的人才，使得中央政府的操作比起地方政府来更接近技术临界线。另外，中央政府具有的规模经济优势有助于其提高生产效率。然而，也有研究认为，只有很少的公共产品是为了获得规模经济而由中央政府提供，况且实际上所谓的规模经济要比理论预期少很多（Bird 和 Hartle，1972；Oates，1972；Eden 和 McMillan，1991；Prud'homme，1995；Sewell，1995；McMillan，1995）。甚至有经验研究表明，某些公共产品或服务在由地方政府提供时成本更低（Campbell，Peterson 和 Brakarz，1991）。

即使从各国分权的实践结果看，分权在一些国家取得了成功，但却在一些国家失败，之所以如此可能是因为各国政府实行分权的目的不同导致结果的不同。在一些发展中国家，中央政府实施分权政策通常并不是为了获得效率，而是基于其他方面的考虑。在很多时候，中央政府乐于将赤字、提供公共产品的责任或政治压力下放给地方政府，却没有同时赋予地方政府在税收、举债或安排收支结构等方面的决策权，这种自上而下的分权①使得财政分权的效率不升反降（Arze 和 Martinez-Vazquez，2003；Bird，Ebel 和 Wallich，

---

① Bird（1980）将分权区分为自上而下（top down）的分权和自下而上（bottom up）的分权两种。他认为自上而下的财政分权的收益取决于中央政府预定的政策目的；而自下而上的财政分权通常强调的是政治价值和消费者效率。

1995；Bird，1993；Bird 和 Fiszbein，1998；Shah，1998）。重要的是要认识到，由于制度上的约束，分权在理论上的效率往往在实践中被严重破坏（Tanzi，1996）。地方政府往往没有能力形成现代的、透明的支出管理制度，而且其行政能力可能很弱，无力制订和执行计划。地方权限的规模（通常是政治因素和历史发展的结果）也并不总是和实现分权潜在的效率要求相一致。显然，财政分权对消费者效率、生产者效率的影响在理论上没有形成定论，无法明确回答财政分权与经济增长之间的关系。

2. 财政分权对经济增长的间接影响

（1）财政分权、公共资源配置与经济增长

Prud'homme（1995）认为，在其他条件相同的情况下，没有监督的财政分权可能导致资源在某些地区的集中，从而加大地方政府间的财政差异，而集权化的公共部门则会通过将资源从相对发达的地区向相对落后的地区的转移来实现资源在地理上的均等化。反对意见则认为，在集权化的体制下可能会忽视某些政治上无足轻重的地区对公共产品更强烈的需求，反而加剧了公共资源配置的不均等化①。多数学者认为，公共资源配置在地理上的不均等对经济增长所产生的促进或阻碍作用要取决于不均等的程度，一定程度内的不均等反而会对落后地区起到激励和示范作用，有利于经济增长，但过大的差距会影响到社会的稳定和经济发展的平衡。

（2）财政分权、地方政府间的竞争与经济增长

Bahl 和 Linn（1992），Bird 和 Wallich（1995）及其他学者均认为，财政分权下，收支权力转移的过程可能会促进政府间的竞争，改进效率，加强公共服务的提供。而且，竞争还能够激励地方政府

---

① Prud'homme（1995）虽然没能直接证明经济增长会加剧地区间的不平衡，但他的研究发现经济增长没有消除地区间的不平衡。但是，也有证据表明，从长远看，美国地区间的收入差距极大缩小（Barro 和 Sala-I-Martin，1992）。

进行制度创新，使本地区在竞争中占据优势地位，好的制度和政策的扩散又将为社会经济的发展创造一个良好的制度环境，从而促进经济增长。但是，在资源和经济活动有限的情况下，地方政府间的竞争也可能带来零和（zero-sum）甚至负和（negative-sum）的结局（Martinez-Vazquez 和 McNab，2002）。公共产品的外部性特征也可能导致竞争中的地方政府对该类公共产品的提供不足（Break，1967；Strumph，1997），阻碍经济增长。

（3）财政分权、宏观经济稳定与经济增长

财政分权可能使地方政府间的财政关系变得复杂，提高了各地区间和上下级之间相互协调失败的风险，这种风险可能会阻碍财政改革和宏观经济调整的进行，导致宏观经济的不稳定（Prud'homme，1995；Tanzi，1998）。学者普遍认为，机制设计不合理的财政分权会造成宏观经济不稳定，最终导致经济衰退。Easterly（2000）研究了 20 世纪 80 年代后期至 90 年代早期阿根廷和巴西的经济危机后发现，总体上该时期两国的经济和财政政策是进步的，因此至少不能将责任全部归咎于分权政策，而应该是债务危机。Mclure（1995），Sewell（1996）和 Spahn（1997）甚至认为财政分权和宏观经济稳定之间并没有有效的联系。

（4）财政分权、腐败与经济增长

政府官员同"经济人"一样有追求自身效用最大化的动机，但是，如果缺乏有效的约束和监督机制，在实现其自身效用最大化的过程中很可能偏离了社会福利极大化的目标，扰乱正常的经济秩序，不利于经济增长。对于这一观点理论界已达成共识。但是，就财政分权与腐败的关系问题一直存有争议。从近年来的理论研究结果看，如果强调的是分权下地方政府间的竞争或对政府官员的直接监督，则认为财政分权有助于增强地方政府的责任感并减少腐败。Klitgaard（1988）、Persson 和 Tabellini（2000）认为，财政分权下，地方官员只在一定的区域内履行特定的职责，要对自己的行为直接负责，这使得对其业绩的评价和责任的追究相对容易。而且，由于居民拥有选举权并对本地官员的行为有着更直接和清楚的了解，这样，政党或地方官员为了在选举中获胜，必然会增强责任感，减少腐败（Seabright，1996）。各地方政府为了吸引居民和资本而展开的竞争也会减少地方官员的寻租能力（Brennan 和 Buchanan，1980）。但是，另有研究者认为分权可能会滋生腐败。因为分权使得中央政府作用的减弱或失效，缺乏对地方政府间分散的决策权进行监督和协调的权威。这样，就如垄断会导致垄断价格一样，地方政府可能抽取"超额"租金，助长了寻租行为（Shleifer 和 Vishny，1993；Prud'homme，1995；Treisman，2000）。同时，较中央政府官员而言，地方官员的能力不足、薪金和职业前景有限，所以在面临更多的机会和更大的地方利益的压力时可能不理性。特别是在一些发展中国家和转轨国家，由于地方政府机构里的腐败是根深蒂固的，公民必须支付贿赂才得以获取他们已经为此支付了税收的公共服务，所以人们普遍相信，财政分权增加了地方官员寻租行为发生的可能性（Vito Tanzi，1994，2000）。除此以外，还有学者认为，在探讨财政分权与政府官员腐败这个问题时，要注意区别财政分权对腐败的多层次影响（Carbonara，2000），以及不同类型的财政分权对腐败的影响（Careaga 和 Weingast，2000；Persson 和 Tabellini，2000），特别是财政收入与支出权限的不同划分对腐败的影响是不同的（Raymond，Fisman 和 Roberta Gatti，2002）。

（二）财政分权与经济增长关系的经验分析

尽管有大量政策讨论关注财政分权的影响和应用①，但是量化财政分权效果的经验工作是非常有限的（Marinez-Vazquez 和 Mc-

---

① 有关财政分权与其他一些政策目的关系的研究主要包括 Grote 和 Von Braun（2000）研究财政分权能否减少贫困；Treisman（2000）检验分权与政府质量之间的关系；以及 Melo（2000）研究财政分权对各级政府间财政关系的影响。

Nab，2003）。在为数不多的有关财政分权效果的经验研究文献中，涉及最多的主题是财政分权与经济增长之间的关系。但是，由于财政分权和经济增长之间的关系缺乏一个正式的理论框架，使得研究者无法建立起一个有价值的模型，经验分析也没能够提供一种确定性的结论。

1. 财政分权与经济增长关系的直接经验分析

（1）经济增长对财政分权的影响

许多研究都支持这样的观点：分权是经济发展到较高水平时的结果[①]。Roy Bahl 和 Johannes Linn（1992）主张先有经济发展后有财政分权，一国只有在经济发展趋于成熟阶段才会产生分权的需求。利用美国各州的数据研究分权与增长之间的关系，Pryor（1967）和 Mullen（1980）均发现人均收入水平与财政分权度正相关，而这一研究结果与 Giertz（1976）的结论正相反。Oates（1972）采用 58 个国家作为样本数据，发现人均 GDP 和财政集权度之间存在显著的负相关关系。Pommerchne（1977）、Oates（1985）、Bahl 和 Nath（1986）、Wasylenko（1987）和 Panizza（1999）印证了这一研究结果，即经济增长是财政分权的原因。Kee（1977）利用 64 个国家的跨国数据进行检验得到相同的结果，但有趣的是，在其中的 45 个发展中国家里，人均 GDP 和财政分权度之间并不存在显著的关系。

（2）财政分权对经济增长的影响

分权对经济增长影响的经验分析可以追溯至政府规模与经济增长关系的经验研究，因为通常是以中央政府支出占 GDP 的比重，或者是以中央政府支出增长率来衡量政府规模的，而它们可以代表集权度。Landau（1983）、Aschauer（1989）和 Barro（1990）研究

---

① 参见 Wheare（1964），Oates（1972，1990，1991），Bahl 和 Linn（1992），Prud'homme（1995）和 Tanzi（1998，2000）。

发现，中央政府的消费支出占 GDP 的比重与人均收入增长率负相关。Ram（1989）的发现却与之相反。近年来，财政分权对经济增长影响的经验研究的文献开始逐步增多，但是这些研究得到的结论却不尽相同。现将主要的相关文献及其研究结果归纳见表 2—2。

在表 2—2 所列举的文献中，第 1—10 篇是跨国研究，第 11—31 篇是我国财政分权对经济增长影响的经验研究，第 32 和 33 篇是对美国的相关研究，第 34 篇是对越南的相关研究。其中有不少学者从财政分权的角度对我国的经济增长奇迹给出了有说服力的解释（Ma，1997；林毅夫和刘志强，2000；Qiao，Martinez-Vazquez 和 Yu，2002；张晏和龚六堂，2005；Jin，Qian 和 Weingast，2005；沈坤荣和付文林，2005；骆永明，2008；周业安和章泉，2008 等），但 Zhang 和 Zou（1998）、殷德生（2004）、沈伟（2008）和周培奇（2011）等人的研究却得出相反的结论，陈抗等（2002）也认为我国 1994 年的分税制改革造成人民福利的下降，另有学者如胡书东（2001）则认为中华人民共和国成立以来，真正对国民经济绩效有促进作用的是以国有经济为代表的公共经济管理体制的分权，一般的财政分权对国民经济绩效没有明确的因果关系。很显然，这些对财政分权与经济增长关系的直接经验分析没有得到确定性的一致结论。经验研究结果表明，财政分权对经济增长的影响并不是唯一的。不仅在发达国家和发展中国家之间、单一制国家和联邦制国家之间，而且在发达国家或发展中国家内部，财政分权对经济增长的影响所表现出来的结果都是不同的。而这个结果与财政分权和经济增长之间的关系并不是单调的判断是相吻合的（Oates，1993；Guess，Loehr 和 Martinez-Vazquez，1997；Bahl，1999）。因此，政策制定并不是一味地尽最大可能去增加分权度，而应该根据一国的国情和实际需要寻求分权的最佳状况。

表2—2　财政分权与经济增长：主要文献总结

序号	作者（年份）	研究覆盖的国家或地区	时间跨度	财政分权指标	研究方法	主要经验检验结论
1	Davoodi 和 Zou（1998）	46个发达国家和发展中国家	1970—1989	财政支出指标	固定效应模型，时间哑变量，非平衡面板	在发展中国家，财政分权和经济增长之间有不显著相关关系，而在发达国家，财政分权和经济增长之间的关系不明确
2	Woller 和 Phillips（1998）	23个发展中国家	1974—1991	财政支出指标	固定效应模型，OLS	财政分权和经济增长之间的关系在统计上不显著
3	Yilmaz（2000）	17个单一制的国家和13个联邦制国家，包括新兴工业化和发达国家	1997—1999	财政支出指标	固定效应模型，时间哑变量，GLS	相对于联邦制国家，单一制国家的地方政府的支出分权对人均GDP增长的促进作用更为明显，而在州政府一级该效应不明显
4	Enikolopov 和 Zhuravskaya（2003）	21个发达国家和70个发展中国家和转型国家	1975—2000	财政收入指标	OLS，2SLS	在5%的显著水平上，发展中国家分权度越高，人均GDP增长率会越低
5	ThieBen（2003）	26个国家	1981—1995	财政支出指标	OLS/GLS	财政分权与经济增长之间呈弓形关系，过低和过高的分权都不利于经济增长
6	Thiessen U（2003）	14个OECD高收入国家	1973—1998	财政支出指标	横截面回归	财政分权从低水平上升时其与经济增长之间为正相关关系，但达到一个峰值之后，开始转变为负相关

续表

序号	作者（年份）	研究覆盖的国家或地区	时间跨度	财政分权指标	研究方法	主要经验检验结论
7	John Thornton（2007）	19 个 OECD 成员国	1980—2000	财政收入指标	OLS	当财政分权限定为地方政府拥有充分自主权的收入分权时，其对经济增长在统计上不显著
8	Rodriguez-Pose, Andres 和 Krojer, Anne（2007）	16 个中、西欧国家	1990—2004	财政收入指标、财政支出指标	面板数据的动态效应分析	地方政府的财政支出分权、转移支付与地方政府经济增长负相关，而地方政府财政收入分权与经济增长显著正相关
9	Rodriguez-Pose, A 和 Ezcurra, R（2011）	21 个 OECD 成员国	1990—2005	财政收支指标	多元回归	财政分权与经济增长存在显著的负相关关系，政治分权和行政分权对其的影响较弱，且与政治分权的定义密切相关
10	Philip Bodman 和 Kathryn Ford（2011）	18 个 OECD 成员国	1981—1998	地方政府财政收支自主权指标	横截面面板回归	财政分权与经济增长之间没有关系
11	Ma（1997）	中国内地各省份	1979—1996	平均留成比例	固定效应模型、时间哑变量	财政分权促进了中国的经济增长
12	Zhang 和 Zou（1998）	中国内地 28 个省份	1978—1992	人均财政支出指标	没有时间哑变量固定效应模型	省级财政分权与各省经济增长之间的系数显著为负，特别是在过渡时期（1985—1989）更为明显
13	Lin 和 Liu（2000）	中国内地 28 个省份	1970—1993	自有收入的边际增量	固定效应模型、时间哑变量	中国财政分权促进了省级人均经济增长率的提高

续表

序号	作者（年份）	研究覆盖的国家或地区	时间跨度	财政分权指标	研究方法	主要经验检验结论
14	胡书东（2001）	中国内地各省份	1978—1993	财政收支指标	OLS，固定效应模型和随机效应模型，时间哑变量	新中国成立以来，真正对国民经济绩效有促进作用的是以国有经济为代表的公共经济管理体制的分权，一般的财政分权对国民经济绩效没有明确的因果关系
15	Jin, Qian 和 Weingast（2005）	中国内地29个省份	1982—1992	财政支出指标	固定效应模型，时间哑变量	在10%的显著水平上，财政分权与经济增长正相关
16	Qiao, Martinez-Vazquez 和 Yu（2002）	中国内地28个省份	1985—1998	财政支出指标	2SLS	财政分权与经济增长显著正相关
17	殷德生（2004）	中国内地29个省份	1994—2001	人均财政支出指标	多元回归	中国财政分权水平既未能有效促进经济增长，又加剧了地区间地区经济发展的差异程度
18	沈坤荣和付文林（2005）	中国内地除重庆市外的30个省份	1978—2002	7个测度财政分权水平的指标	多元回归	从财政收支两方面综合考虑的财政分权对经济增长的促进效应非常显著
19	张晏和龚六堂（2005）	中国内地28个省份	1986—2002	人均财政收支等指标	固定效应回归模型，时间哑变量	分税制改革后，财政分权积极效应更加显著，但存在显著的跨时差异和地区差异

续表

序号	作者（年份）	研究覆盖的国家或地区	时间跨度	财政分权指标	研究方法	主要经验检验结论
20	周业安和章泉（2008）	中国内地 29 个省份	1986—2004	人均财政支出等指标	固定效应回归模型	从整个时间跨度来说，财政分权确实促进了中国经济的增长，但在不同时期同区域内其影响有所差异，在 1994 年前它对经济增长并无促进作用，而 1994 年后对经济增长的促进作用十分显著。同时，财政分权是导致经济波动的重要原因
21	沈伟（2008）	中国内地各省份	1982—1992；1995—2005	人均财政支出指标	固定效应回归模型	无论是在 1994 年分税制改革前的税收集权模式下还是在改革后的税收集权模式下，我国税权划分与经济增长之间都表现出显著的负相关
22	刘小勇（2008）	中国内地除北京、天津、上海、海南、重庆、西藏以外的其他 25 个省份	1998—2005	省级为人均财政支出指标；省以下地方政府为财政收入指标	固定效应模型	省级财政分权和省以下财政支出分权为正，省以下收入分权和财政自给率影响对人均 GDP 增长率具有负向影响。分地区研究也支持了省级财政分权和省以下财政支出分权为正的观点，省以下经济增长与财政收入分权地区经济增长正相关，财政收入分权与东部地区经济增长正相关，与中部和西部地区经济增长负相关，财政自给率对东部地区具有正向影响，对东部和西部地区对中部地区影响为负

续表

序号	作者（年份）	研究覆盖的国家或地区	时间跨度	财政分权指标	研究方法	主要经验检验结论
23	黄肖广和李睿鑫（2009）	中国内地28个省份	1988—2005	预算内本级政府财政收入指标等4个指标	固定效应模型	财政分权能够促进经济增长，但作用与地区原经济发达程度成正比
24	李文星、艾春荣、徐长生（2009）	中国内地除西藏以外的30个省份	1979—2004	各地区财政支出占中央财政总支出的比率	修正偏误的虚拟变量最小二乘估计	在分税制实施前，财政分权阻碍了经济增长，但在全样本期，财政分权对中国经济增长并没有显著的影响
25	王磊、郭义民（2009）	中国内地31个省份	1995—2007	人均财政支出指标	固定效应模型	财政分权与经济增长正相关
26	赵祖新（2010）	中国内地25个省份	1994—2006	财政收入指标	多元回归分析	财政收入分权对经济增长影响最为显著
27	王稻、底顺鹏（2010）	中国内地各省份	1995—2006	人均财政支出指标、人均财政收入指标	多元回归分析	财政支出分权促进了经济增长，财政收入分权阻碍了经济增长，同时财政分权并未加剧区域经济增长的差异
28	周东明（2012）	中国内地27个省份	1986—2010	预算内本级财政收入指标等4个指标	固定效应模型多元回归分析	财政分权对经济增长总体上会促进经济增长，但存在地域差异，在西部地区最明显，中部次之，东部最小
29	林勇、卓玛草（2013）	中国内地除西藏外的30个省份	1994—2008	人均财政支出指标	固定效应模型	财政分权对经济确实促进了中国经济增长，一方面作用，另一方面财政导致中国经济的波动，一方面财政导致中国经济增长的波动，而波动的根源是分权体制本身

续表

序号	作者（年份）	研究覆盖的国家或地区	时间跨度	财政分权指标	研究方法	主要经验检验结论
30	缪小林和伏润民（2014）	云南省106个县	2005—2010	上级补助占县级财政支出比重，上级支出占县级财政收入的比重两个核心变量	随机效应模型	地方财政分权与经济增长呈现出显著的倒"U"形关系，越是经济发达地区，财政分权对经济增长促进作用越明显
31	Chu Jian 和 Zheng Xiao-Ping（2013）	中国内地31个省份	1996—2005	财政支出指标	二阶段最小平方法	财政分权带来地方经济增长
32	Xie, Zou 和 Davoodi（1999）	美国各州及地方政府	1948—1994	财政支出指标和自治权指标等	时间序列分析，OLS	州政府的支出份额系数为正但不显著，地方政府的支出份额系数多数情况下为负也不显著，在两级财政支出指标的回归中，州和地方政府之和和份额的系数符合不确定且不显著。研究认为美国的财政分权状况与最大化增长一致，建议保持该水平的各级政府财政分权，以防止进一步的分权可能损害经济的增长

续表

序号	作者（年份）	研究覆盖的国家或地区	时间跨度	财政分权指标	研究方法	主要经验检验结论
33	Akai 和 Sakata（2002）	美国 50 个州	1992—1996	财政收支出指标	OLS 和固定效应模型，时间哑变量	支持财政分权促进了经济增长的观点。但用财政收入和财政支出度量的财政分权指标的系数均显著为正，而刻画地方自治的指标的系数为负且不显著
34	Lan Phi Nguyen 和 Anwar，Sajid（2011）	越南 61 个省份	1996—2001；2002—2007	财政支出指标	固定效应模型	越南的经济增长与财政收入分权正相关，但与财政支出分权负相关

2. 财政分权与经济增长关系的间接经验分析

除了上述的财政分权与经济增长关系的直接经验分析外，财政分权与经济增长之间可能存在隐含的间接关系，即财政分权通过对中间变量的影响，进而影响经济增长。而且，经验分析是否支持财政分权有可能通过对公共支出、地区间资源配置、地方政府间的竞争、宏观经济稳定和政府治理等因素的影响来间接影响经济增长的理论呢？相关经验研究文献主要是通过研究财政分权对经济增长的基本元素，即投入的数量和质量的影响，来判断财政分权对经济增长的影响（Martinez-Vazquez 和 McNab，2002）。许多研究发现公共基础建设支出对经济增长有显著的正面作用（Aschauer，1989；Easterly 和 Rebelo，1993）。而 Davoodi 和 Zou（1998）的研究却表明，发展中国家财政分权与经济增长负相关的原因，可以用分权下地方政府的支出结构来解释。他们认为，即使有最优的分权度，在错误的支出项目上的高投入也可能导致更低的经济增长率。同时，Davajaran，Swaroop 和 Zou（1996）在研究公共支出结果对经济增长的影响时发现，虽然中央政府的支出水平对经济增长有显著的正相关关系，但是，公共支出的资本结构却对人均经济增长起负面作用。他们推测，发展中国家的财政分权与经济增长负相关，可能就是由于政府的支出过多地用于资本投入而牺牲了生产性支出水平。李涛和黄纯纯（2008）考量分权、公共支出和经济增长之间的关系的经验研究则发现，地方政府预算外支出以及财政分权显著地阻碍了经济增长，而其他财政支出项目对经济增长的影响不显著。

但遗憾的是，根据对现有文献资料的搜索，财政分权是否作用于地区间资源配置的均等化，地区间资源的配置状态对经济产生怎样的影响，这两个问题都没有得到经验分析的支持，也就无法证明财政分权能否通过影响公共资源在地区间的配置对经济增长产生影响。财政分权、地方政府间的竞争和经济增长的关系研究同样缺乏经验分析，只是基于理论上的分析。而且到目前为止，仍没有文献是对财政分权和宏观经济稳定的关系进行经验检验，也无法证明宏观经济不稳定必然会阻碍经济发展（Fischer，1993）。

　　财政分权与腐败关系的研究在理论上没有达成一致，Bardhan和Mookherjee（2000）指出，各级政府的腐败倾向是因特定场景而有所变化的，理论上很难说明两者之间存在着确定性的关系，应当通过经验研究来评估。Huther和Shah（1998）的经验研究表明，财政分权对政府质量和民主的扩张都起到积极的作用。但是，他的研究没能控制其他变量，如经济发展水平、政治制度等因素对腐败的影响，因此，其经验研究结论可能受干扰。Fisman和Gatti（2000）则进一步引入更多的解释变量，涵盖主要的政治、经济因素，回归结果表明，财政分权与腐败之间存在显著的负相关关系，即分权化程度越高，政府越廉洁。Arikan（2000），Gurgur和Shah（2002）也通过经验研究证明，财政分权会使竞争性的地方政府数量增加，减少了政府官员腐败行为的空间。王文剑和覃成林（2008）认为分税制改革后，各个地区的地方政府都拥有更加强烈的激励扩大预算外收入，加大对地区经济的攫取。但非农产业和非国有制经济越发达，地方政府"攫取之手"就越少。因此，在我国非农产业和非国有制经济相对发达的东部地区，当前的财政分权体制有利于地区经济增长，而在中西部地区则相反。但是，Treisman（2000）的经验分析却得出了财政分权与腐败之间不存在显著相关关系的结论。

　　这些间接经验分析表明，财政分权、中间变量与经济增长之间的关系并不确定，无法直接得出财政分权是否可以通过对这些因素的影响，促进或抑制经济增长的结论。由于财政分权和经济增长的概念都较为广泛，许多变量都会对它们产生影响，所以，需要全面认识和系统研究三者之间直接或间接的关系，包括财政分权对经济增长的影响，以及财政分权通过影响中间变量，进而对经济增长产生影响的过程中，可能出现的此消彼长的相互作用和带来的后果。

二 财政分权与社会发展关系的研究

社会发展程度的高低，社会发展的均衡状况涉及人们是否能够共享经济发展带来的共同成果。而对于共享式的包容性增长来说，贫困发生率越低、社会分配越均等、公众享有的公共服务越多，表明其发展水平越高。目前就财政分权与社会发展之间关系的研究，主要是从更微观的角度进行探讨，包括了财政分权对减贫益贫、收入差距、公共服务供给等方面影响的研究。

对于财政分权能否促进贫困的减少，部分学者进行了相应研究。Crook（2003）以撒哈拉沙漠以南的非洲国家作为研究对象，证明了分权确实有益于降低贫困率，但这必须与相应责任机制相结合。张克中等（2010）认为，财政分权能够增加亲贫式支出效率，进而减少贫困，但是，财政分权又会造成地方政府竞争，扭曲财政支出结构，这非常不利于减贫工作，其实证研究表明，在北京、天津、上海三地，财政分权不利于减贫目标达成。储德银、赵飞（2013）进一步从财政分权的结构出发，研究发现，地区预算内支出的减贫效果最为明显，预算外支出与转移支付的效果存在较大差异，不同条件下具有不同影响。许树华（2014）则结合云南地区的实际情况对财政分权制度与贫困相关性进行实证研究，结果表明，在云南地区，财政自给率、收入分权度同贫困发生率呈负相关。虽然学者的研究结果各异，但研究结果都证明了财政分权与减贫之间具有相关性。

财政分权与城乡地区收入差距的相关性研究是财政分权对社会发展影响这一问题中涉及较多的一个方面，研究结果同样表明，二者似乎存在逆向相关性。余长林（2011）基于1994年至2008年的省级面板数据，就财政分权与城乡收入差距之间的关系进行了实证研究，研究发现，财政分权对中西部地区城乡收入差距的缩小作用不显著，但在东部地区其缩小的作用则较为显著。赖小琼和黄智淋（2011）、李雪松和冉光（2013）都对财政分权与城乡收入差距的长短期影响进行了研究，由于研究方法不同，他们的研究成果存在一定的差异，前者指出了财政分权在长期或短期内都不利于城乡差距的缩小，而后者的研究却表明，财政分权在短期内会扩大城乡收入差距，而从长期来看，这种差距会逐步减缓。

由于公共服务供给水平与地区财力息息相关，而现有的财政体制对地方政府的财力以及经济行为产生了深刻的影响，那么，中国的财政分权与地区公共服务供给的关系自然成为一个较为热门的研究主题。乔宝云（2005）以财政分权和小学义务教育供给的相关性为研究对象，研究发现前者对后者的促进作用不大，他认为，出现这一结果的原因在于地方政府资本竞争以及经济增长导向型的发展模式，挤占了本应投入民生发展的资金。傅勇、张晏（2007）认为，由于中国官员升迁过于倚重地方经济发展，因此，财政分权会导致地方政府在公共服务供给过程中大力进行基础设施建设，忽视关系民生的如医疗卫生、教育等非生产性的公共服务。卢洪友等（2012）对中国式财政分权与公共服务供给关系的实证研究同样发现财政分权能够增强地区财力，促进地方公共服务的供给，但由于中国式财政分权诱导地方政府进行投资竞争，挤压了涉及民生方面的公共服务的供给，故而产生了负作用。因此，应当改变原有的官员升迁绩效考核机制，将涉及民生福利指标加入其间。田侃、亓寿伟（2013）的研究在一定程度上从侧面证实了上述研究结论，实证研究发现，转移支付和财政分权有力地促进了东中西三个地区交通这类生产性公共服务的发展，而对教育医疗等非生产性公共服务作用不一。

从现有的研究成果来看，在中国，由于绩效考核往往是以经济增长为导向，使得地方政府间投资竞争激烈，挤占民生方面的支出。因此，财政分权度越高，意味着财政自由度越高，导致用于社会发展方面的资金可能被挤占得越多，财政分权对社会发展似乎具有逆向性的作用。

三　财政分权与环境保护之间的关系

随着包容性增长内涵的扩大，环境因素也逐步成为评价包容性增长的一个重要方面。经济的发展成果不仅仅由当代人所享有，更要考虑子孙后代，即所谓代际包容性。然而，保护环境是需要资源投入的，财政分权程度往往决定了地区所掌握资源的多寡，自然会影响到地方环境保护相关工作的开展。现有的大多数理论研究和实证研究结论都认为财政分权与环境污染存在直接的负激励（潘孝珍，2009；张克中等，2011；马晓钰等，2013；陈逸錾，2013；郭平和杨梦洁，2014；陈明，2014；吴顺恩，2014；刘建民等，2015），另有学者进一步考察了城市层面的财政分权与环境污染的关系，不论是基于长三角地区 26 个城市（陈宝东等，2015）还是中国 73 个城市（陈宝东等，2015）的经验数据的研究都表明财政分权与城市环境污染之间存在正相关关系。俞雅乖（2013）的实证研究还进一步发现，地域不同，财政分权对环境污染的影响也不同，中西部地区呈现为正相关关系，而东部地区则为负相关关系。

由于在我国官员的考核是经济导向型的，地区间竞争的出现，地方政府会将大量资金投入经济发展领域而忽视环境保护与治理，财政分权度的提高往往会导致地方环境保护和治理水平降低，同时，为了促进经济的发展，地方政府往往会刻意降低环境保护的标准，留住那些可以带来较好经济效益但污染严重的企业，进而导致环境污染和治理受到各种负面影响（王永钦等，2007）。这在实证研究中也能够体现，如张欣怡（2015）利用动态面板实证分析证明财政分权改变了地方政府的财政支出结构和模式，降低了环境治理的投入，并最终影响环境污染水平。闫文娟、钟茂初（2012）认为，经济分权和政治集权并存，以及中央政府引导地方政府之间 GDP 竞赛的过度竞争的中国式财政分权，确实增加了外溢性公共物品（如废水）以及覆盖全国的纯污染公共物品（如二氧化硫）的污染排放强度，但并没有增加地方污染公共物品（如固体废弃物）的污染排放强度。范丽红等（2015）的研究同样表明财政分权会导致地方政府忽视环境保护，而产业结构转型升级有助于减少环境污染。李猛（2009）考察财税收入对地方政府环境监管行为的影响，研究表明，中国环境污染程度与人均地方财政能力之间呈现显著的倒 U 形曲线关系，但现阶段几乎所有省份的人均财政能力与倒 U 形曲线拐点值相去甚远。刘建民等（2015）运用面板平滑转换（PSTR）模型分析了财政分权与环境污染的相互关系，实证结果表明，环境污染与财政分权存在着平滑转换机制，财政分权对环境污染的影响效应存在显著的非线性，财政分权对环境监管存在着"竞次"现象。张彩云和郭艳青（2015）分析的是中国式财政分权和公众参与对环境规制水平的影响，研究发现，公众参与通过中国式财政分权间接影响着地方的环境规制水平，其直接影响并不显著；中国的财政分权不利于地方环境规制水平的提高，财政分权程度越低，公众参与越有利于环境规制水平的提高。而田艳芳（2015）通过检验财政分权、政治晋升与环境冲突的关系发现，财政分权是环境冲突产生的重要制度性原因，而政治晋升对环境冲突的影响是双面的。闫文娟（2012）则验证了财政分权与环境治理投资之间的逆向关系，并指出政府间财政竞争是导致这一现象的主要原因，而财政分权的因素只是被放大了。

以上的研究成果表明，虽然有研究成果表明这与财政分权本身并无太大关系，但大部分研究表明财政分权确确实实会影响到地方环境质量高低。在中国，财政分权与环境保护之间主要存在逆向关系，即具有财政分权程度越高、环境质量越低的可能性。

第三节 包容性增长:研究现状及进展

当前中国以及世界上许多国家的经济增长不均衡并衍生了许多社会问题，使得人们更为关注经济和社会的均衡发展，从而引发了人们对社会发展模式的重新思考。以中国为例，改革开放以来中国的经济发展在取得巨大成就的同时，也存在着一些值得反思的地方，诸如地区之间、城乡之间经济发展不均衡，城镇居民内部的收入差距过大，以及经济增长方式过于粗放带来的资源破坏与环境污染等问题，可以说，并不是所有人都能够相对公平地享受中国经济快速增长所带来的益处，尤其是处于偏远农村地区的农民和城市贫困人口这些弱势群体，越来越被边缘化。由此引发了人们构建一个长时间跨度的综合性指标，对经济社会发展水平和能力进行综合测度的关注；其后不少学者，甚至是许多官方统计机构和重要的国际机构参与到对宏观经济综合指标和发展水平的测度，在衡量一个地区经济社会发展时不再唯 GDP 论，不再只重视经济的增长速度和规模，而忽视经济结构、社会结构的改善以及人的全面发展。例如人类发展指数（HDI）和绿色 GDP。其中，HDI 是由联合国计划开发署（UNDP）提出的对人类发展成就进行总括衡量的指标，包括出生人口的预期寿命、成人识字率和三级教育入学率，以及人均 GDP 三项基础指标，衡量一个国家在人类发展的三个基本方面的平均成就：健康长寿的生活、知识和体面的生活水平。可见，人类发展比起单纯地以国内生产总值（GDP）为追求目标的发展理念涵盖了更为广泛的内容。但是，HDI 所重视的只涉及健康、教育和经济增长这三个主要领域，也仅仅是以人类自身为度量的核心，描述人类本身在人的发展和社会进步中所扮演的角色、所处的地位和所起到的作用，测度人类进步的基础（罗乐勤，2015）。另外，最早由联合国统计署倡导的综合环境经济核算体系提出的绿色 GDP，在中国始于 2004 年原国家环保总局和国家统计局联合进行的研究，将资源消耗、环境损害、生态效益等体现生态文明建设状况的指标纳入经济社会发展评价体系之中，它同时涵盖了人类经济活动所包括的具有"正面效应"的活动和具有"负面效应"的活动，相较于 GDP 而言，它对环境资源进行了核算，更为完整地反映人类经济活动的最终成果，从而得出更为真实的国民财富总量。绿色 GDP 概念的提出反映出人与自然和谐发展的理念已被人们所逐步认识，有利于保护自然生态环境，促进资源的可持续利用和经济的可持续发展，但是，以绿色 GDP 为核心的指标体系的建立解决的只是自然资源和环境价值的核算问题，没有涉及如何增长才是人类所需要的增长这一问题。而 2006 年世界银行首次提出的包容性增长理念不仅强调应该转变当前的经济增长模式，还突出强调经济增长应当顾及社会、文化、生态等因素的协调共同发展，实现经济增长的价值跃迁发生的条件是增长的经济价值维度、生态价值维度、人文价值维度之间形成一种合理的关系结构（李刚，2011）。可以说，包容性增长从一个全面综合的角度来看待经济社会环境等各方面的均衡发展，该概念的提出，旨在解决发展中国家经济增长过程中出现的各类社会问题，其概念核心是强调一种机会的平等性，包括市场机会平等、个人能力提升机会平等、获得保障机会平等。

一　国外文献综述

"包容性增长"（inclusive growth）这个概念在世行 2006 年的报

告中首次出现，并被赋予相应定义，其概念核心是强调一种机会的平等性，呼吁各国重视本国公民在社会经济发展过程中享有相同的权利。亚洲银行于 2007 年也进行了包容性增长的概念阐述，并将其作为本地区战略支柱之一，与世界银行不同的是，亚洲银行在强调机会平等性的基础上，还提出了扩大包容性的理念，即机会总量的增长。在世界银行和亚洲银行对机会平等的阐述中，都包含了三个层次的理念：市场机会平等、个人能力提升机会平等、获得保障机会平等。同时，亚洲银行更加强调穷人在这三个层次中所享受的机会的平等性，并列举了印度政府改善穷人处境的相关实例。可见，此时的包容性增长仍然带有强烈的益贫式增长概念的烙印，其主要范围还局限在经济领域。

包容性增长概念被提出来后在近年来被逐渐完善，有关组织和学者对包容性增长的具体含义和内容开展了进一步讨论，将原有的概念和范围大大扩展。基于亚洲许多国家经济的高速发展导致的不平衡，2005 年亚洲银行开展了"以共享式增长促进社会和谐"的专题研究。作为研究成果，2007 年，林毅夫出版了《以共享式增长促进社会和谐》，首次提出"共享式增长"（也翻译为包容性增长），探讨了通过实现共享式增长构建和谐社会的政策选择。包容性增长的概念在 2007 年提出之后，国外许多学者就包容性增长的概念、如何测度包容性增长以及实现包容性增长的策略等问题公开发表了一系列虽然为数不多，但是有良好立论基础的直接相关的论文、研究报告和出版物。

那么，什么是包容性增长，又如何确定非包容性增长呢？国外学者主要是围绕过程或结果维度、收入或非收入维度、收入增长是否有必要、包容性增长测度的难易程度及创新五个方面对包容性增长的内涵进行界定（刘嫦娥、李允尧、易华，2011），其中有代表性的定义有六种，参见表 2—3 （S. Klasen，2010）。

表 2—3   包容性增长概念的比照

概念提出者	核心理念	过程/结果	收入/非收入	收入增长是否必要	测度的难易程度	创新
Rauniyar 和 Kanbur (2010)	一种伴随着不平等减少的增长	结果	两者均可能	是（收入维度）	简单	几乎与相对益贫式增长完全一样
Ali 和 Son (2007)	一种在非收入维度上进行益贫式改善后的增长	结果	非收入	否	简单	与非收入增长率曲线接近
Zhuang 和 Ali（2009）	一种基于扩大机会及利益均等的增长	主要在过程	两者均可	是	测量困难	与扩大的机会均等概念接近
战略 2020 (2008)	一种能创造机会并扩大机会利用的增长	主要在过程	收入	是	不清楚	近似 Zhuang 和 Ali 的概念
世界银行 (2009)	一种能促进生产就业的增长	主要在过程	两者均可	是	困难	与 Zhuang 和 Ali 的概念有些联系
联合国发展项目	一种平等的增长	过程与结果并重	两者均可	不一定	困难	和许多相关概念有些联系

联合国开发计划署（UNDP）首次将政治参与的平等性引入包容性增长的概念中，将包容性增长视为一种伴随着低不均等、不均等减少以及穷人在增长过程中进行经济政治参与且从中实现利益共享的增长，其强调的是包容性增长不应只是经济方面的机会均等，而更应当是政治参与方面的机会均等。Ali 和 Son（2007）则将社会机会均等这一概念带入包容性增长领域，将包容性增长定义为一种在社会机会上的益贫式增长，当社会机会向低收入者倾斜时，包容性增长便随之产生了，而社会机会的分配及其随时间的变化情况可根据收入来考察，即他们认为包容性增长就是要增加每一个社会

成员特别是穷人的机会，平等机会应是包容性增长的第一要义。同时，Ali 和 Son 强调的是在教育和医疗这两个非收入维度上的相对益贫式增长，而这些非收入增长无关经济增长而有赖于公共政策的调整，因此，他们的研究无法探究这种形式的包容性增长与收入增长之间的准确关系。亚洲开发银行（ADB，2008）则在《战略2020》中将包容性增长界定为能创造和扩展经济机会，社会所有成员均等获得这些机会，参与并受惠于经济增长。显然，亚洲开发银行对包容性增长的这一定义既注重经济增长的过程也注重经济增长的结果，但更强调的是增长的过程。但是，虽然《战略2020》尝试在国家和项目层面建构包容性增长的各项评估指标，但仍然缺乏测度包容性增长的清晰的指标。而 Ali 和 Zhuang（2007）、Zhuang 和 Ali（2009）更加细化了原有的平等机会的理念，进一步将包容性增长定义为一种能促进机会增加且机会平等获得的增长，这是一种能使得所有社会成员更平等地参与并贡献到经济增长过程中来的增长，它忽视个人环境的影响，也就是说，当社会成员所取得的成就仅与个人努力有关而与个人出身背景及所处环境无关时，便存在机会均等，而能促进机会均等的增长就是包容性增长。相较于其他概念，Rauniyar 和 Kanbur（2010）则对包容性增长概念进行了综合性的阐述，在整合亚洲开发银行的研究成果基础上，将包容性增长定义为不平等减少的增长。这一定义与相对益贫式增长（pro-poor growth）[①] 如出一辙，不过，相对贫式增长强调的是使穷人相对于非穷人能得到更多的增长以及更少的不平等对待，故其包容性增长概念是在更普遍的范围内考虑改变不平等的状况，其机会平等的增长不仅仅是经济领域，而且更加广泛的包括社会、政治乃至环境等各个领域。世界银行（2009）认为增加穷人的就业机会和劳动报酬

[①]　相对益贫式增长是指穷人与非穷人之间收入不平等减少的增长，它最早见于1997 年英国的国际发展白皮书、1999 年亚洲开发银行以及世界银行的发展报告中。

对于减少贫困的可持续增长战略而言至关重要，因此，生产性就业应为包容性增长的重要元素。在此，穷人不只是经济增长的受益者，更是经济增长的参与者和贡献者。

虽然对包容性增长的概念已有充分的论述，但是，就如何测度包容性增长这一问题不仅涉猎的较少，而且尚未达成共识。Ali 和 Son（2007）在其对包容性增长定义的基础上，并沿用社会机会函数的思想对包容性增长进行测度，主要从人均经济机会和经济机会的共享程度这两个方面进行测度，认为不平等程度应是衡量包容性增长的主要指标，考虑到基尼系数这一指标本身的局限性，应当利用家庭收入比和地区特别是城乡分配比这两套指标进行测算。家庭收入比是一种纵向对比，可以使用前10%的家庭和后60%家庭的平均消费水平比来测算。而且，他们认为越穷的人获取的机会越多，经济增长就越具有包容性，因此，社会机会函数赋予穷人获取机会更大的权重。他们以菲律宾为例进行实证研究，研究结果表明包容性增长的实现程度取决于机会曲线向上移动的程度以及移动发生在收入分配的哪一部分。但是，对机会曲线的测度所采用的测量指标的操作性不够强，且在具体操作中会产生较大的系统误差，另外，其所设置的指标仍具有利贫式增长的烙印，因此，这些指标也仅仅局限于经济领域。基于这种不足，Klasen（2010）提出了更为完善且详细的测量包容性增长的指标。他强调，包容性增长的指标设置应当从两方面进行考虑，即增长本身的公平性和益贫性，因此，包容性增长指标设计应当注重那些减少不平等特别是增强机会平等的方面，这不仅局限于经济领域，还应当考虑到教育、医疗、社会保障等各方面。具体的相关指标则包括了收入增长率，尤其是社会弱势群体个人收入增长、入学率、自来水和电力覆盖率等。较前者而言，Klasen（2010）的指标涵盖范围更加广泛，但关注对象仍然局限于社会弱势群体。McKinley（2010）也从四个具体的维度对包容性增长进行测度，且每个维度都有相应的指标和权重，这些维度主要包括经济增长、生产性雇佣及经济基础设施；收入贫困和公平，包括性别平等；人的能力，如健康、教育、卫生及水的提供；社会网络，主要是提供基本的社会保障措施尤其是限制极度贫困。这些维度赋予的权重分别为50%、25%、15%和10%。这种测度方式具体、易操作，但权重的赋值缺乏严谨性，因此，应该确立一套更为科学合理的方法来构建包容性增长的指标体系。

　　研究者对包容性增长的实现策略也进行了较为广泛和深入的探讨，主要包括以下五个方面：一是要促进有效和持续的经济增长（Ali，2007；Ali 和 Son，2007；Ali 和 Zhuang，2007），而要实现经济的持续增长就应从创造体面的就业机会和促进生产（Ali 和 Son，2007）、消除市场失灵为商业发展提供一个有利的环境（Ali 和 Zhuang，2007）、激活私人投资（Fernando，2008）和进行技术与工业创新（Lin，2004）等方面着手。二是要有确保公平竞争机会的政策（Ali，2007；Ali 和 Son，2007；Ali 和 Zhuang，2007；Fernando，2008），而要确保人们在新的机会中平等参与及受益就需要政府解决制度缺失，维护法律秩序（Ali 和 Zhuang，2007）、发展农村基础设施，优先考虑农村和农业的发展（Ali 和 Yao，2004）、增加穷人的受雇用机会和提升其能力以更好地利用发展机会，并提高他们的生活质量（Fernando，2008）。三是要增强能力和提供社会安全网络，这需要开发人力资本，即政府需提供教育、健康及其他社会服务来提高公民尤其是社会弱势群体的能力（Ali 和 Son，2007）、提供有效的社会保障措施来防止社会弱势群体被极度剥夺（Ali，2007）、解决与健康相关的不平等（Tandon 和 Zhuang，2007）以支持包容性增长的实现。四是要建立伙伴关系，通过政府与私营部门和民间团体合作（Ali，2007），政府与基于社区的组织、民间团体组织和非政府组织（Fernando，2008）的合作有助于促进社会的公平和包容性增长。五是要增强相互关联维度之间的关系，只有在包容性增长中相互关联的经济、政治及社会维度相互增强才能促使包容性增长（Ali，2007；Ali 和 Son，2007；Fernando，2008）。但是，上述的五个包容性增长策略只是从解决收入和能力方面来促进包容性增长，而实际上，穷人之所以穷是由于他们遭受收入贫困、能力贫困及权利贫困（Sen，1981），因此，包容性增长的策略选择中还应包含权利贫困问题，要授权给弱势群体（Aiyar 和 Tiwari，2009）。

二　国内文献综述

包容性增长成为国内理论研究热点，进行较深入的了解和研究则是在胡锦涛（2009）作为国家层面公开倡导"包容性增长"之后。胡锦涛强调，实现包容性增长，根本目的是让经济全球化和经济发展成果惠及所有国家和地区、惠及所有人群，在可持续发展中实现经济社会协调发展。"包容性"成为我国新阶段中社会和经济和谐发展的政策关键词。但是，包容性增长应该包容些什么呢？有怎样的内涵与外延呢？有哪些影响因素？又如何实现包容性增长呢？国内理论界目前主要是围绕这些问题展开研究的。所谓的包容性增长强调的应该包括机会均等（蔡荣鑫，2009）、民众受益（汤敏，2010；庄健，2010；陈宪，2010；俞宪忠，2010；朱春奎、严敏，2012）、价值导向（邓聿文，2010；王军，2010）、发展状态（孙翎，2010；马晓河，2010）以及和谐共赢（马晓河，2010；俞宪忠，2010）五个方面。也就是说，包容性增长应是通过消除由个人背景的差异所造成的收入不均等，从而实现共富这一基本目标，它包括让更多的人享受全球化成果；让弱势群体得到保护；加强中小企业和个人能力建设；在经济增长过程中保持平衡；强调投资和贸易自由化，反对投资和贸易保护主义；重视社会稳定。同时，包容性增长也是中国向全社会、向世界传递出的一种信息和价值导向，即中国的经济增长方式需要改变，要让人民过上一种很幸福的、有尊严的生活。在全球化时代，包容性增长也表达了国际社会普遍共有的和平发展诉求。学者普遍认为影响中国包容性增长主要有 GDP 崇拜、贫富差距、机会不均等、体制制约等几个因素。余闻（2010）认为 GDP 崇拜是我国社会经济发展不平衡性的根源所在，过于注重 GDP 增长的发展模式，必然鼓励了政府将主要的财政资源用于固定资产投资而非提供必要的公共服务（安宇宏，2010）。同时，机会的不均等是社会不公正的表现，如果一个社会的发展机会长期被特定人群掌握，就容易造成贫富两极分化（孙翎，2010；李长安，2010）；贫富差距则是导致经济不包容的重要因素（林毅夫，2007；安宇宏，2010）。而在发展中国家通常面临着非常显著的制度约束，其实质就是制度安排与经济增长之间缺乏应有的包容性（俞宪忠，2010），例如，企业发展中的行业产业政策已成为我国收入分配差距扩大的重要原因（李长安，2010）。学者积极探索促进包容性增长的实践路径，包括坚持科学发展（周建军，2010；黄铁苗，2010；赵海均，2010）、实现机会均等（唐均，2010；李长安，2010）、去 GDP 化（余闻，2010；俞宪忠，2010）、理顺分配机制（左小蕾，2010；马晓河，2010；冯根福，2010；庄健，2010；韩保江，2010）、厚植人力资源（蔡荣鑫，2009；孙翎，2010）、增强政策引导（邓聿文，2010；马晓河，2010；邹正方，2010）、完善制度保障（蔡荣鑫，2009；赵弘，2010；竹立家，2010）和加强国际合作（汤敏，2010）等政策和措施。可见，近年来国内理论界高度关注包容性增长，但现有的研究侧重于不同解读、政策解释、对策设计等，偏重于探讨哪个方面或是哪些因素造成"不包容性增长"，且多为规范性研究。

实际上，包容性增长涉及的范围广泛，包括可衡量的标准和更多的无形因素，因此，要了解在财政分权背景下是否实现了包容性增长、分权背景下各地区的包容性增长状况是否一致、增长过程中的问题归咎，首先是要在正确认识包容性增长的基础上，客观"计量"包容性增长，进而对财政分权与包容性增长的关系进行考量。

　　然而，目前的国内外研究还没有对包容性增长形成一个普遍认同的定义，只是通常将其理解为"均等机会下的共同增长"，也少有文献对包容性增长评估问题进行全面、系统的论述，并对评估指标的设定问题进行定量研究，且尚未确立一套公认的行之有效的指标体系或方法用以对包容性增长进行测度。部分学者根据地方实际情况构建评价体系，如杨新洪（2011）根据深圳本地的实际情况，构建了一套评价深圳本地包容性增长情况的指标体系，具体包括"效益深圳统计指标体系""民生净福利指标体系""转变经济发展方式评价指标体系"和"社会建设评价指标体系"四个方面。李晓园、陈武（2014）在基于苏赣陕三省的数据分析的基础上进行了县域包容性增长的测算，测算指标主要包括四个成分：经济增长成功的共享性、发展机会的平等性、经济发展的可持续性和经济增长再分配的公平性。任保平（2011）认为包容性增长是可持续增长、共享性增长、全面增长、广泛基础上的增长、安全增长和平等增长，应从经济增长的条件、过程、后果以及广泛的社会因素几个方面实现合理包容，由此认为包容性增长应该包括增长条件的包容、增长过程的包容和增长结果的包容这三个理论维度，并以此为基础采取模糊综合评价的方法来建立包容性增长的指标体系。但是，这一评价指标体系并不是建立在对包容性增长概念界定的基础上的，也没有对影响包容性增长的关键因素进行分析，而是将经济增长的前因后果融合到一个指标体系中，这不利于对包容性增长的实现情况和造成包容性增长现状的根源进行剖析。于敏、王小林（2012）将包容性增长定义为在经济增长的前提下，全民参与增长过程，共享增长成果，在此基础上，从经济增长的可持续性、贫困和收入不平等、参与经济机会的公平性以及获得基础社会保障四个维度评价包容性增长，并对从 1990 年至 2009 年中国的包容性增长进行了测量。这是一套较为完善的评价包容性增长的指标体系，但是，该研究没有考虑到资源环境对包容性增长的影响，仅从人的角度进行探讨略显偏颇。

伴随着包容性增长的概念和范围逐步扩大，关于包容性增长的测量方式，特别是指标体系的研究也在逐步发展，从最初的仅限于经济领域到外延至社会，政治乃至环境保护领域，包容性增长的指标体系的构建越来越复杂，也越来越完善。在进行包容性增长的测算过程中，选用一套能够体现包容性增长内涵、完整的指标体系至为重要，只有这样，才能够反映当下包容性增长的真实情况。然而，上述学者所设置的指标体系无法全面衡量包容性增长这一概念所涵盖的内容，具有一定的片面性。显然，明确包容性增长的内涵和特征，探究影响包容性增长的关键因素，并以此为基础对包容性增长评估体系进行系统研究显得势在必行。

另外，现有的文献中仅有李丽琴（2011）从包容性增长的视角测度财政分权与公共服务均等化的关系，但其研究以公共服务的均等化程度来近似反映财政分权下公民分享经济成果的公正性，没有构建系统的包容性增长评估体系，研究所得出的结论也就不能够全面准确地反映中国的财政分权是否有益于促进全民共享经济发展成果。可见，目前的研究都没有对包容性增长评估问题进行全面、系统的论述，也没有对影响包容性增长的关键因素——评估指标的设定问题进行定量研究，更缺乏对财政分权影响包容性增长的研究。因此，构造包容性增长评估体系、对财政分权与包容性增长进行系统研究、探寻在财政分权背景下中国经济包容和谐的路径就显得势在必行。

第四节　财政分权及包容性增长相关研究的
述评与启发

一　财政分权理论的研究方法：规范研究和经验研究的结合

财政分权理论作为宏观经济学和公共经济学的一个分支，其研究所覆盖的范围较广，财政分权理论试图解决的问题几乎涉及了除货币政策以外的所有政府政策问题（Grewal、Brennan 和 Mathews，1980）。然而，财政分权的相关理论无法给出一个关于要不要分权以及如何分权的指导原则，直接经验和间接经验分析的结论也是各不相同，乃至相互矛盾。之所以出现这种情况，除了缺乏一致的理论支持外，还可以从经验研究过程来探究其中的原因。由于不同国家在具体国情和政治制度上存在差异，不同学者研究的立足点有所不同，对财政分权的认识和数据的提取以及选取衡量财政分权程度的指标也各不相同，这也许是他们得出不尽相同的研究结论的重要原因之一。这样，财政分权理论的国别比较研究就缺乏可比性。而且，即使是研究同一国度的财政分权问题，不同的研究者也可能得出迥然相异的研究结论。因为财政分权本身具有的复杂性决定了仅用单一的指标是很难全面地衡量一国的财政分权状况，即便是使用多个指标也不能囊括财政分权的各个方面，只是从各个不同的侧面或角度对财政分权的基本状况予以近似的反映。

因此，研究中国的财政分权问题应该撇开财政分权的利弊之争，更不能照搬国外已有的经验结论，而应该立足于中国的具体国情，借鉴他人的研究方法，基于可靠的经验研究基础上，较为客观地判断我国财政分权的实施效果，检验财政分权是否与我国社会发展目标相吻合。除此以外，财政分权还包含有相当的民主含义和一些管理方面的要求，所以在进行经验研究之余应结合规范研究，对我国的财政分权改革辅以一些定性的评估和说明，使得出的结论更能接近于现实，更为全面和客观地评价我国财政分权改革的效果。

二 财政分权指标的选择

如前文所述，影响财政分权决策的因素有很多[①]，财政分权本身也是多维的，所以，很难给出一个准确无误的标准定义。学者自然会对财政分权的定义有各自不同的理解和偏重，从而影响到对财政分权指标的定义和选择。而财政分权程度的度量对经验检验十分重要，财政分权指标的非唯一性，可能会影响到经验分析的结论。

在目前的文献中，受各种因素的影响，研究者在度量财政分权时一般只采用简单的收支份额度量财政分权。而事实上，对财政分权程度的衡量除了要考虑财政权力在各级政府之间的配置之外，还受到各国的历史传统、文化背景、体制变革等多种因素的影响。即使两个国家的地方政府有相同的收支份额，但收入来源或决策的自主权不同也会导致二者的财政权力并不对等，这一点对于跨国研究尤为重要。即使是对同一国进行研究，经验分析的结果也会受到财政分权指标选择的影响。应该说，有关中国财政分权与经济增长关系的经验研究结论之所以不同，与财政分权指标的选取有较大的关联。Martinez-Vazquez 和 McNab（2002）指出，当所使用的指标仅从一个角度来反映财政分权时，不论它有多详细或被多好地分解，都不能准确描述分权状况。赖玥（2014）通过内生财政分权与经济

---

① Breuss 和 Eller（2004）概括了大量文献中有关影响财政分权决策的五个基本因素：居民偏好的区域差异、规模经济和外部性、辖区间的竞争和分工、政治因素、地理和人口条件。

增长之间的转型动态分析，揭示了多重均衡的存在，指出财政分权与经济增长之间并非简单的线性关系，而应考虑不同层级政府支出对产出的贡献度来选择合适的财政分权度。因此，选取财政分权指标不仅要准确定义财政分权并给予恰当理解，对各种不同的财政分权度的衡量方法进行比较、分析和总结之后，还应该从具体国情出发并结合具体的研究目的加以选择，使之可以较为全面地反映该国实际的分权程度。

三 根据实际情况合理建立模型

在研究财政分权与经济增长关系的相关文献中，一般是根据 Barro（1990）或 Solow（1956）的理论建立回归模型的，但是，长期经济增长应该是许多变量的函数。储蓄、投资、人力资本、技术进步、法律法规和制度等许多因素都会对经济增长和效率产生影响。谢贞发和张玮（2015）通过荟萃回归分析发现，中国财政分权对经济增长影响的不同实证结果受到不同研究特征的影响，尤其是在"正向显著效应"的实证结果受"区域、劳资增长率、其他改制、预算内资金"等研究特征的显著影响。同时，财政分权是一个渐进的过程，如若经验研究的时间跨度较大，则其样本可能包含了政策和体制等各方面的变化。Akai 和 Sakata（2002）指出，如果所选择的样本恰好包括经济高速增长时期，则更容易得出负面影响的结论。而且，由于各国财政分权的发展轨迹也不尽相同，例如，工业化国家的分权在 20 世纪中叶达到顶峰，而后开始减弱，并在随后的几年里呈现出不同的集权或分权发展方向[①]。但发展中国家仅

---

① Wallich（1994）；Bird，Ebel 和 Wallich（1995）；以及 Marinez-Vazquez 和 Bo-ex（2001）发现，苏联解体后分裂出的国家、中欧和亚洲的许多国家重现分权政策；而欧共体成员国实现更为集权的政策。

在最近才开始了分权改革，之前一直是实行高度集权的政策（Oates，1993）。尤其是在跨国研究中，要注意区分这些不同变化的影响。可见，在财政分权与经济增长关系的经验研究中，除了保证样本跨度选择的有效性、多样性和充分性之外，还应将上述这些因素考虑进去，控制其对经济增长的影响。但是，Oates（1993）指出，很难在模型中将历史传统等诸多因素全部包括在模型之中。然而，如果将某些关键的变量排除在模型之外就可能影响研究结论的正确性，因此，为了确保经验研究的稳健性，就应该尽可能地在模型中反映各变量，尤其是经济政策变量对经济增长的影响（Levine 和 Renelt，1992）。同理，在研究我国财政分权对包容性增长影响的问题时，同样要避免因计量模型识别可能有误而影响经验分析的结果。不过，虽然有许多非经济因素对财政分权后果的影响非常关键，且对包容性增长评价的指标体系中也包括难以客观量化或者难以获取相应数据的指标，但如果这些因素难以量化，就不能在模型中得以反映。

四 拓展我国相关研究的研究路径

在已有的文献中，既有直接研究财政分权与经济增长之间的关系，也有探悉财政分权是如何通过中间变量间接影响经济增长的。研究结果表明，财政分权通过公共资源配置、地区政府间的竞争、宏观经济稳定和腐败等途径作用于经济增长。但由于上述研究运用的计量方法，以及采用的财政分权度量指标和控制变量不同，财政分权与经济增长关系的经验检验结果不尽相同，而且已有的研究强调的是中国财政分权对经济增长的影响，并以传统经济指标 GDP来衡量经济增长，单纯的以经济增长指标来衡量财政分权的作用不仅助长了地方政府追求经济指标的政绩工程，而且扭曲了地方政府公共支出结构（傅勇和张晏，2007），使得财政分权的收益被财政分权的成本所抵消。然而，关于财政分权后果的研究和包容性增长概念的引入在中国还属于起步阶段，从国内外现有的文献资料看，还没有直接探讨财政分权与包容性增长之间的关系。但是在现有的研究成果中，虽然没有学者对财政分权和包容性增长之间的关系进行直接的研究，仍有很多学者对财政分权与包容性增长概念所包含内容，即经济发展、社会发展、环境保护等进行相关性分析，这些研究表明财政分权与这三者具有很强的相关性。在中国，这种相关性体现在财政分权对经济发展的正向相关性，对社会发展和环境保护主要为逆向相关性，但依据条件的不同，如地域、支出结构的不同，可能会有不同的表现。所以，财政分权程度的提高，对包容性增长必然有着莫大的影响，至于影响总体情况如何、对构成包容性增长的各个方面的影响如何正是本书所要探讨的问题。因此，揭示出财政分权与包容性增长之间的关系，通过财政分权子指标对包容性增长的作用来更具体揭示财政分权的作用机理，这不仅有助于更好地设计财政分权体制，而且可以更好地利用财政分权来促进社会经济等各方面的协调发展，即为实现包容性增长提供相应的参考。

第三章 包容性增长评估体系的构建

第一节 包容性增长的内涵及特征

要客观衡量和评价包容性增长的实现程度和发展状况就需要运用可量化的统计指标进行定量分析，但测度包容性增长是一个复杂的系统工程，需要将定量分析和定性分析进行有机结合，并将定量研究建立在定性分析的基础之上。所以，要设置包容性增长指标体系，首先必须明确包容性增长的内涵，界定包容性增长的统计含义。

2014年7月29日，习近平总书记在主持召开的中央政治局会议上强调，发展必须是遵循经济规律的科学发展，必须是遵循自然规律的可持续发展，必须是遵循社会规律的包容性发展。遵循经济规律的科学发展，是生产力与生产关系作用的表现。遵循自然规律的可持续发展，是人与自然关系作用的体现，遵循社会规律的包容性发展，是前二者与人的全面发展关系的体现。遵循经济规律的科学发展，是国家繁荣、社会稳定、人民富裕的重要基础；遵循自然规律的可持续发展，才能使人与自然和谐相处，有力地推动经济和社会发展；遵循社会规律的包容性发展，旨在回归发展的本意，坚持以人为本，强调"民富优先"，可提振经济，有利于国家、自然、社会、人类的和谐共处。

因此，虽然目前通常将包容性增长理解为"均等机会下的共同增长"，而没有一致认可和统一的定义，但在对包容性增长的相关文献进行梳理的基础上，可以认定所谓的包容性增长强调的是机会均等、民众受益、价值导向、发展状态以及和谐共赢五个方面，包容性增长的含义可以从以下三个层面来诠释：一是在经济发展层面，经济必须是增长的，而且这种增长是数量与质量并重的、有效的、可持续的、有潜力的增长。只有数量增加、质量提高的经济增长才可能实现经济质量全方位和快速的提高，也只有满足社会可持续发展需求的经济增长才是有发展前景的增长。二是在社会发展层面，应该是能促进机会均等的增长，即所有社会成员，尤其是对弱势群体和中小企业而言，都能在经济增长过程中平等地进行经济政治参与、贡献，并从中受益，具体而言，是从收入、能力和权利三个层面消除由个人背景的差异所造成的收入不均等，不仅有助于共富这一基本目标的实现，而且是实现社会公正、社会稳定和社会进步的核心问题所在。三是在资源利用与环境保护层面，包容性增长应该实现的是人与自然环境的协调发展，才能在既满足当代人物质和文化生活需要的同时又不至于让我们的后代丧失发展的基础。如果一国或地区的经济增长是以牺牲资源、环境为代价的，那么，这种增长必然只是一时的，而只有在经济增长的过程中保持人与自然系统之间的平衡，才能获得持续、稳定和协调的发展，才能保证社会发展的和谐。由此可得包容性增长的特征，即包容性增长是具有多维性、有效性、可持续性、机会均等性和共享性等特征的，包容性增长的实施要受到经济、社会、环境和体制等多方面因素的制约，这些特征在指标体系的构建过程中均应充分、完整地考量。

第二节　构建包容性增长指标体系的原则与基本方法

一　构建包容性增长指标体系的原则

为了能够对包容性增长进行客观描述和正确评价，需要建立起一套设计科学合理、操作简便可行的包容性增长评价指标体系。评价指标体系是指若干个相互联系的统计指标所构成的整体，用以说明被研究对象各方面相互依存和相互制约的关系，从不同角度、不同侧面全面反映研究对象的整体状况。科学合理的指标体系既是对系统进行准确可靠评价的基础和保证，也是对系统的发展方向进行正确引导的重要手段。为了客观、全面、科学地衡量包容性增长的水平，确保研究的统一性和规范性，在构建包容性增长指标体系以及设定具体的评价指标时应遵循如下原则。

（一）科学性与可操作性原则

所构建的包容性增长评价指标体系应当能够充分反映和体现包容性增长的内涵和基本特征，可用于科学、客观和准确地衡量包容性增长的实际水平。包容性增长指标体系是多维多层的指标体系，所以，指标体系内部的各指标之间应相互衔接、边界清楚，指标体系的层次划分清晰、合理，各指标权重也要分配得当。同时，在选择指标时也要考虑相关数据的可获得性和长期支撑的可操作性，要尽可能保证数据能够从现有的统计年鉴、政府公报等公开披露的统计资料中获取，否则就失去了指标设计的实际意义。

（二）完备性与关键性原则

包容性增长这一概念本身是多维的，所包含的内容较为丰富，包容性增长目标的实现同样是一项复杂的系统性工程，应是经济、社会、政治和资源环境等多种因素合力的结果，所以，构建包容性增长评估指标体系必须尽可能地反映包容性增长所涉及的方方面面，通过各项指标间的相互配合系统地展现包容性增长的全貌。然而，虽然影响包容性增长的因素有很多，但决定其发展水平和变动趋势的往往只是其中的一些关键指标，因此，所选择的指标不宜过多，必须是那些最为关键、最具代表性的，使之既能在该维度下具有最强的说服力和解释力，又能区别于其他相关的指标体系，否则会影响到对整体的判断和全局的把握。

（三）稳定性与完善性原则

建立的包容性增长指标体系应该不仅能够反映现有的包容性增长实现的实际状况，而且要能够用以分析和比较包容性增长水平的变化过程并预测其发展趋势，所以，评价指标体系中所选取的指标应在一定的历史时期内保持相对的稳定性，并且所选取的指标是可以按照时间序列排序的矢量指标以便预测演变趋势进行纵向比较。但是，绝对不变的指标体系是不可能的，指标体系将随着时间的推移和情况的变化而有所改变（王玉芳，2010）。由于在包容性增长评估指标体系中会遇到诸如价值评判、资源环境估价等问题，而这些问题无论是在指标设计还是数值估算等方面还存在一定的试验性成分，因此，需要遵循循序渐进的思路，随着理论的不断成熟与实践的进一步需要而不断地加以完善，直至最后形成一套较为完善的指标体系。

（四）可测性与可比性原则

包容性增长指标体系中的指标内容包括定性指标和定量指标，但在指标设计时应尽量考虑指标量化的难易程度，并尽可能选取可以量化的指标。同时，选取评价指标时应注意指标的口径范围和核算方法的纵向可比和横向可比原则，即在对同一事物不同时期的评价中应注意纵向可比，而对同一时期不同事物之间的评价应注意横向可比（王英娟、李荣平、陈松松，2011）。只有这样，才能通过对不同时期或不同地区间的包容性增长状况的比较来显示各测评对象的真实水平及发展态势，并揭示出问题之所在。

二　构建包容性增长指标体系的基本方法

包容性增长评价指标体系的构建是多种方法的综合应用，主要包括以下两种方法。一是关联法，当指标体系中有某个或某几个指标无法直接获取时，可以根据关联法用与其类似的指标值来推算该指标（杨新洪，2011）。二是权重法，权重是用以体现各组单位数占总体单位数比重的大小，并由其决定指标体系的结构。但是，如果只是依据个人的主观判断进行权重的赋值的话必然会影响到研究的客观性与严谨性，因此，采取层次分析法（Analytical Hierarchy Process，AHP）来确定评价体系内各子系统的权重的话可以较好地规避这一问题，可以将定性与定量的决策合理地结合起来（许树柏，1988）。层次分析法是美国运筹学家匹兹堡大学教授 A. L. Saaty 于 20 世纪 70 年代针对解决大型的复杂问题而提出的一种能综合进行定性与定量分析的一种系统分析方法。具体说来就是先将一个系统问题进行分解，分解成若干个组成要素之后按照一定的支配关系形成层次结构，而后应用两两比较的方法进一步确定各指标之间的相对重要性并进行相应的数学处理，这就将个人的主观判断进行了量化分析，实现了定量化的决策。同时，AHP 通过一致性检验一定程度上解决了主观判断的可靠性问题，提高主观决策过程的科学性，是分析多目标、多因素、多准则复杂大系统的有力工具（韩传模，汪士果，2009）。三是数据的无量纲化（也称数据的规格化），无量纲化是指标综合的前提，由于评价指标体系中的各个评价指标的量纲、经济意义、表现形式以及对总目标的作用走向等各不相同，不具有可比性，因此，必须对其进行无量纲化处理，即消除指标量纲影响后才能计算综合评价结果，也就是说，无量纲化过程就是指标实际值转化为指标评价值（把指标无量纲化以后的数值）的过程。无量纲化方法主要有直线型无量纲化、折线型无量纲化和曲线型无量纲化三种方法。对多指标综合评价而言，无量纲化的结果，即评价值本身只是对被评价事物发展水平的一种相对描述，并不是一个绝对的刻度，在不影响被评价对象间相对地位的前提下，允许用近似的、简化的直线关系来代替曲线关系，而曲线型公式的精确性则需取决于参数的选取，在参数确定困难且没有把握的情况下，不如用直线型方法更可取，而且，从国内外综合评价的案例应用经验来看，线性公式所得到的综合评价结果与复杂得多的非线性形式往往近似。因此，线性方法较非线性方法更容易使用并方便得多的特性使得直线型无量纲化方法在实践中的应用最多（朱孔来，2004）。

三 建立包容性增长指标体系的总体框架

包容性增长的实现是涉及经济、社会发展与资源环境等方方面面的一个系统性工程，是多种因素共同作用的结果，但可以主要从经济发展、社会发展与资源环境三个层面进行理解。首先，经济发展可从经济增长速度与经济增长质量两个方面进行反映。经济增长通常是指在一个较长的时间跨度上，一个国家某期的人均产出（或人均收入）水平相对于上一期的增加（百库百科词条）。经济增长质量，则属于工作质量范畴，它是指一定时期内一国或一地区在实现产品服务总量增长的活动（工作）中，其活动过程、实现途径、资源配置方式、活动效果及所达到的目标等方面的优劣程度（陈森良、单晓娅，2002），评价经济增长质量主要通过经济增长的稳定性、协调性、持续性和潜力性四个方面进行（程春霞，2009）。经济过于剧烈的波动必然会对社会经济发展造成巨大的冲击，浪费社会资源，因而，稳定性应该是高质量经济增长的首要内容，同时，当经济内部的经济关系协调，资源配置合理且具有良好的内在质量，那么，这样的经济增长就是有质量的增长。

其次，社会发展主要是从社会成员，尤其是弱势群体在获得收入、发展能力与保障权利的机会平等性三个方面进行反映。机会平等应是包容性增长的核心，通过为所有社会成员创造"权利公平、机会公平、规则公平、分配公平"的发展机会，消除由于个人背景差异所造成的机会不平等，缩小贫富差距，使社会发展步入良性通道。而弱势群体收入水平的提高有赖于其自身能力的提升，主要表现在教育、文化、社会保障、医疗卫生、营养健康水平等方面的提升。评价能力是否获得提升主要是从教育文化、医疗卫生和住房等几个方面加以反映。但是，收入水平不高、发展能力低下的深层原因是在于权利的缺失，没有平等的话语权，没能参与社会公共事务的管理，就无法表达自身的利益诉求和保障自身的权益。主要是通过生存权利和政治权利两个方面评价权利的。

最后，资源环境主要是从资源开发利用与环境保护两个方面进行反映，其中，评价资源开发利用主要从资源拥有和资源利用两个方面进行的，环境保护则主要从环境治理和环境质量两个方面进行评价。那么，包容性增长指标体系的构建应当是涵盖上述各方面的内容在内的综合性指标体系。

因此，基于包容性增长的内涵，结合上述构建包容性增长指标体系的原则，包容性增长指标体系应由三个层面七个子体系构成。而具体各项指标的开发则主要源于以下几个途径：一，从理论层面上对包容性增长评估体系进行思考，选取出最能反映包容性增长各个层面的相关指标；二，通过对已有相关文献的收集整理和归纳，对当前已有的相关评估体系中的相应指标进行挖掘，加以借鉴，从而采集有用的指标要素，作出进一步的修正与整合，并根据本研究的需要进行针对性的改进和优化；三，对相关领域的专家进行访谈，提炼其观点，作为对获得包容性增长评估体系相关指标的有益补充与验证。由于上述的初始指标库是基于研究思考所得，存在一定的主观性和学理性，因此，进一步采用专家咨询法，根据李克特五分量表法①对上述指标库进行筛选，最终选定 77 个组成包容性增长评估体系的三级指标（见附录一），从而增强了指标的科学性与合理性。具体而言，其中第一个层面是经济发展层面，包括反映经济增长速度与经济增长质量两个子体系，共设置 22 个指标；第二层面是社会发展层面，包括反映收入、能力与权利的机会均等性三个子体系，共设置 32 个指标；第三个层面是资源环境层面，包括反映资源开发利用与环境保护两个子体系，共设置 23 个指标。

四　包容性增长指标体系的内容设计

（一）经济发展指标

1. 反映经济增长速度的指标

反映经济增长速度的指标主要有国内生产总值（GDP）增长率（%）和人均 GDP（万元/人）。这两个指标都是正指标，其值越大，说明经济增长的速度越快。

---

①　根据李克特五分量表法对初始指标库进行编码，分别设置"非常重要""比较重要""一般""比较不重要"和"非常不重要"五个选项（分别赋予 5、4、3、2、1 不同的分值），形成关于指标重要程度的专家咨询表，由相关领域的专家进行打分，而后得出各项指标的平均分，并根据总体情况设定相应的分值临界点（3.2 分），最后删除得分低于该临界点的指标。

2. 反映经济增长质量的指标

（1）反映经济增长稳定性的指标

反映经济增长稳定性的指标主要有经济波动系数[①]和物价弹性系数。经济波动系数是通过本期与前期经济增长率的比较来反映经济增长的稳定性强弱；物价弹性系数是通过物价上涨与经济增长之间的相对关系来反映经济运行的平稳性。这两个指标都是逆指标，其值越小，说明经济增长越缓和，通胀压力越小，经济增长越平稳，经济质量越高。

（2）反映经济增长协调性的指标

反映经济增长协调性的指标主要有城乡人均生产总值比、城乡人均收入比、城乡消费水平比、区域人均增加值方差、资源配置率（％）、库存比例（％）、产业综合集中度和三次产业占 GDP 比重（％）。这些指标分别反映经济增长过程中城乡之间、地区之间、部门之间、产业结构之间的协调程度。其中，前三个指标反映的是城乡之间的协调性，且都是逆指标，其值越小，说明城乡之间的经济发展水平差异越小；区域人均增加值方差这一指标反映的是地区间的协调性，是个逆指标，其值越小，说明地区之间的经济发展水平差异越小；资源配置率这一指标反映的是部门之间的协调性，是正指标，其值越大，说明经济增长过程中各部门之间的协调程度越高；其余指标反映的是产业结构和经济结构的协调性，库存比例是逆指标，其值越小，说明产品积压少，产业结构合理；产业综合集中度是正指标，其值越小，说明产业集中度越低，企业重复建设越严重，产业结构越不合理。在三次产业占 GDP 比重中，第一产业和第二产业占 GDP 的比重是逆指标，其值越大，说明经济结构越

———

①　经济波动在经济运行过程中总是客观存在的，但通常认为当经济波动系数小于正负 0.5，且其他方面的比例关系亦处于协调状态时，说明经济波动是处于合理区间范围内，经济增长是稳定的，反之，经济是不够健康的。

不合理；第三产业占 GDP 比重是正指标，其值越大，说明经济增长越来越多地来自第三产业的增长，产业结构越合理。

（3）反映经济增长持续性的指标

反映经济增长持续性的指标主要有投资效果系数、劳动生产率（%）和产出投入弹性系数。投资效果系数这一指标是正指标，其值越大，说明固定资产投资越有效率；劳动生产率这一指标是正指标，其值越大，说明劳动生产率越高，劳动力资源配置越合理；产出投入弹性系数这一指标是正指标，其值越大，说明经济增长的方式越合理，但只有当其值大于 1 时才能说明经济增长是集约型的。

（4）反映经济增长潜力的指标

反映经济增长潜力的指标主要有投入和产出两个方面，包括 R&D 投入占 GDP 的比重（%）、R&D 人员投入强度、高新技术产业产值比重（%）、人均发明专利数量（项/人）、新产品比率（%）。这些指标都是正指标，其值越大，说明创新能力越强，经济增长的技术含量越高，经济增长越有潜力，质量也越高。

（二）社会发展指标

1. 反映收入平等的指标

反映收入平等的指标主要有劳动工资占 GDP 比重（%）、城镇私营单位就业人员与城镇单位就业人员的平均工资比、中小企业平均产值与大型企业平均产值之比、贫困发生率（%）、城镇登记失业率（%）、基尼系数、城镇居民家庭恩格尔系数、农村居民家庭恩格尔系数。其中，前三个指标为正指标，其值越大，说明收入越平等；其余指标为逆指标，其值越大，说明收入越不平等。

2. 反映能力平等的指标

反映能力平等的指标主要包括反映教育文化的指标，有人均受教育年限（年/人）、文盲率（%）、学龄儿童净入学率（%）、毛入学率（%）、成人识字率（%）、教育基尼系数、每万人拥有的教育资源（元/万人）、平均每百人每年订报刊数（本/百人）、人均拥有总藏书量（册/人）；以及反映医疗卫生住房等的指标，有每千人口卫生机构床位数（张/千人）、每千人口卫生技术人员数（人/千人）、人均卫生总费用（元/人）、城乡人均住房面积比（%）、出生时平均预期寿命指数。这些指标主要是通过教育、医疗、文化、住房等方面对能力平等加以反映。其中，教育基尼系数和文盲率是逆指标，其值越大，说明有越多的人没有获得好的发展能力的机会，越不平等；其余指标为正指标，其值越大，说明社会成员在获得教育、医疗、卫生、文化等方面的机会越平等。

3. 反映权利平等的指标

反映权利平等的指标主要包括反映政治权利的指标，有选举参与率、人均工会基层组织数（个/人）、人均社区服务设施数（个/人）、社会化组织单位数（个）、自治组织单位数（个）；以及反映生产权利的指标，有孕产妇死亡率（人/十万人）、人均基本社会保障支出（元/人）、城市居民最低生活保障人数、农村居民最低生活保障人数。其中，孕产妇死亡率是逆指标，其值越大，说明弱势群体生存权利保障程度越低；其余指标为正指标，其值越大，说明社会成员的权利越有保障。

（三）资源环境指标[①]

1. 反映资源开发利用的指标

反映资源开发利用的指标主要包括反映资源拥有的指标，有人

---

① 1993 年 SNA 为克服单纯反映经济运行而忽视自然资源匮乏和环境质量恶化的缺陷，新设置了"环境与经济综合核算附属体系"（SEEA），但我国（包括世界上绝大多数国家）目前尚未建立起环境资源核算体系，环境保护方面的统计资料还不健全、完善（陈森良、单晓娅，2002）。为此，我们在设计资源环境指标体系时仅选取能获取公开统计数据的指标。

均生活能源消费量（千克标准煤）、人均耕地面积（公顷/人）、人均水资源量（立方米/人）；以及反映资源利用的指标，有单位国内生产总值能耗（吨标准煤/万元）、单位国内生产总值电耗（千瓦小时/万元）、单位国内生产总值水耗（吨/万元）、能源生产弹性系数、能源消费弹性系数、能源加工转换效率（％）。这些指标主要是从能源拥有和利用的角度反映资源开发利用的水平。单位国内生产总值能耗、单位国内生产总值电耗和单位国内生产总值水耗这三个指标都是逆指标，其值越小，说明每生产一单位的国内生产总值所耗费的能源、电力和水的数量越小，能源的使用效率越高；能源消费弹性系数和人均生活能源消费量也都是逆指标，其值越小，说明能源消费的速度和平均水平越低，节能水平越高；其余指标均为正指标，其值越大，说明能源的使用水平、管理水平和现有资源的人均保有量越高。

2. 反映环境保护的指标

反映环境保护的指标主要包括反映环境质量的指标，有环境污染治理投资占 GDP 的比重（％）、工业废水排放达标率（％）、工业废气处理率（％）、固体废弃物综合利用率（％）、生活垃圾无害化处理率（％）、农村卫生厕所覆盖率（％）；以及反映环境质量的指标，有城市空气质量指标（％）、森林覆盖率（％）、人均造林面积（公顷/人）、湿地面积占国土面积的比重（％）、自然保护区占辖区比重（％）、城市人均公园绿地面积（平方米/人）、农村饮用自来水比例（％）和地质灾害起数（次）。地质灾害次数这一指标为逆指标，发生越多起的地质灾害，说明环境保护越不好；除此以外其余都是正指标，其值越大，说明对环境保护的投入力度越大，环境保护的效果越好。

五　包容性增长指标体系的运算

评估包容性增长水平主要包括指标赋权、无量纲化、加权得分和水平测度四个步骤，如图3—1所示。

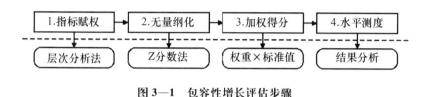

图3—1　包容性增长评估步骤

（一）指标赋权

1. 确定判断标度

利用 Excel 设计制作专家调查问卷，由专家根据经验判断对同级因素的两两指标进行相对比较，从而得到两个指标之间相对重要性的比例标度。调查问卷以电子邮件附件的形式发送给被咨询专家，专家填写完成后通过电子邮件发回。调查问卷主要由如下几部分构成：第一部分是研究背景简介，包括包容性增长的定义、研究目标、研究思路以及拟构建的指标体系结构图，以帮助被咨询专家了解包容性增长指标体系的概貌；第二部分是运用直接打分法确定对指标体系中各项指标的权重，其目的是帮助被咨询专家对指标体系有一个初步的整体性思考，避免在第三部分的层次分析法中出现不一致的情况；同时也可为指标权重的确定提供一定的参考；第三部分要求被咨询专家按 Satty 相对重要性等级表（见表3—1），并按照层次分析法要求，用1—9标度方法，即用1至9这九个数字来对指标（因素）分别进行两两比较，进而对其相对重要性进行判断。

表 3—1 两两判断矩阵构建中 1—9 标度的含义

标度	含义
1	表示两个因素重要性比值为 1，即两个因素同等重要
3	表示两个因素重要性比值为 3，即一个因素比另一个因素稍微重要
5	表示两个因素重要性比值为 5，即一个因素比另一个因素明显重要
7	表示两个因素重要性比值为 7，即一个因素比另一个因素极为重要
9	表示两个因素重要性比值为 9，即一个因素比另一个因素绝对重要
2、4、6、8	表示需要取上述各相邻判断的中间值
倒数	表示相应两个因素交换次序的重要性之比，可取值 1，1/3，1/5，1/7，1/9

2. 构造判断矩阵

本研究共收回有效问卷 10 份。并且根据每个专家经验的不同，赋予各位专家相应的权重[①]，而后运用 Excel 对判断矩阵进行算术加权平均，得到平均判断矩阵。运用层次分析法计算包容性增长指标权重时采用的是 Super Decisions 2.2 软件。首先，在 Super Decisions 2.2 软件中根据包容性增长评估指标体系构建层次分析模型；其次，将 Excel 计算得到的平均判断矩阵输入 Super Decisions 2.2 软件；最后，利用 Super Decisions 2.2 软件得出各层次指标权重、以及各判断矩阵的随机一致性比率 CR（Consistency Ratio）。分析结果

---

① 该课题属于综合型的系统研究，涉及多个学科领域，十位专家分别属于经济学（5 位）、管理学（3 位）、社会学（1 位）和环境科学技术及资源科学技术（1位）四个学科。由于十位专家的研究领域和学科背景差异较大，经验也不同，因此赋予十位专家不同的权重，故用专家在该领域所发表的论文被引用次数最多的那篇论文（只选择以该专家为第一作者且非综述类论文）的被引用次数作为判断标准。根据2015 年 CNKI 数据库所查询到的数据，被引次数最高的为 419 次，最低的为 17 次，平均为 85.7 次（笔者预先对专家在该学术领域的权威性的主观判断与论文的被引用次数的多少是一致的）。被引次数在 86 次以上的有 3 位专家，赋予权重 2，被引次数在 50 次以上的专家有 3 位，赋予权重 1.5，其余的 4 位专家赋予权重 1。另外，虽然各位专家可能会对所属领域的指标赋予较高的权重，但彼此相互抵消，也就避免了不同领域专家对该领域的指标权重估计可能偏高的问题。

如下述各表所示，其中表 3—2 为包容性增长一级指标的权重；表
3—3 至表 3—13 为包容性增长二级指标的权重，其中表 3—3、表
3—4 和表 3—5 分别为经济发展、社会发展和资源环境的指标权重，
表 3—6 至表 3—9 则是对部分较为复杂的二级指标，如经济发展中
的经济增长质量指标、社会发展中的能力指标、资源环境中的资源
开发利用指标和环境保护指标进行细分的指标的权重；表 3—10 至
表 3—22 是包容性增长三级指标的权重。

表 3—2　　　　　　　　包容性增长一级指标权重

指标	权重
经济发展	0.4550
社会发展	0.3563
资源环境	0.1887

一致性检验：CR = 0.0081 < 0.1，说明判断矩阵具有满意一
致性。

表 3—3　　　　　　　　经济发展指标权重

指标	权重
经济增长速度	0.3302
经济增长质量	0.6698

一致性检验：CR = 0.0000 < 0.1，说明判断矩阵具有满意一
致性。

表 3—4　　　　　　　　社会发展指标权重

指标	权重
收入	0.4651

指标	权重
能力	0.3122
权利	0.2227

一致性检验：CR = 0.0168 < 0.1，说明判断矩阵具有满意一致性。

表 3—5　　　　　　　　资源环境指标权重

指标	权重
资源开发利用	0.4695
环境保护	0.5305

一致性检验：CR = 0.0000 < 0.1，说明判断矩阵具有满意一致性。

表 3—6　　　　　经济发展——经济增长质量指标权重

指标	权重
稳定性	0.1823
协调性	0.3840
持续性	0.2761
潜力性	0.1576

一致性检验：CR = 0.0140 < 0.1，说明判断矩阵具有满意一致性。

表 3—7　　　　　　　　　　社会发展——能力指标权重

指标	权重
教育文化	0.5169
医疗卫生住房等	0.4831

一致性检验：CR = 0.0000 < 0.1，说明判断矩阵具有满意一致性。

表 3—8　　　　　　　　资源环境——资源开发利用指标权重

指标	权重
资源拥有	0.5455
资源利用	0.4545

一致性检验：CR = 0.0000 < 0.1，说明判断矩阵具有满意一致性。

表 3—9　　　　　　　　　资源环境——环境保护指标权重

指标	权重
环境治理	0.7167
环境质量	0.2833

一致性检验：CR = 0.0000 < 0.1，说明判断矩阵具有满意一致性。

表 3—10　　　　　　　　经济发展——经济增长速度指标权重

指标	权重
人均 GDP	0.7455
GDP 增长率	0.2545

一致性检验：CR = 0.0000 < 0.1，说明判断矩阵具有满意一致性。

表 3—11　　　经济发展——经济增长质量——稳定性指标权重

指标	权重
经济波动系数	0.6109
物价弹性系数	0.3891

一致性检验：CR = 0.0000 < 0.1，说明判断矩阵具有满意一致性。

表 3—12　　　经济发展——经济增长质量——协调性指标权重

指标	权重
城乡人均生产总值比	0.1509
城乡人均收入比	0.2055
城乡消费水平比	0.0880
区域人均增加值方差	0.0724
资源配置率	0.1333
库存比例	0.0362
第一产业占 GDP 比重	0.0462
第二产业占 GDP 比重	0.1176
第三产业占 GDP 比重	0.1499

一致性检验：CR = 0.0447 < 0.1，说明判断矩阵具有满意一致性。

表 3—13　　　经济发展——经济增长质量——持续性指标权重

指标	权重
投资效果系数	0.4285

指标	权重
劳动生产率	0.4176
产出投入弹性系数	0.1539

一致性检验：CR = 0.0017 < 0.1，说明判断矩阵具有满意一致性。

表 3—14　　　　经济发展——经济增长质量——潜力性指标权重

指标	权重
R&D 投入占 GDP 强度	0.5295
R&D 人员投入强度	0.3281
人均发明专利数量	0.1424

一致性检验：CR = 0.0046 < 0.1，说明判断矩阵具有满意一致性。

表 3—15　　　　　　　　社会发展——收入指标权重

指标	权重
城镇登记失业率	0.2096
劳动工资占 GDP 比重	0.2079
中小企业平均产值与大型企业平均产值之比	0.0538
城镇居民家庭恩格尔系数	0.0883
农村居民家庭恩格尔系数	0.1101
城镇居民基尼系数	0.1885
农村居民基尼系数	0.1418

一致性检验：CR = 0.0311 < 0.1，说明判断矩阵具有满意一致性。

表 3—16　　　　　　社会发展——能力——教育文化指标权重

指标	权重
文盲率	0.4832
学龄儿童净入学率	0.5168

一致性检验：CR = 0.0000 < 0.1，说明判断矩阵具有满意一致性。

表 3—17　　　　社会发展——能力——医疗卫生住房等指标权重

指标	权重
每千人口卫生机构床位数	0.2371
每千人口卫生技术人员数	0.2194
人均卫生总费用	0.3986
城乡人均住房面积比	0.1449

一致性检验：CR = 0.0120 < 0.1，说明判断矩阵具有满意一致性。

表 3—18　　　　　　　社会发展——权利指标权重

指标	权重
孕产妇死亡率	0.1742
城市居民最低生活保障人数	0.4129
农村居民最低生活保障人数	0.4129

一致性检验：CR = 0.0000 < 0.1，说明判断矩阵具有满意一致性。

表 3—19 资源环境——资源开发利用——资源拥有指标权重

指标	权重
人均生活能源消费量	0.3120
人均耕地面积	0.2980
人均水资源量	0.3900

一致性检验：CR = 0.0003 < 0.1，说明判断矩阵具有满意一致性。

表 3—20 资源环境——资源开发利用——资源利用指标权重

指标	权重
单位国内生产总值能耗	0.2482
单位国内生产总值电耗	0.0910
单位国内生产总值水耗	0.0808
能源生产弹性系数	0.1662
能源消费弹性系数	0.1550
能源加工转换效率	0.2588

一致性检验：CR = 0.0040 < 0.1，说明判断矩阵具有满意一致性。

表 3—21 资源环境——环境保护——环境治理指标权重

指标	权重
环境污染治理投资占 GDP 的比重	0.4718
工业废水排放达标率	0.1511
工业固体废弃物综合利用率	0.1530
生活垃圾无害化处理率	0.1452
农村卫生厕所覆盖率	0.0789

一致性检验：CR = 0.0174 < 0.1，说明判断矩阵具有满意一致性。

表 3—22　　　　资源环境——环境保护——环境质量指标权重

指标	权重
空气质量指标	0.3261
人均造林面积	0.0969
湿地面积占国土面积的比重	0.1086
自然保护区占国土面积比重	0.0846
城市人均公园绿地面积	0.1446
农村饮用自来水比例	0.1544
地质灾害起数	0.0848

一致性检验：CR = 0.0082 < 0.1，说明判断矩阵具有满意一致性。

由各项三级指标的权重依次乘以其所属的二级指标权重和一级指标权重，即可得出该三级指标在评价目标指标——包容性增长指标体系中的最终权重。具体计算过程由 Excel 完成。各层次的指标权重以及由此计算出来的三级指标最终权重见表 3—23：

表3—23　包容性增长指标体系中各级指标的权重

一级指标	权重	二级指标	权重	细化的二级指标	权重	三级指标	权重	最终权重
经济发展	0.4550	经济增长速度	0.3302			人均GDP	0.7455	0.1120
						GDP增长率	0.2545	0.0382
		经济增长质量	0.6698	稳定性	0.1823	经济波动系数	0.6109	0.0339
						物价弹性系数	0.3891	0.0216
				协调性	0.384	城乡人均生产总值比	0.1509	0.0177
						城乡人均收入比	0.2055	0.0240
						城乡消费水平比	0.088	0.0103
						区域人均增加值方差	0.0724	0.0085
				持续性	0.2761	资源配置率	0.1333	0.0156
						库存比例	0.0362	0.0042
						第一产业占GDP比重	0.0462	0.0054
						第二产业占GDP比重	0.1176	0.0138
						第三产业占GDP比重	0.1499	0.0175

续表

一级指标	权重	二级指标	权重	细化的二级指标	权重	三级指标	权重	最终权重
社会发展	0.3563	收入	0.4651	潜力性	0.1576	投资效果系数	0.4285	0.0361
						劳动生产率	0.4176	0.0351
						产出投入弹性系数	0.1539	0.0129
						R&D投入占GDP强度	0.5295	0.0254
						R&D人员投入强度	0.3281	0.0158
						人均发明专利数量	0.1424	0.0068
		能力	0.3122	教育文化	0.5169	城镇登记失业率	0.2096	0.0347
						劳动工资占GDP比重	0.2079	0.0345
						中小企业平均产值与大型企业平均产值之比	0.0538	0.0089
						城镇居民家庭恩格尔系数	0.0883	0.0146
						农村居民家庭恩格尔系数	0.1101	0.0182
						城镇居民基尼系数	0.1885	0.0312
						农村居民基尼系数	0.1418	0.0235
						文盲率	0.4832	0.0278

续表

一级指标	权重	二级指标	权重	细化的二级指标	权重	三级指标	权重	最终权重
		权利	0.2227	医疗卫生住房等	0.4831	学龄儿童净入学率	0.5168	0.0297
						每千人口卫生机构床位数	0.2371	0.0127
						每千人口卫生技术人员数	0.2194	0.0118
						人均卫生总费用	0.3986	0.0214
						城乡人均住房面积比	0.1449	0.0078
						孕产妇死亡率	0.1742	0.0138
						城市居民最低生活保障人数	0.4129	0.0328
						农村居民最低生活保障人数	0.4129	0.0328
资源环境	0.1887	资源开发利用	0.4695	资源拥有	0.5455	人均生活能源消费量	0.312	0.0151
						人均耕地面积	0.298	0.0144
						人均水资源量	0.39	0.0188
				资源利用	0.4545	单位国内生产总值能耗	0.2482	0.0100
						单位国内生产总值电耗	0.091	0.0037

续表

一级指标	权重	二级指标	权重	细化的二级指标	权重	三级指标	权重	最终权重
		环境保护	0.5305	环境治理	0.7167	单位国内生产总值水耗	0.0808	0.0033
						能源生产弹性系数	0.1662	0.0067
						能源消费弹性系数	0.155	0.0062
						能源加工转换效率	0.2588	0.0104
						环境污染治理投资占 GDP 的比重	0.4718	0.0338
						工业废水排放达标率	0.1511	0.0108
						工业固体废弃物综合利用率	0.153	0.0110
						生活垃圾无害化处理率	0.1452	0.0104
						农村卫生厕所覆盖率	0.0789	0.0057
				环境质量	0.2833	空气质量指标	0.3261	0.0092
						人均造林面积	0.0969	0.0027
						湿地面积占国土面积的比重	0.1086	0.0031
						自然保护区占国土面积比重	0.0846	0.0025
						城市人均公园绿地面积	0.1446	0.0042
						农村饮用自来水比例	0.1544	0.0045
						地质灾害起数	0.0848	0.0025

（二）无量纲化

本研究采用极值法（张立军、袁能文，2010）进行指标的无量纲化处理，使各项数据具有可对比性。极值法进行标准化处理的具体计算过程如下：

对于正指标：$X'_{kyi} = \dfrac{X_{kyi} - Min\ (X_{kyi})}{Max\ (X_{kyi}) - Min\ (X_{kyi})}$；

对于逆指标：$X'_{kyi} = 1 - \dfrac{X_{kyi} - Min\ (X_{kyi})}{Max\ (X_{kyi}) - Min\ (X_{kyi})}$，

考虑到经济增长稳定性两个指标的特殊性，设计其特殊计算方法：

$$X'_{kyi} = 1 - \frac{|X_{kyi}|}{Max\ (X_{kyi})}$$

X'_{kyi} 为无量纲化处理后的指标评价值；X_{kyi} 为在某一统计年份里某一三级指标的具体数据；$Max\ (X_{kyi})$ 为在所有统计年份里某一三级指标数据中的最大值；$Min\ (X_{kyi})$ 为在所有统计年份里某一三级指标数据中的最小值。其中：

k 为统计的样本数（如下文所述 k = 1—31，包含中国及其各省份，西藏和港澳台除外）；

y 为面板数据所选取的年份（如下文所述 y = 2006—2012 年）；

i 为所选取的三级指标数，取值为 i = 1—47 个。

（三）加权得分

加权得分是指将评估对象的指标的标准化分值 Z 和权重进行加权计算，从而得到指标体系下各个单项指标的评估值。首先，根据专家调查问卷的结果，运用层次分析法得到各级指标的权重；而后，对三级指标的数据进行无量纲化处理，得到各项指标的评价值；再将每个指标的评价值与其相应的在上一层指标中的权重相乘后合计，即可得到各项一级指标、二级指标以及细化的二级指标评价值；最后依据同样的方法将三个一级指标乘以权重的值累加，就得到了包容性增长指标的总值。

（四）结果分析

首先，运用包容性增长评估体系可以得到同一城市不同年度，或者同一年度不同城市的包容性增长水平，进而利用统计分析的结果进行纵向或横向的比较，不仅可以以此来揭示一个城市的包容性增长水平随着时间的变化所呈现出的一个发展变化的趋势，也可以进行城市之间的包容性增长水平的比较，明确城市之间包容性增长水平的相对情况或某一个城市的包容性增长水平在全国的排序位置。

其次，通过对包容性增长指标体系的不同层次的指标的解析，可以更加详细地了解包容性增长指标体系中各个层面的发展水平，在改善各地区的包容性增长水平时可有针对性地寻找到影响包容性增长水平的短板。

因此，依据对包容性增长水平的评估结果，可以为各级政府和社会公众提供有价值的决策参考信息，为政策制定与选择提供有力的依据。

第四章 中国及各省份包容性增长水平的测度

第一节 包容性增长指标体系的应用

一 包容性增长指标的选择及其特点

据前文所述,本研究依托经济发展、社会发展和资源环境三个评价维度,构建的包容性增长指标体系共包括77个三级指标①,但是在实际运用这些指标对中国及各省份的包容性增长水平进行测评时发现,相关的一些指标尚未纳入政府统计范围,政府的相关统计数据并不能覆盖到所有的指标,且还有一些指标只能获取近两三年的数据,不能涵盖研究计划所列的所有年份,因此,最终入选包容性增长指标体系用以衡量中国及其各省份的包容性增长水平的指标共有47个,见表4—1。虽然按照指标的可获得性,仅选取了47个指标进行评估和比较,但是,所有这些被选取的指标都具有以下几

① 虽然在实际的测评中并没有运用到全部77个指标,但是,本研究所构建的包容性增长评估体系不仅可以用以评估实务,而且也可以通过指标的选取来为政府的数据统计提供参考,引导地方政府注重包容性增长指标体系中各层次指标的发展状况。

个特点：一，由于对包容性增长的界定较为宽泛，所以，用以衡量中国及其各省份的包容性增长水平所选取的指标是在对包容性增长这一概念进行细分其所包含的维度之后建立起来的，较为全面和完整地衡量了包容性增长；二，虽然有些指标在衡量包容性增长过程中起到重要作用，但是有些是涉及公平、权利等难以衡量的指标，还有一些指标受到数据的可获得性、连贯性和完整性的影响，不得不舍弃；三，各指标的数据来源为各类公开出版的统计年鉴、各级政府工作报告，数据真实可靠。

表4—1　　　　　　　　包容性增长指标计算方法及数据来源

指标项目	指标计算方法	主要数据来源
人均GDP	GDP总量/总人口	2007—2013年《中国统计年鉴》地区人均生产总值和指数
GDP增长率	某期GDP总量的增量/前期GDP总量	2007—2013年《中国统计年鉴》地区生产总值和指数
经济波动系数	（本期经济增长速度/前一期经济增长速度）−1	2007—2013年《中国统计年鉴》地区生产总值和指数
物价弹性系数	（居民消费价格指数−100）/经济增长率	2007—2013年《中国统计年鉴》中分地区居民消费价格总指数
城乡人均收入比	城镇居民人均可支配收入/农村居民人均纯收入	2007—2013年《中国农村统计年鉴》中各地区城乡居民收入水平
城乡消费水平比	城镇居民消费水平/农村居民消费水平	2007—2013年《中国统计年鉴》分地区居民消费水平
资源配置率	固定投资增长率/GDP增长率	2007—2013年《中国统计年鉴》分地区按注册类型分全社会固定资产投资
库存比例	库存增加/GDP	2007—2013年《中国统计年鉴》国民经济核算：各地区资本形成总额及构成及2007—2013年《中国统计年鉴》地区生产总值和指数
第一产业占GDP比重	第一产业增加值/GDP	2007—2013年各省份统计年鉴中地区生产总值构成

指标项目	指标计算方法	主要数据来源
第二产业占 GDP 比重	第二产业增加值/GDP	2007—2013 年各省份统计年鉴中地区生产总值构成
第三产业占 GDP 比重	第三产业增加值/GDP	2007—2013 年各省份统计年鉴中地区生产总值构成
投资效果系数	GDP 增长量/同期固定资产投资完成额	2007—2013 年《中国统计年鉴》分地区按注册类型分全社会固定资产投资
劳动生产率	GDP/就业总人数	2007—2013 年《中国统计年鉴》地区生产总值和指数及各省份统计年鉴就业人口
R&D 投入占 GDP 强度	R&D 经费内部投入/GDP	2007—2013 年《中国科技统计》分地区 R&D 内部投入
R&D 人员投入强度	R&D 人员投入/就业总人数	2009—2013 年《中国科技统计》全社会 R&D 人员及各省份统计年鉴就业人口
人均发明专利数量	专利授权总数/总人口	2007—2013 年各省份统计年鉴科技活动相关栏目及 2007—2013 年《中国统计年鉴》分地区年末人口数
城镇登记失业率	城镇登记失业人员数/总人口数	2007—2013 年《中国统计年鉴》分地区城镇登记失业人员及失业率
劳动工资占 GDP 比重	劳动者报酬/GDP	2007—2013 年《中国统计年鉴》地区生产总值收入法构成项目
城镇居民家庭恩格尔系数	（城镇居民家庭食品支出金额/消费性总支出金额）×100%	2007—2013 年《山东统计年鉴》附录中全国各省（市、自治区）主要经济指标：城镇居民人均收支
农村居民家庭恩格尔系数	（农村居民家庭食品支出金额/消费性总支出金额）×100%	2007—2013 年《新疆调查年鉴》各省份区资料：全国各省份区农村居民家庭恩格尔系数
文盲率	超过学龄期（12—15 岁以上）年龄既不会读又不会写字的人/相应的人口数	2007—2013 年《中国统计年鉴》分地区按性别分的 15 岁及以上文盲人口
学龄儿童净入学率	已入学的小学学龄儿童数/校内外小学学龄儿童总数	2007—2013 年《中国卫生统计年鉴》人口指标：入学率、升学率及每十万人口在校学生数

指标项目	指标计算方法	主要数据来源
每千人口卫生机构床位数	卫生机构床位数/总人口数×1000	2007—2013年各省份统计年鉴卫生机构基本情况相关栏目
每千人口卫生技术人员数	卫生技术人员数/总人口数×1000	2007—2013年各省份统计年鉴卫生机构基本情况相关栏目
人均卫生总费用	卫生总费用/总人口数	2007—2013年《中国统计年鉴》中央和地方财政支出项目一栏以及分地区财政支出
孕产妇死亡率	孕产妇死亡人数/活产数	2007—2013年《中国卫生和计划生育统计年鉴》妇幼保健中各地区孕产妇保健情况
城镇居民最低生活保障人数占比	(地区城市居民最低生活保障人数/地区城镇总人口数)/(地区城镇家庭居民人均可支配收入/中国城镇家庭居民人均可支配收入)	2007—2013年《中国民政统计年鉴》及各省份救济人数统计相关栏目
农村居民最低生活保障人数占比	(地区城市居民最低生活保障人数/地区城镇总人口数)/(地区城镇家庭居民人均可支配收入/中国城镇家庭居民人均可支配收入)	2007—2013年《中国农村统计年鉴》及各省份救济人数统计相关栏目
人均生活能源消费量	能源消费总量/总人口数	2007—2013年《中国能源统计年鉴》分地区能源消费总量
人均耕地面积	耕地面积/总人口数	2013年《中国国土资源统计年鉴》分地区耕地面积（2008年数据）
人均水资源量	水资源总量/总人口数	2007—2013年《中国统计年鉴》资源和环境：水资源情况
单位国内生产总值能耗	能耗消费总量/国内生产总值	2007—2013年《中国能源统计年鉴》分地区能源消费总量
单位国内生产总值电耗	全社会用电量/国内生产总值	2007—2013年《中国统计年鉴》分地区电力消费量

续表

指标项目	指标计算方法	主要数据来源
单位国内生产总值水耗	全社会用水量/国内生产总值	2007—2013 年《中国统计年鉴》资源和环境中用水供水总量
能源消费弹性系数	能源消费量年平均增长速度/国民经济年平均增长速度	2007—2013 年《中国能源统计年鉴》分地区能源消费总量
环境污染治理投资占 GDP 的比重	环境污染治理投资总额/GDP	2007—2013 年《中国环境统计年鉴》环境投资：各地区环境污染治理投资情况
工业废水排放达标率	工业废水排放达标量/工业废水排放总量	2011 年前 2007—2013 年《中国统计年鉴》各地区废水排放及处理情况
工业固体废弃物综合利用率	工业固体废物综合利用率/（工业固体废物产生量＋综合利用往年储存量）×100%	2007—2013 年《中国统计年鉴》分地区固体废物处理利用情况
生活垃圾无害化处理率	生活垃圾无害化处理量/生活垃圾产生量×100%	2007—2013 年《中国统计年鉴》分地区城市生活垃圾清运和处理情况
农村卫生厕所覆盖率	使用各种类型卫生厕所的农户数/当地农村总户数	2007—2013 年《中国卫生统计年鉴》农村改厕情况
城市空气质量指标	城市空气质量达到二级以上天数/全年总天数×100%	2007—2013 年《中国统计年鉴》主要城市空气质量指标
人均造林面积	造林总面积/总人口数	2007—2013 年《中国统计年鉴》资源和环境，造林面积
湿地面积占国土面积的比重	湿地总面积/国土总面积	2013 年《中国统计年鉴》分地区湿地面积（2003 年数据）2014 年《中国统计年鉴》分地区湿地面积（2013 年数据）
自然保护区占国土面积比重	自然保护区总面积/国土总面积	2007—2013 年《中国统计年鉴》资源和环境：分地区自然保护基本情况各省份统计年鉴行政区划
城市人均公园绿地面积	公园绿地面积/总人口数	2007—2013 年《中国统计年鉴》城市概况：各地区城市设施水平

指标项目	指标计算方法	主要数据来源
农村饮用自来水比例	饮用自来水的农户数/当地农村总户数	2007—2013 年《中国卫生统计年鉴》疾病控制与公共卫生：各地区农村改水受益人口占农村人口比重
地质灾害起数	发生地质灾害的总次数/国土总面积	2007—2013 年《中国统计年鉴》地质灾害及防治情况

二　包容性增长指标的处理

在数据的查找过程中，由于省份众多，各省数据统计范围存在一定的差异，导致相关省份部分指标并未统计或是统计混乱，存在大面积的数据缺失。为了保障统计口径的一致性，方便省份间的对比，本研究采取了多种方式进行处理。

首先，针对有关指标未被统计、无法搜寻的情况，本研究探寻能否改变指标的原有计算方法，用可搜集数据替代原有缺失数据。以这种方式进行处理的指标主要有：物价弹性系数、库存比例、资源配置率、R&D 资金投入强度、劳动工资占 GDP 比重、人均发明专利数、城市空气质量指标。具体处理方式包括：物价弹性系数中的通货膨胀率采用居民消费价格指数；库存比例的计算方式以"存货增加/GDP"替代；资源配置率中的投资增长率由固定投资增长率替代；R&D 资金投入强度中的 R&D 资金以 R&D 资金内部支出替代；劳动工资占 GDP 比重这一指标中的劳动工资由劳动者报酬代替；人均发明专利数中的专利数以专利授权数替代；各省份城市空气质量指标参考本地区省会城市相应指标，而国家层面的该项指标则以各省会城市空气质量指标均值替代。

其次，部分数据存在多年统计一次的情况，具体包括耕地面积、湿地面积占国土面积的比重这两个指标，这类数据的处理方式主要是参考统计基年进行处理：根据数据的可获得性，各省份耕地面积距离研究时点最近的统计基年为 2008 年，故以 2008 年各省耕地面积为标准，分别除以 2006 年至 2012 年各省人口总数，得到 2006 年至 2012 年各省份人均耕地面积的近似值；各省湿地面积占国土面积百分比相关数据距离研究时点最近的统计年份包括 2003 年和 2013 年两年，故以这两个年份的统计数据为基础，线性回归得出 2006—2012 年各省湿地面积占国土面积百分比数据的近似值。

再次，由于社会经济发展，部分旧的指标不再统计的现象时有发生，这导致了某些指标在相关年份的大面积缺失。针对这种情况，本研究采取 SPSS 线性回归的方式进行相关数据的估值，将相关数值补齐，具体指标包括：R&D 人员投入强度和工业废水排放合格率。在 R&D 人员投入强度指标中，由于各省份（除福建省外）R&D 人员指标从 2009 年才正式开始统计，故各省份（除福建省外）2006 年至 2008 年的数据为 SPSS 回归分析预测而得。工业废水排放合格率于 2010 年后在年鉴中不再统计，也无法通过具体方式计算得出，因此，2011 年和 2012 年各省工业废水排放合格率数据也是由 SPSS 回归分析预测而得。

最后，在使用上述方法仍然无法进行处理的指标，本研究只能予以舍弃，不纳入统计范围，这些指标包括：一，国家层面有统计但省级层面尚未统计的指标，如城乡人均生产总值比、基尼系数、区域人均增加值方差、能源加工转换效率；二，省级层面有进行统计，但是统计得不完整，存在多省份大面积年份缺失，无法通过回归方法补齐的数据，如产出投入弹性系数、中小企业平均产值与大型企业平均产值之比、城乡人均住房面积比、能源生产弹性系数。

另外，在进行省份间及全国性对比时，由于各地区客观因素的差异，如人口总量、经济总量乃至国土面积的不同，导致部分指标不具有对比性，因此需要进行相应处理，以方便直接对比。这类指标包括城市最低生活保障人数、农村最低生活保障人数以及地质灾害发生数。具体处理方式为：城镇最低生活保障人数要扣除人口因素和地区经济因素的影响，该项指标处理方式为将其除以地区城镇人口数，在扣除地区城镇居民经济收入差异的影响下，形成一个新的指标，即城镇最低生活保障人数占比，农村最低生活保障人数处理方式与其相同；地质灾害发生数要扣除国土面积的影响，处理方式为将其直接除以国土面积，得到每平方公里地质灾害发生数的新指标。

三　数据的主要来源

本研究所统计的省份仅包括中国内地 30 个省份，不包括西藏及港澳台地区。排除西藏地区的原因是西藏自治区统计数据缺失较为严重，相关数据无法收集。而排除港澳台地区的原因在于其统计口径与内地存在较大差异，不利于对比分析。另外，本研究的统计数据所涉及的年份自 2006 年至 2012 年，原因主要有两个方面：一是，由于自 2006 年后，各省份的统计口径逐步归于一致，相关数据较为统一完整，便于统计对比；二是，由于数据量庞大，数据搜寻周期过长，在完成数据收集时，部分省份尚未公布其在 2013 年的相关数据。此外，相关指标的数据均来源于国内相应的统计年鉴，主要包括《中国统计年鉴》《中国卫生统计年鉴》《中国能源统计年鉴》《中国科技统计年鉴》《中国环境统计年鉴》《中国农村统计年鉴》《中国民政统计年鉴》《中国工业统计年鉴》以及各省份的统计年鉴。具体的指标计算方法及数据来源详见表 4—1。

第二节　中国及其各省份包容性增长
水平的测度及其分析

一　中国及其各省份包容性增长水平的测算结果

首先利用 Excel 软件对包容性增长评估体系的三级指标进行标准化处理，标准化后得到各指标的评价值，而后再乘以前述由层次分析法得出的权重，最终得到从 2006 年到 2012 年的中国及其各省份（除西藏、港澳台外）包容性增长的评价值（见表4—2），以及一级指标、二级指标及其细化的指标的分年度评价值。

表4—2　中国及其各省份（除西藏、港澳台外）的包容性增长水平
（2006—2012 年）

年份 省份	2006	2007	2008	2009	2010	2011	2012
中国	0.3512	0.3729	0.3667	0.3853	0.4120	0.4136	0.4245
北京	0.5505	0.5786	0.5524	0.5892	0.6122	0.6032	0.6312
天津	0.4304	0.4396	0.4711	0.4827	0.5080	0.5389	0.5392
河北	0.3444	0.3501	0.3556	0.3877	0.4055	0.4208	0.4132
山西	0.3412	0.3645	0.3474	0.3752	0.3909	0.4260	0.4359
内蒙古	0.3864	0.4065	0.4319	0.4574	0.4657	0.5039	0.5067
辽宁	0.3787	0.3926	0.4095	0.4318	0.4569	0.4599	0.4782
吉林	0.3926	0.4107	0.4141	0.4269	0.4412	0.4595	0.4554
黑龙江	0.3788	0.3821	0.4016	0.4108	0.4283	0.4430	0.4514
上海	0.4999	0.5144	0.5054	0.5210	0.5357	0.5370	0.5390
江苏	0.4032	0.4117	0.4160	0.4433	0.4652	0.4824	0.5004

年份 省份	2006	2007	2008	2009	2010	2011	2012
浙江	0.3896	0.4038	0.4028	0.4096	0.4486	0.4473	0.4688
安徽	0.3107	0.3247	0.3375	0.3655	0.3848	0.3947	0.4088
福建	0.3712	0.3870	0.3922	0.4053	0.4348	0.4415	0.4605
江西	0.3396	0.3529	0.3616	0.3738	0.4040	0.4102	0.4172
山东	0.3708	0.3811	0.3926	0.4174	0.4265	0.4346	0.4519
河南	0.3452	0.3547	0.3552	0.3735	0.3902	0.3950	0.4143
湖北	0.3314	0.3575	0.3671	0.3943	0.4087	0.4295	0.4342
湖南	0.3369	0.3553	0.3726	0.3925	0.4044	0.4080	0.4176
广东	0.4017	0.4157	0.3947	0.4071	0.4652	0.4463	0.4475
广西	0.3313	0.3444	0.3455	0.3824	0.4106	0.4059	0.4149
海南	0.3452	0.3607	0.3545	0.3565	0.4123	0.4239	0.4260
重庆	0.3238	0.3455	0.3574	0.3882	0.4123	0.4471	0.4380
四川	0.3190	0.3344	0.3213	0.3620	0.3870	0.3940	0.3992
贵州	0.2512	0.2738	0.2730	0.3139	0.3548	0.3817	0.3977
云南	0.2788	0.3049	0.3122	0.3410	0.3666	0.3849	0.4018
陕西	0.3386	0.3435	0.3777	0.3949	0.4057	0.4153	0.4328
甘肃	0.3027	0.3178	0.3218	0.3519	0.3823	0.3883	0.4221
青海	0.3292	0.3480	0.3663	0.3676	0.3859	0.4166	0.4284
宁夏	0.3309	0.3630	0.3812	0.3928	0.4233	0.4239	0.4353
新疆	0.3298	0.3671	0.3723	0.3907	0.4290	0.4541	0.4819

二　中国及其各省份包容性增长水平的综合对比分析

（一）对包容性增长指标的基本判断

考虑到我国省份众多，为了更好地进行对比，本研究参考国家统计局关于经济地带的划分标准，将被统计的 30 个省份划分为东中西三大区域，具体情况为：东部地区包括北京、天津、辽宁、河北、山东、江苏、上海、浙江、福建、广东、海南；中部地区包括黑龙江、吉林、河南、安徽、湖南、湖北、江西、山西；西部地区包括内蒙古、广西、四川、贵州、陕西、宁夏、甘肃、新疆、青海、云南、重庆。同时，为方便计算对比，各区域有关水平指数为本区域包含省份该项指数的均值，如下公式所示：

$$\sum_{k=1}^{n} R_k / n$$

其中，n 代表不同区域的省份数，k = 1—n，R_k 为相关数据的水平指数。由于均值能够较为直接地测算出各区域的平均发展水平，这样更加有利于区域间的直接对比分析。

根据测算结果，我们发现，国家及各省份包容性增长水平总体呈现逐年上升趋势，2006 年中国包容性增长指数为 0.3512，后逐年上升，2012 年达到 0.4245。但是，省份间的发展情况存在着很大差别。包容性增长水平低于全国总体水平的一般都是中西部地区省份，特别是贵州、云南等省份。东部地区除海南省外，从 2006 年至 2012 年，在这七年的发展过程中，包容性增长水平均高于中国总体水平，这表明了东中西三地区存在着较为严重的发展不均衡状况，如表 4—3。

表 4—3　　中国各区域包容性增长水平指数（2006—2012 年）

区域 年份	东部地区	中部地区	西部地区
2006	0.4078	0.3470	0.3202
2007	0.4214	0.3628	0.3408
2008	0.4224	0.3696	0.3510
2009	0.4411	0.3890	0.3766
2010	0.4701	0.4065	0.4021
2011	0.4760	0.4207	0.4196
2012	0.4869	0.4294	0.4326

在图4—1中，我们可以很明显地看出，我国包容性发展水平存在着明显的区域差异，中西部区域较之东部地区，包容性增长水平较低。但是，与此同时我们也看到，中西部地区与东部地区的差距绝对值也在逐步缩小，尤其是西部地区，在包容性增长水平发展速度上，由最初的落后于中部地区，逐步赶上并于2012年超越了中部地区，表明了西部地区在促进地区包容性增长方面有一定成就，而中部地区则相对增长落后。

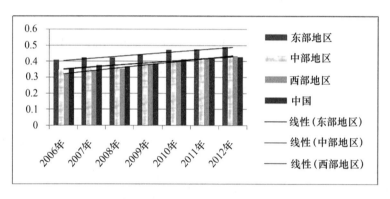

图4—1　中国及其各区域的包容性增长水平的变化趋势

（2006—2012年）

而后通过对中国及其各省份的包容性增长的进一步剖析，即通过对包容性增长的一级指标的评价值的分析，可以更为清楚地看待包容性增长的三个层面，即从经济发展、社会发展和资源环境这三个不同的维度来看待中国及其各省份从2006年到2012年包容性增长的发展变化趋势。

（二）对中国及各省份经济发展的基本判断

1.中国及各省份经济发展水平一级指标的分析

经济发展是包容性指标体系中占比最大的一级指标，其重要性不言而喻。根据上文所述方法，本研究计算并加权汇总了从

2006 年至 2012 年中国及其各省份经济发展水平指数，详见
表 4—4。

表 4—4　　　　　中国及其各省份的经济发展水平指数

（2006—2012 年）

年份 省份	2006	2007	2008	2009	2010	2011	2012
中国	0.3265	0.3438	0.3174	0.3388	0.3595	0.3691	0.3729
北京	0.5967	0.6498	0.5869	0.6386	0.6947	0.6774	0.7113
天津	0.4735	0.4829	0.5383	0.5458	0.5888	0.6334	0.6403
河北	0.3346	0.3286	0.3050	0.3295	0.3459	0.3616	0.3577
山西	0.3081	0.3408	0.2751	0.2823	0.3033	0.3724	0.3460
内蒙古	0.3775	0.4061	0.4227	0.4273	0.4246	0.4675	0.4558
辽宁	0.3747	0.3837	0.3943	0.4078	0.4398	0.4425	0.4465
吉林	0.3512	0.3740	0.3828	0.3720	0.3860	0.4172	0.4236
黑龙江	0.3403	0.3402	0.3560	0.3498	0.3751	0.3970	0.3864
上海	0.5518	0.5951	0.5471	0.5759	0.6300	0.6308	0.6350
江苏	0.4138	0.4298	0.4215	0.4594	0.4956	0.5165	0.5395
浙江	0.4037	0.4264	0.3862	0.4026	0.4611	0.4637	0.4838
安徽	0.2982	0.2988	0.2949	0.3182	0.3363	0.3405	0.3468
福建	0.3825	0.4161	0.3985	0.4117	0.4469	0.4611	0.4767
江西	0.3092	0.3091	0.3237	0.3252	0.3437	0.3428	0.3408
山东	0.3690	0.3655	0.3699	0.3915	0.4059	0.4180	0.4376
河南	0.3224	0.3207	0.2929	0.2997	0.3215	0.3288	0.3467
湖北	0.3270	0.3555	0.3507	0.3720	0.3932	0.4030	0.3935
湖南	0.3180	0.3368	0.3381	0.3547	0.3757	0.3730	0.3746
广东	0.4162	0.4394	0.3859	0.3958	0.4435	0.4612	0.4505
广西	0.3085	0.2999	0.2740	0.2911	0.3201	0.3107	0.3159
海南	0.3214	0.3436	0.3102	0.3382	0.3715	0.3640	0.3566
重庆	0.2824	0.3051	0.3202	0.3366	0.3630	0.4011	0.3951
四川	0.3130	0.3177	0.2765	0.3155	0.3483	0.3630	0.3563

年份 省份	2006	2007	2008	2009	2010	2011	2012
贵州	0.2396	0.2450	0.2217	0.2585	0.2843	0.3195	0.3264
云南	0.2373	0.2560	0.2477	0.2659	0.2736	0.3064	0.3184
陕西	0.3128	0.3202	0.3317	0.3353	0.3441	0.3687	0.3840
甘肃	0.2729	0.2620	0.2365	0.2658	0.2786	0.2981	0.3142
青海	0.2883	0.2852	0.2894	0.2712	0.3145	0.3448	0.3558
宁夏	0.2837	0.3027	0.3089	0.3165	0.3488	0.3510	0.3744
新疆	0.2982	0.2917	0.2889	0.2708	0.3196	0.3548	0.3711

　　各区域经济发展水平指数的取值为相应区域内各省份的该项指标的均值①。根据经济发展水平一级指标的测算结果，从总体上看，从2006年到2012年各地区经济发展水平总体呈上升趋势。如表4—4所示，在全国层面上，2006年该指数水平为0.3265，2012年逐步增长到0.3729，这与地区包容性增长水平的增长情况基本上相一致，除了2008年各地区的该指标值均下降，以及中部地区在2012年略有下降以外，各省份的经济实力在此期间是不断提升的。

表4—5　　　中国各区域的经济发展水平指数（2006—2012年）

区域 年份	东部地区	中部地区	西部地区
2006	0.4216	0.3218	0.2922
2007	0.4419	0.3345	0.2992
2008	0.4222	0.3268	0.2926

---

　①　下文中各区域相关指标的取值均为相应区域内各省份的相应的指标的均值。

续表

年份＼区域	东部地区	中部地区	西部地区
2009	0.4452	0.3342	0.3049
2010	0.4840	0.3544	0.3290
2011	0.4937	0.3718	0.3532
2012	0.5032	0.3698	0.3607

虽然东中西部三个地区的经济发展水平总体上均呈现阶梯状向上的趋势，但与此同时，区域间的经济发展水平仍然具有较大差异，发展不均衡现象仍较为严重。由图4—2可以明显地看到，中西部地区各省份的经济发展水平明显低于东部地区，且差距有扩大的趋势。相较而言，东部地区的经济发展水平大幅度领先于中西部地区，并且这个领先幅度还具有扩大的趋势，2006年，东部地区与中西部地区该项指数差距分别为0.0998和0.1294，但到了2012年，该指数差距就扩大到0.1334和0.1425。这表明，在经济发展水平上，区域间不平衡并不是逐步缩小，反而越来越大了。与此同时，在中西部地区的相互对比中我们发现，西部地区与中部地区的经济发展水平差距正在逐步缩小，2006年，中西部差距为0.0296，

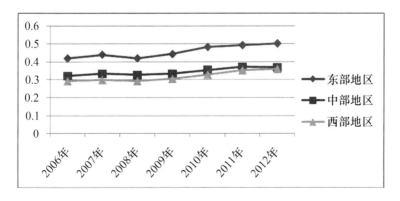

图4—2　中国各区域的经济发展水平的变化趋势（2006—2012年）

发展至 2012 年，该差距缩小为 0.0091，由此可见，近年来西部地区在经济发展方面要快于中部地区，中部地区的经济发展显然过于缓慢。

2. 中国及各省份经济发展水平二级指标的分析

对包容性增长指标体系进行更深入的解析，即通过对包容性增长二级指标评价值的分析，可以更为详尽地分析中国及其各省份的包容性增长的现实状况，更为翔实及完整地反映各地区包容性增长的总体情况。

经济发展指标可以细分为经济增长速度和经济增长质量这两个评估维度，为了更深入了解各地区经济发展水平的差异，现将对这两个二级指标进行进一步的分析。

（1）经济增长速度指标

经济增长速度是经济发展水平二级指标之一，下属人均 GDP 及 GDP 增长速度两个子指标，经济增长速度是衡量地区经济发展水平的重要依据。根据上文所述的标准化及加权方法，得到了中国及各省份经济增长速度水平指数，见表4—6。

表 4—6 中国及其各省份的经济增长速度水平指数
（2006—2012 年）

省份 \ 年份	2006	2007	2008	2009	2010	2011	2012
中国	0.2212	0.2806	0.2255	0.2344	0.2945	0.3186	0.3165
北京	0.5291	0.6073	0.5662	0.6077	0.6689	0.6950	0.7375
天津	0.4663	0.5378	0.6536	0.6872	0.7934	0.8797	0.8997
河北	0.2321	0.2521	0.2286	0.2404	0.3164	0.3452	0.3360
山西	0.1873	0.2640	0.1788	0.1306	0.3275	0.3543	0.3199
内蒙古	0.3761	0.4280	0.4736	0.4987	0.5287	0.6069	0.6093
辽宁	0.2881	0.3367	0.3595	0.3887	0.4710	0.5060	0.5064
吉林	0.2573	0.3091	0.3428	0.3190	0.3713	0.4301	0.4392

续表

年份 省份	2006	2007	2008	2009	2010	2011	2012
黑龙江	0.2063	0.2279	0.2495	0.2426	0.3102	0.3520	0.3360
上海	0.5374	0.6418	0.5983	0.5904	0.6805	0.7046	0.7157
江苏	0.3653	0.4109	0.4156	0.4538	0.5331	0.5826	0.6179
浙江	0.3697	0.4317	0.3867	0.3860	0.5093	0.5203	0.5362
安徽	0.1691	0.2053	0.2036	0.2242	0.2942	0.3147	0.3156
福建	0.2775	0.3456	0.3406	0.3536	0.4436	0.4788	0.5083
江西	0.1679	0.2033	0.2254	0.2358	0.2862	0.3003	0.2952
山东	0.3194	0.3463	0.3512	0.3784	0.4287	0.4524	0.4700
河南	0.2243	0.2524	0.2331	0.2230	0.2857	0.3107	0.3277
湖北	0.2036	0.2556	0.2631	0.2835	0.3581	0.3936	0.3847
湖南	0.1727	0.2407	0.2372	0.2717	0.3252	0.3379	0.3410
广东	0.3524	0.4076	0.3544	0.3624	0.4580	0.4655	0.4603
广西	0.1832	0.2296	0.2072	0.2396	0.2810	0.2896	0.2935
海南	0.1859	0.2653	0.1869	0.2263	0.3455	0.3146	0.2906
重庆	0.1937	0.2818	0.2889	0.3172	0.3982	0.4445	0.4303
四川	0.1856	0.2188	0.1532	0.2619	0.3060	0.3466	0.3319
贵州	0.1133	0.1658	0.1178	0.1496	0.1941	0.2632	0.2655
云南	0.1414	0.1670	0.1559	0.1847	0.2074	0.2636	0.2757
陕西	0.1898	0.2484	0.3026	0.2847	0.3459	0.3891	0.4143
甘肃	0.1343	0.1633	0.1387	0.1487	0.2006	0.2445	0.2664
青海	0.1921	0.2184	0.2531	0.1990	0.3355	0.3479	0.3570
宁夏	0.1835	0.2040	0.2386	0.2461	0.3232	0.3502	0.3697
新疆	0.1768	0.2162	0.2180	0.1653	0.2555	0.3248	0.3567

从经济增长速度指标的评价值看，除在 2008 年出现了一个较大幅度的下降之外，中国自 2006 年以来，经济一直保持稳定且明

显的增长速度，从 2006 年的 0.2212 增长到 2012 年的 0.3165，尤其是在 2010 年出现了极为显著的增长。总体看来，在经济增长速度指数方面，各省份呈现出总体上逐年上升的趋势。

但是，如表 4—7 所示，各省份之间发展的不平衡性在经济增长速度这个二级指标中仍然体现得非常明显，中西部地区的各省份可以说是大幅度落后于东部地区的各省份。由图 4—3 可见，在 2006 年至 2012 年期间，东部地区的经济增长速度远远高于中西部地区。而且中西部地区与东部地区的差距还在不断扩大，在 2006 年，该指标的评价值在东部地区与中西部地区的差距分别为 0.1582 和 0.1685，但到了 2012 年更是扩大为 0.2077 和 0.1917，可见地区间不平衡的程度进一步加深了。与此同时，虽然中西部地区在经济增长速度方面差距不大，但西部地区于 2009 年首次超过了中部地区，在 2011 年和 2012 年这两年里该增长速度优势就更为明显了，这说明相较于其他地区，中部地区的发展速度较为迟缓，有落后的趋势。

表 4—7　　中国各区域的经济增长速度水平指数（2006—2012 年）

年份 ＼ 区域	东部地区	中部地区	西部地区
2006	0.3567	0.1985	0.1882
2007	0.4166	0.2448	0.2310
2008	0.4038	0.2417	0.2316
2009	0.4250	0.2413	0.2451
2010	0.5135	0.3198	0.3069
2011	0.5404	0.3492	0.3519
2012	0.5526	0.3449	0.3609

（2）经济增长质量指标

再从经济增长质量指标的评价值看，作为衡量经济可持续发展

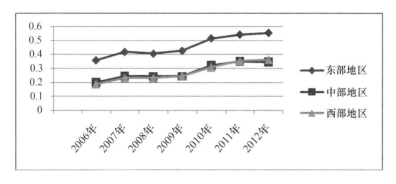

图4—3 中国各区域的经济增长速度的变化趋势（2006—2012年）

的重要指标的经济增长质量水平指标，从全国整体情况来看，除了在2007年和2008年是下降的，其余年份都是逐步上升的，由2006年的0.3784逐步增长到2012年的0.4007。但是，各省份在经济增长质量这一指标上的表现各异，且较不稳定，见表4—8。不过，从总体上看大体可以分为三个类型，有逐年缓步上升的，大部分东部地区省份和部分西部地区省份呈现这一发展趋势，总体上呈现逐年缓步上升趋势的省份的数量大约为18个；有逐年缓步下降的，这类省份主要集中在中西部地区；也有基本上保持不变或变动幅度很小的，主要集中在中东部地区，包括海南、广东、安徽、湖南等省份。因此，从总体上来看，经济增长质量仍然是一个总体上升的趋势。

表4—8   中国及其各省份的经济增长质量水平指数
（2006—2012年）

年份 省份	2006	2007	2008	2009	2010	2011	2012
中国	0.3784	0.3749	0.3627	0.3902	0.3916	0.3940	0.4007
北京	0.6300	0.6708	0.5970	0.6538	0.7074	0.6687	0.6984

年份 省份	2006	2007	2008	2009	2010	2011	2012
天津	0.4770	0.4559	0.4814	0.4761	0.4880	0.5121	0.5125
河北	0.3852	0.3664	0.3427	0.3734	0.3604	0.3697	0.3684
山西	0.3676	0.3787	0.3226	0.3570	0.2914	0.3813	0.3589
内蒙古	0.3781	0.3954	0.3976	0.3921	0.3733	0.3989	0.3801
辽宁	0.4173	0.4068	0.4115	0.4172	0.4244	0.4111	0.4170
吉林	0.3975	0.4060	0.4024	0.3982	0.3933	0.4108	0.4159
黑龙江	0.4064	0.3955	0.4086	0.4026	0.4071	0.4191	0.4112
上海	0.5589	0.5721	0.5218	0.5688	0.6052	0.5944	0.5952
江苏	0.4377	0.4392	0.4245	0.4622	0.4772	0.4840	0.5008
浙江	0.4204	0.4238	0.3860	0.4107	0.4374	0.4358	0.4580
安徽	0.3619	0.3450	0.3399	0.3645	0.3571	0.3532	0.3621
福建	0.4342	0.4508	0.4271	0.4403	0.4486	0.4524	0.4611
江西	0.3788	0.3612	0.3721	0.3693	0.3721	0.3637	0.3632
山东	0.3935	0.3749	0.3792	0.3980	0.3946	0.4010	0.4216
河南	0.3708	0.3543	0.3223	0.3375	0.3391	0.3377	0.3561
湖北	0.3879	0.4048	0.3939	0.4155	0.4105	0.4076	0.3978
湖南	0.3897	0.3842	0.3878	0.3957	0.4006	0.3902	0.3912
广东	0.4477	0.4550	0.4015	0.4123	0.4364	0.4591	0.4457
广西	0.3702	0.3345	0.3069	0.3165	0.3393	0.3212	0.3270
海南	0.3882	0.3822	0.3710	0.3933	0.3843	0.3884	0.3892
重庆	0.3261	0.3166	0.3356	0.3461	0.3456	0.3797	0.3777
四川	0.3758	0.3664	0.3373	0.3419	0.3691	0.3710	0.3684
贵州	0.3019	0.2840	0.2730	0.3121	0.3287	0.3473	0.3564
云南	0.2846	0.2999	0.2929	0.3059	0.3063	0.3275	0.3395
陕西	0.3734	0.3556	0.3461	0.3602	0.3431	0.3586	0.3690
甘肃	0.3412	0.3107	0.2848	0.3234	0.3171	0.3245	0.3378
青海	0.3358	0.3182	0.3073	0.3067	0.3041	0.3433	0.3552
宁夏	0.3331	0.3514	0.3435	0.3512	0.3614	0.3515	0.3767
新疆	0.3581	0.3288	0.3238	0.3227	0.3512	0.3696	0.3781

结合表4—9和图4—4，可以较清晰地看到各区域经济增长质量水平指数的发展变动情况。东部地区该项指标值除了在2008年有明显的下降外，其余年份呈现逐年缓步上升的趋势；而中部地区在该项指标的表现上则是较不稳定，该指标值忽高忽低，2006年该项指数为0.3826，是最高值，在2008年达到最低点0.3687，而后的年份一升一降，于2012年恢复到0.3820；西部地区则呈现出一个大致U形的发展状态，2007年和2008年该项指标值下降之后的各年份开始逐步回调上升。

在区域差距上，东部地区和中部地区该项指数上的差距在逐步拉大，而中西部差距却是逐步缩小的，具体来说，2006年东中部地区差距为0.071，到了2012年这一差距就扩大为0.0969，而2006年中西部在该指标上的差距为0.0391，到了2012年则缩减为0.0215。经济增长质量反映了地区经济增长的稳定性、潜力性等等。经济增长质量越高，意味着地区经济发展越具有可持续性。因此，可以说，中部地区在经济增长质量水平方面基本没有提高，这不利于该地区经济的健康可持续发展。

表4—9　　中国各区域的经济增长质量水平指数（2006—2012年）

年份　　　　　区域	东部地区	中部地区	西部地区
2006	0.4536	0.3826	0.3435
2007	0.4544	0.3787	0.3329
2008	0.4312	0.3687	0.3226
2009	0.4551	0.3800	0.3345
2010	0.4694	0.3714	0.3399
2011	0.4706	0.3830	0.3539
2012	0.4789	0.3820	0.3605

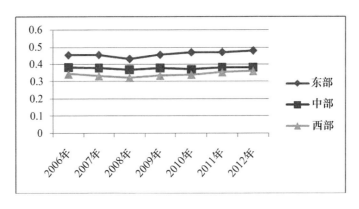

图4—4　中国各区域的经济增长质量的变化趋势

（2006—2012 年）

进一步对经济增长质量细化的二级指标进行剖析，即从稳定性、协调性、持续性和潜力性四个方面对经济增长质量做进一步的解析。根据图4—5 所显示情况看，从 2006 年到 2012 年，中国经济发展的潜力性指标的评价值一直保持着十分显著的稳定的增长状态，协调性指标的评价值虽然有所增减，但总体上保持着较为稳定的增长态势，而另外两个稳定性指标和持续性指标的评价值都出现了不同程度的波动，而且波动的幅度非常大，这必然影响到经济增长质量的稳步发展。结合中国包容性增长三级指标评价值的分析，经济波动系数和物价弹性系数指标的评价值的波动幅度都十分显著，特别是物价弹性系数在 2007 年、2010 年和 2011 年这三年里出现大幅度的变化，说明中国经济发展虽然保持一个较好的上升态势，但并不平稳。另外，在对构成经济增长持续性指标的三个三级指标的分析中可以看出，只有中国的劳动生产率指标的评价值从 2006 年开始一直保持稳定的增长趋势，从 2006 年的 0.045 持续增长到 2012 年的 0.140，而投资效果系数和产出投入弹性系数这两个指标在这七年里上下波动得十分频繁且幅度较大，所以，影响持续性指标良性发展的主要是投资效果系数和产出投入弹性系数这两个指标。

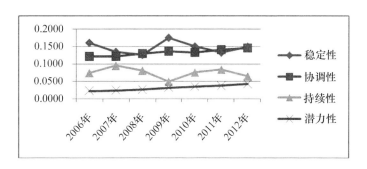

图4—5　中国经济稳定性、协调性、持续性和潜力性细化

二级指标评价值的变化趋势（2006—2012年）

3. 对中国及各省份经济发展指标的评析

通过对经济发展水平各级指标的分析，可以对中国及各省份的经济发展状况有一个概貌性的认识，可以总结为如下几点。

第一，中国各区域的经济发展严重不平衡。无论是经济发展水平的总体情况，还是经济增长速度或经济增长质量，东部地区的大部分省份的发展水平都远远高于中西部地区，并且这个差距随着年份的推移还呈现出逐步扩大的趋势。例如，从经济增长速度指标看，在2006年，东部地区与中部地区、西部地区的差距分别为0.1582和0.1685，到2012年就分别扩大为0.2077和0.1917，其中，东部地区与中部地区的差距扩大得更加明显。区域经济发展不平衡的逐步扩大，会导致各种资源要素向东部经济更为发达的省份集聚，这一方面会造成中西部地区发展动力匮乏，严重影响中西部地区社会经济增长，进一步拉大地区间的差距；另一方面，人口过于集中于东部地区的部分经济发达的城市易形成诸如北京、上海、深圳、广州等超级城市，给这些地区的社会和环境造成巨大的压力。

第二，我国中部地区省份经济发展相对缓慢。虽然中部地区在2006年到2012年间的经济发展水平得到了一定的提高，但是，在与东部地区乃至西部地区对比时，中部地区的经济发展水平相对缓慢。特别是随着中西部发展差距的缩小，这种发展的缓慢性就体现得更加明显了。比如说，在经济增长速度水平指数上，西部地区于2009年达到了0.2451，超过了中部地区。当然，中部地区发展较为滞后问题包含有政策因素，在国家进行西部大开发5年后，才提出了中部崛起战略。

第三，我国经济增长质量水平提升过慢且不稳定。经济增长的质量水平是经济发展的引擎，经济增长质量水平高，意味着经济增长能够更加持久、更加健康。然而，从各省份2006年至2012年的经济增长质量水平来看，并没有得到太大的提高，中部地区甚至一度出现了负增长，其在2006年该项指数为0.3826，2008年达到最低点0.3687，而后才逐步上升，于2012年恢复到0.3820。而中国目前经济增长所呈现出来的不稳定性主要是因为经济增长的稳定性和协调性指标的波动频繁且幅度较大。

（三）对中国及各省份社会发展的基本判断

1. 中国及各省份社会发展水平一级指标的分析

社会发展指标是对社会发展整体水平的测量，是构成包容性增长指标体系中的一个重要方面，其指标值的高低直接影响到社会整体包容性增长水平。根据上文所述标准化和加权方法，得出了中国及其各省份的社会发展水平指数，详见表4—10。

表4—10　　　　　　　　中国及其各省份的社会发展水平指数

（2006—2012 年）

年份 省份	2006	2007	2008	2009	2010	2011	2012
中国	0.3664	0.3910	0.3963	0.4206	0.4459	0.4513	0.4695
北京	0.5371	0.5462	0.5600	0.5841	0.5812	0.5856	0.5990
天津	0.3720	0.3742	0.3927	0.4078	0.4307	0.4473	0.4497

年份 省份	2006	2007	2008	2009	2010	2011	2012
河北	0.3514	0.3676	0.4002	0.4448	0.4617	0.4672	0.4701
山西	0.4099	0.4014	0.4159	0.4718	0.4716	0.4826	0.5135
内蒙古	0.3917	0.4205	0.4545	0.5099	0.5149	0.5443	0.5607
辽宁	0.3830	0.4195	0.4469	0.4849	0.5093	0.5025	0.5115
吉林	0.4515	0.4585	0.4604	0.5092	0.5005	0.5292	0.5055
黑龙江	0.4003	0.4162	0.4344	0.4680	0.4693	0.4868	0.4917
上海	0.4611	0.4310	0.4666	0.4709	0.4539	0.4637	0.4552
江苏	0.3552	0.3554	0.3700	0.4048	0.4199	0.4372	0.4567
浙江	0.3514	0.3580	0.3588	0.3906	0.4132	0.4189	0.4349
安徽	0.2852	0.3137	0.3431	0.3811	0.4059	0.4149	0.4339
福建	0.3172	0.3200	0.3544	0.3706	0.3957	0.3974	0.4136
江西	0.3529	0.3802	0.3832	0.4027	0.4303	0.4385	0.4460
山东	0.3341	0.3569	0.3794	0.4154	0.4235	0.4236	0.4416
河南	0.3612	0.3833	0.4134	0.4492	0.4672	0.4727	0.4946
湖北	0.3248	0.3552	0.3744	0.4071	0.4218	0.4554	0.4746
湖南	0.3547	0.3708	0.4007	0.4229	0.4319	0.4502	0.4607
广东	0.3857	0.3912	0.3948	0.4088	0.4340	0.4286	0.4428
广西	0.3108	0.3555	0.3732	0.4396	0.4758	0.4876	0.4928
海南	0.3306	0.3251	0.3470	0.3061	0.4156	0.4666	0.4613
重庆	0.3252	0.3433	0.3588	0.4021	0.4154	0.4471	0.4501
四川	0.3077	0.3251	0.3337	0.3963	0.4249	0.4265	0.4433
贵州	0.2407	0.2903	0.3124	0.3833	0.4515	0.4520	0.4804
云南	0.2807	0.3069	0.3277	0.3726	0.4232	0.4423	0.4729
陕西	0.3610	0.3703	0.4288	0.4491	0.4583	0.4792	0.4923
甘肃	0.3392	0.3685	0.4337	0.4632	0.5158	0.5114	0.5510
青海	0.3751	0.4065	0.4334	0.4717	0.4613	0.4892	0.5100
宁夏	0.3676	0.3973	0.4411	0.4806	0.5136	0.5102	0.5071
新疆	0.3868	0.4868	0.4909	0.5426	0.5883	0.5979	0.6151

结合表4—11，首先，从整体来看，在2006年至2012年期间，我国及其各省份的社会发展水平呈现逐年稳步上升的趋势，并且上升的速度都较快，尤其以新疆维吾尔自治区为代表，其社会发展水平在短短7年间几乎翻了一倍，由2006年的0.3868增长为2012年的0.6151。其次，从不同区域来看，中西部地区的社会发展水平增长速度要明显快于东部地区，其中大部分中西部地区的省份在2006年的社会发展指数低于东部地区的省份，但随着时间的推移，到2012年达到甚至是超过了部分东部地区省份，主要包括云南省、贵州省、湖北省等。在2006年，东部地区的社会发展水平指数为0.3799，高于中西部地区的0.3676和0.3351，但在2009年后，中西部地区就完成了对东部地区的全面超越，2012年东中西部的该项指标值分别为0.4670、0.4776和0.5069，这表明相对于中西部地区来说，东部地区在社会发展水平上的增长是缓慢的。与此同时，西部地区在2009年的该指标值达到了0.4465，超过了中部地区的0.4390，说明相较于中部地区来说，西部地区在社会发展水平方面的增长更为迅速。

表4—11　　　我国各区域的社会发展水平指数（2006—2012年）

区域 年份	东部地区	中部地区	西部地区
2006	0.3799	0.3676	0.3351
2007	0.3859	0.3849	0.3701
2008	0.4064	0.4032	0.3989
2009	0.4263	0.4390	0.4465
2010	0.4490	0.4498	0.4766
2011	0.4581	0.4663	0.4898
2012	0.4670	0.4776	0.5069

2. 中国及各省份社会发展水平二级指标的分析

倡导包容性增长，增强经济发展内生动力。我们应该坚持发展经济，坚持社会公平正义，坚持以人为本，让经济全球化和经济发展成果惠及所有国家和地区、惠及所有人群。我们应该坚持优先开发人力资源的指导方针，实施有利于充分就业的发展战略，提高全体劳动者素质和能力，加快构建可持续发展的社会保障体系，真正做到发展为了人民、发展依靠人民、发展成果由人民共享（胡锦涛，2010）。因此，社会发展指标主要从收入、能力和权利三个维度加以测度，对这三个二级指标进行进一步分析，并结合三级指标的评价值进行深入分析，可以更好地了解中国各地区社会发展水平的差异。

（1）收入

包容性增长的内涵强调经济发展的共享性，即人人都应当能够享有经济发展带来的福利，同时，要提高弱势群体的待遇，提高穷人的生活水平。作为社会发展水平这一指标下的二级指标收入，主要是用于衡量收入分配的均等性，表4—12给出了中国及其各省份社会发展二级指标收入水平指数。

表4—12   中国及其各省份收入水平指数（2006—2012年）

省份＼年份	2006	2007	2008	2009	2010	2011	2012
中国	0.3054	0.3003	0.2766	0.2972	0.3019	0.2980	0.3202
北京	0.4646	0.4633	0.4874	0.5218	0.5172	0.5218	0.5367
天津	0.2272	0.2183	0.2486	0.2467	0.2619	0.2884	0.2845
河北	0.2814	0.2813	0.3151	0.4017	0.4110	0.3844	0.3925
山西	0.2981	0.2661	0.2669	0.3317	0.3122	0.3307	0.3746
内蒙古	0.2793	0.2394	0.2467	0.3215	0.3208	0.3205	0.3319
辽宁	0.1917	0.2267	0.2756	0.3309	0.3527	0.3234	0.3372
吉林	0.2825	0.2819	0.2669	0.2932	0.2938	0.3015	0.2994

续表

年份 省份	2006	2007	2008	2009	2010	2011	2012
黑龙江	0.2390	0.2411	0.2465	0.2845	0.2473	0.2479	0.2511
上海	0.2135	0.2144	0.2280	0.2516	0.2544	0.2846	0.3112
江苏	0.2874	0.2709	0.2823	0.3281	0.3159	0.3336	0.3537
浙江	0.3146	0.3154	0.2993	0.3208	0.3268	0.3298	0.3412
安徽	0.2264	0.2460	0.2641	0.3104	0.3235	0.3074	0.3257
福建	0.2416	0.2349	0.2969	0.3023	0.2897	0.2902	0.3013
江西	0.2489	0.2497	0.2407	0.2476	0.2857	0.2977	0.2963
山东	0.2864	0.2927	0.3001	0.3548	0.3176	0.3122	0.3247
河南	0.3009	0.3131	0.3526	0.3754	0.3872	0.3864	0.4170
湖北	0.2100	0.1981	0.2130	0.2573	0.2378	0.2867	0.3155
湖南	0.2524	0.2368	0.2643	0.2725	0.2792	0.2886	0.2907
广东	0.3352	0.3357	0.3238	0.3313	0.3361	0.3366	0.3513
广西	0.2125	0.2463	0.2660	0.3547	0.3635	0.3774	0.3710
海南	0.2329	0.1869	0.2087	0.2686	0.2956	0.3602	0.3462
重庆	0.2177	0.2049	0.2208	0.2850	0.2843	0.3045	0.3173
四川	0.2114	0.1994	0.1719	0.2630	0.2477	0.2269	0.2336
贵州	0.2134	0.2023	0.2171	0.3121	0.3242	0.3109	0.3501
云南	0.2018	0.2009	0.1837	0.2320	0.2303	0.2611	0.2898
陕西	0.2599	0.2337	0.3063	0.3126	0.2791	0.3123	0.3325
甘肃	0.3020	0.2916	0.2832	0.3295	0.3591	0.3317	0.3766
青海	0.3037	0.3195	0.3180	0.3497	0.3010	0.2985	0.3267
宁夏	0.2926	0.2690	0.2797	0.3356	0.3592	0.3380	0.3415
新疆	0.2982	0.2993	0.3018	0.3619	0.3835	0.3796	0.3892

从表4—12所显示的数据来看，从2006年至2012年，中国的收入指标评价值略有上升，但该指标在整个时间跨度内呈现出小幅的波动性，其发展并不稳定，各省份收入指标评价值大体上也是呈现上升趋势。同时如表4—13所示，东中西部地区收入指标评价值

都呈缓慢上升趋势。且三地虽然存在一定差异，但该指标值在各区域间的差异性不是非常明显，三个地区均在 2007 年出现一定幅度的下降，中西部地区在 2010 年又出现小幅的下降，其余年份均相对稳定的上升，其中，东部地区在该指标值上仍然保有其优势地位，但西部地区的增速较快。由表 4—13 的数据可知，中西部地区与东部地区的差距在 2006 年均不超过 0.025，到了 2012 年有所扩大，但最大也不超过 0.035。同时，西部地区该项指数的发展速度相对较快，2009 年西部地区该指标值为 0.3143，首次超过了中部地区，并逐步缩小了与东部地区的差距，其差值由 2006 年的 0.0259 缩减至 2012 年的 0.0201。

然而，东中西部地区都存在该项指数水平相对较低的省份，如东部地区的天津、中部地区的湖北以及西部地区的四川，它们在 2006—2012 年该项指数均值分别仅为 0.2536、0.2454、0.2219。另外，通过对各省份该指标值的深入分析，可以发现省份间该指标值的差异很大，从 2006 年至 2012 年，所有的省份该指标的均值为 0.2984，其中，排名第一的是北京，其该项指标值的均值为 0.5018，而第二名的河南仅为 0.3618，北京的领先优势十分明显，而排名在最后的是四川，该指标值的均值仅为 0.2220。结合三级指标可以看出，不论是在城镇登记失业率、劳动工资占 GDP 比重，还是在城市和农村恩格尔系数上，北京市的表现均优于其他省份。

表 4—13　　　　中国各区域收入水平指数（2006—2012 年）

区域 年份	东部地区	中部地区	西部地区
2006	0.2797	0.2573	0.2538
2007	0.2764	0.2541	0.2460
2008	0.2969	0.2644	0.2541

年份 \ 区域	东部地区	中部地区	西部地区
2009	0.3326	0.2966	0.3143
2010	0.3344	0.2958	0.3139
2011	0.3423	0.3059	0.3147
2012	0.3528	0.3213	0.3327

（2）能力

包容性增长最基本的含义是公平合理地分享经济增长，而要践行包容性增长的这一最终目的，即把经济发展成果最大限度地让普通民众来受益，就需在人的发展上体现为素质与能力的提升，增强个人改善自身经济水平的能力，增强个人自我发展的能力，也就是说授人以鱼不如授人以渔。因此，在能力指标中，包含了教育、医疗、住房等各项子指标。经过测算，中国及其各省份的能力水平指数见表4—14。

表4—14　　　中国及其各省份能力水平指数（2006—2012 年）

年份 \ 区域	2006	2007	2008	2009	2010	2011	2012
中国	0.4657	0.4925	0.5187	0.5509	0.6119	0.6296	0.6592
北京	0.7351	0.7801	0.7989	0.8175	0.8374	0.8668	0.9004
天津	0.6276	0.6353	0.6389	0.6569	0.6853	0.6989	0.7190
河北	0.4884	0.5086	0.5456	0.5684	0.6180	0.6277	0.6390
山西	0.5479	0.5642	0.5998	0.6363	0.6688	0.6798	0.7036
内蒙古	0.4883	0.5177	0.5398	0.5871	0.6568	0.6886	0.7138
辽宁	0.5989	0.6117	0.6235	0.6636	0.6824	0.6984	0.7201
吉林	0.5469	0.5715	0.5918	0.6427	0.6738	0.6944	0.7187
黑龙江	0.5307	0.5488	0.5760	0.6140	0.6580	0.6758	0.6908
上海	0.6486	0.6810	0.7014	0.7073	0.7375	0.7595	0.7691

年份 区域	2006	2007	2008	2009	2010	2011	2012
江苏	0.4778	0.4968	0.5158	0.5441	0.6039	0.6247	0.6619
浙江	0.4908	0.5066	0.5292	0.5627	0.6142	0.6323	0.6688
安徽	0.3539	0.3654	0.4116	0.4538	0.5305	0.5631	0.5905
福建	0.4389	0.4483	0.4770	0.5167	0.6112	0.6136	0.6455
江西	0.4349	0.4784	0.5054	0.5520	0.5896	0.6050	0.6309
山东	0.4761	0.4988	0.5239	0.5514	0.6040	0.6149	0.6519
河南	0.4620	0.4820	0.5057	0.5429	0.5929	0.6011	0.6342
湖北	0.4561	0.4863	0.5182	0.5393	0.6023	0.6185	0.6427
湖南	0.4808	0.5177	0.5271	0.5662	0.6119	0.6269	0.6535
广东	0.5120	0.5363	0.5506	0.5741	0.6105	0.6267	0.6512
广西	0.4714	0.4833	0.5081	0.5365	0.6058	0.6238	0.6524
海南	0.4630	0.4855	0.5002	0.2788	0.5920	0.6347	0.6644
重庆	0.4460	0.4839	0.5050	0.5401	0.6004	0.6334	0.6612
四川	0.4109	0.4490	0.4690	0.5103	0.5787	0.6010	0.6431
贵州	0.2932	0.3376	0.3583	0.4260	0.5024	0.4993	0.5489
云南	0.3243	0.3557	0.4151	0.4358	0.5719	0.5681	0.6008
陕西	0.4729	0.4938	0.5253	0.5709	0.6377	0.6531	0.6888
甘肃	0.2959	0.3477	0.3883	0.4475	0.5544	0.5805	0.6125
青海	0.3361	0.3921	0.4606	0.5118	0.5902	0.6319	0.6639
宁夏	0.4078	0.4500	0.5202	0.5448	0.6273	0.6304	0.6613
新疆	0.5595	0.6101	0.6264	0.6747	0.7200	0.7385	0.7592

结合表4—14和图4—6中细化的二级指标值来看，总体上，中国及其各省份在能力水平方面呈上升趋势，并且上升速度较快。其中，细化的二级指标医疗卫生住房等指标评价值均是逐年稳定增长，教育文化指标评价值仅在2010年出现下降，其余年份均保持稳定的增长趋势。

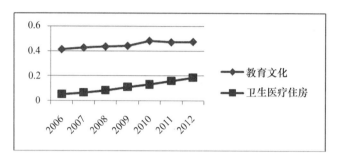

**图4—6　中国教育文化和卫生医疗住房细化二级指标评价值
的变化趋势（2006—2012年）**

再从表4—15所反映的分区域能力水平，我们可以更加清晰地
看到，虽然在2011年和2012年，中西部该指数的增长幅度有所放
缓，但是，相较于东部地区而言，中西部地区在能力水平方面的发
展基本上是跨越式的。从2006年至2012年，东、中、西部的能力
指标值的增长均值分别为4.40%、5.54%和8.20%。中西部能力
水平方面的快速提升，大大缩小了中西部地区居民在能力获取方面
同东部地区居民的差距。这说明了中西部地区省份在改善民生、提
高公共服务供给水平，特别是在促进居民教育医疗卫生水平提高方
面所做的努力取得了相应的成效，使得不同地域的居民在能力水平
方面逐步趋于相近。尤其是西部地区，在能力这个指数上的上升尤
为迅速，东西部之间的差距由2006年的0.1319快速缩减为2012年
的0.0441。这必然是同西部地区公共服务供给水平的提高，如教育
文化、医疗卫生条件的改善密切相关。以增长最为迅速的青海省为
例，2006年，青海省的人均卫生总费用仅为211.28元，到了2012
年增长为1049.01元，增加了四倍之多。但在各区域的能力指标表
现良好的同时，部分省份的表现却不尽如人意，例如海南省和贵州
省。结合细化的二级指标和三级指标可以看到，贵州省的卫生医疗
住房的指标值明显低于其他省份，其三级学龄儿童入学率和每千人

卫生机构床位数远低于全国平均水平，而海南省在 2009 年的能力指数较低，究其原因是当年其学龄儿童净入学率较低，仅为 81.7%。

表 4—15　　　　中国各区域能力水平指数（2006—2012 年）

区域 年份	东部地区	中部地区	西部地区
2006	0.5416	0.4766	0.4097
2007	0.5626	0.5018	0.4474
2008	0.5823	0.5295	0.4833
2009	0.5856	0.5684	0.5259
2010	0.6542	0.6160	0.6042
2011	0.6726	0.6331	0.6226
2012	0.6992	0.6581	0.6551

（3）权利

包容性增长实现的是社会发展的公平正义，它更加关注弱势群体的诉求，包括保护弱势群体的参与权利和共享权利，而其中生存权利是每个人所必须享有的最基本的权利。人只有在"基本劳动权利和人身权利得到保障"（陈一舟，2010），才能够实现在社会中体面劳动，才有机会具备较高层次的权利与分享状态。因此，在包容性增长指标体系中，权利是基本的但非常重要的一个指标要素。

表 4—16 中的数据表明，在权利水平方面，各省份的差异非常明显，似乎是经济发展水平越高的地区，在权利指数方面反而越呈现负增长，如北京、上海；而经济发展水平次高的地区，如福建、浙江、江苏等省的权利水平指数缓步增长；经济发展水平较低的中西部地区，在该项指数上却有着较快的发展。结合三级指标做进一步分析可以发现，这一现象的产生，与各地区在最低生活保障人数占比这一指标上的差异密切相关。以北京、福建和新疆这三个经济

发展程度不同的省份为例，北京 2006 年城市和农村最低生活保障人数占比分别为 2.01% 和 5.5%，2012 年为 0.94% 和 3.83%，福建 2006 年城市和农村最低生活保障人数占比分别为 1.37% 和 4.34%，2012 年为 0.87% 和 5.36%，新疆 2006 年城市和农村最低生活保障人数占比分别为 6.16% 和 0.21%，2012 年为 7.29% 和 13.5%。从这三个省份的相关数据可以看出，经济最为发达的北京，最低生活保障人数占比随着年份逐步降低，而这一点在分区域的对比中体现得更为明显。

表 4—16　　　中国及其各省份权利水平指数（2006—2012 年）

省份＼年份	2006	2007	2008	2009	2010	2011	2012
中国	0.3545	0.4382	0.4747	0.4958	0.5137	0.5216	0.5156
北京	0.4109	0.3916	0.3767	0.3867	0.3558	0.3248	0.3067
天津	0.3159	0.3336	0.3486	0.3953	0.4264	0.4263	0.4172
河北	0.3055	0.3502	0.3741	0.3615	0.3485	0.4148	0.3953
山西	0.4498	0.4555	0.4693	0.5340	0.5281	0.5236	0.5372
内蒙古	0.4913	0.6624	0.7688	0.7955	0.7213	0.8094	0.8238
辽宁	0.4800	0.5529	0.5569	0.5560	0.5938	0.6017	0.5832
吉林	0.6708	0.6687	0.6803	0.7733	0.6894	0.7731	0.6369
黑龙江	0.5543	0.5960	0.6283	0.6466	0.6685	0.7207	0.7153
上海	0.7152	0.5330	0.6357	0.5977	0.4730	0.4231	0.3157
江苏	0.3248	0.3337	0.3489	0.3696	0.3791	0.3908	0.3843
浙江	0.2329	0.2389	0.2441	0.2953	0.3121	0.3061	0.3029
安徽	0.3118	0.3825	0.4122	0.4269	0.4034	0.4317	0.4406
福建	0.3045	0.3176	0.3025	0.3085	0.3149	0.3181	0.3231
江西	0.4554	0.5149	0.5094	0.5174	0.5088	0.4991	0.4994
山东	0.2346	0.2921	0.3427	0.3515	0.3913	0.3881	0.3907
河南	0.3461	0.3914	0.4107	0.4722	0.4580	0.4729	0.4610

续表

年份 省份	2006	2007	2008	2009	2010	2011	2012
湖北	0.3805	0.4994	0.5097	0.5344	0.5531	0.5791	0.5714
湖南	0.3917	0.4445	0.5083	0.5364	0.4983	0.5402	0.5457
广东	0.3141	0.3037	0.3245	0.3390	0.3909	0.3432	0.3417
广西	0.2907	0.4047	0.4081	0.4811	0.5282	0.5269	0.5234
海南	0.3488	0.3889	0.4211	0.4226	0.4188	0.4532	0.4170
重庆	0.3802	0.4352	0.4418	0.4530	0.4299	0.4839	0.4315
四川	0.3642	0.4138	0.4816	0.5147	0.5794	0.5988	0.6012
贵州	0.2243	0.4079	0.4470	0.4719	0.6459	0.6805	0.6566
云南	0.3846	0.4597	0.5060	0.5779	0.6174	0.6443	0.6761
陕西	0.4154	0.4824	0.5494	0.5637	0.5809	0.5840	0.5506
甘肃	0.4776	0.5583	0.8116	0.7645	0.7892	0.7900	0.8293
青海	0.5790	0.6085	0.6363	0.6702	0.6153	0.6874	0.6772
宁夏	0.4680	0.5912	0.6674	0.6934	0.6769	0.7014	0.6370
新疆	0.3297	0.7056	0.6957	0.7346	0.8316	0.8566	0.8850

从表4—17中的各区域权利水平指数看，经济发达的东部地区的这一指数几乎没有增长，2006年为0.3625，2012年以极为微小的幅度增长至0.3798。而中西部地区在权利指数方面的增长则是非常迅速的，分别从2006年的0.4450和0.4005增长到2012年的0.5509和0.6629，且超过了东部地区。此点表明，相较于经济发达的东部地区，中西部地区在保障居民基本生活权利方面的工作取得了更有成效的进展。在扣除经济因素的影响后，中西部地区城市农村最低生活保障人数占比仍然大大高于东部地区，表明东部地区在保障低收入人群权益方面的发展状况与其在经济发展上所取得的成就不相称。

表4—17 中国各区域权利水平指数（2006—2012年）

区域 年份	东部地区	中部地区	西部地区
2006	0.3625	0.4450	0.4005
2007	0.3669	0.4941	0.5209
2008	0.3887	0.5160	0.5831
2009	0.3985	0.5551	0.6110
2010	0.4004	0.5385	0.6378
2011	0.3991	0.5675	0.6694
2012	0.3798	0.5509	0.6629

3. 对中国及各省份社会发展指标的评析

通过对社会发展水平各级指标的分析，对中国及各省份的社会发展状况进行概括性评析，可以总结为如下若干点：

第一，中国及其各省份的社会发展水平总体上呈上升趋势，尤其是近年来中西部地区的社会发展状况有了较大幅度的提升，使得各区域之间的差距逐步缩小。可以说，相对于经济发展，中国在社会发展方面的地域差异性较小。应该说，在我国各省份，居民在医疗卫生和教育等方面的基本权利基本上能得到满足，人们生活的基本权益能够得到保障。

第二，中西部地区在社会发展方面得到了长足的进步。如图4—7所示，在二级指标中，除了收入这一指标外，中西部地区的能力和权利这两项指标在2006年至2012年间均呈现跨越式的发展态势，其增长幅度均超过了东部地区。特别是中西部地区的权利指标，分别从2006年的0.4450和0.4005增长到2012年的0.5509和0.6629，增幅分别达到了23.80%和65.52%，不仅在指标评价值上远远超过了东部地区的0.3798，而且在增长速度上也远远超过了东部地区4.77%的增幅。虽然相较于东部地区而言，中西部地区在社会发展方面的快速增长有其原有基础较为薄弱的因素，但仍可表明中西部地区在促进社会发展方面所做出的努力成效显著，虽然其仍为经济较不发达地区，但在促进社会发展方面也可以取得长足进步。

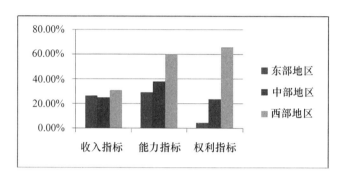

图4—7 中国各区域社会发展二级指标评价值的平均增长幅度（2006—2012年）

第三，经济发达地区要适时降低低保准入门槛，提高低保的覆盖率。对东部地区的权利水平指数进行分析，可以看到，不论是指标的绝对值还是指标值的增长幅度，东部地区在权利水平的提升方面都显得发展缓慢。结合三级指标进行进一步的细化研究，例如，北京、上海和广东这三个中国经济最为发达的省份，2006年城市和农村最低生活保障人数占比分别为2.01%和5.5%、3.91%和12.44%、0.93%和4.87%；2012年为0.94%和3.83%、1.74%和2.3%、0.66%和5.87%，其中北京和上海出现了不升反降的情况。而中西部地区的新疆和宁夏2006年城市和农村最低生活保障人数占比分别为6.16%和0.21%、6.59%和1%；2012年为7.29%和13.5%、4.5%和9.85%，显然，这七年间它们大幅度提高了农村最低生活保障人数占比，且远高于北上广等地。可见，在低保覆盖率方面，东部地区远远低于中西部地区，这表明了东部地区在保障穷人权益方面还有所欠缺。尤其是中国区域经济发展水平差异较大，东部地区的经济发展水平较高，物价水平和生活成本也相对较高，经济发达地区更要考虑经济因素，适当降低生活保障门槛，提高最低生活保障的覆盖面，让更多的穷人分享经济发展带来的好处。

第四，中央转移支付在促进社会发展方面起到了举足轻重的作用。社会发展水平的提高与财政投入密切相关，在没有外部投入的情况下，财政能力大小基本取决于地方经济水平。中西部地区的经济发展水平远落后于东部地区，但它们却能够在社会发展方面得到长足的进步，甚至在能力和权利水平方面远超东部地区，与其庞大的财政投入密不可分，其促进社会发展的庞大的财政支出进行的补助。以2012年为例，2012年，中央对地方转移支付达到40234亿元，是1994年590亿元的68倍，年均增长26.4%，比同期中央财政收入增幅17.9%高8.5个百分点，比同期地方财政支出增幅20%高6.4个百分点。转移支付分配中，中央财政多考虑各地区实际实行差别补助比例。其中，均衡性转移支付以促进地区间基本公共服务均等化为目标，选取影响各地财政收支的客观因素，考虑地区间支出成本差异、收入努力程度以及财政困难程度等，按统一公式分配给地方，越困难的地区补助转移支付系数越高。此外，中央财政在出台农村义务教育公用经费保障机制改革、城市义务教育和公共卫生、新型农村合作医疗等重大民生政策时，也考虑了各地的财力状况，对中西部等财力薄弱地区给予倾斜。经过多年努力，中央财政通过加大对地方转移支付力度，完善转移支付分配办法，明显缩小了地区间财力差距，有力促进了地区间基本公共服务均等化。2012年按照各地区人均公共财政收支计算，如果以东部地区为100，在中央转移支付之前，中部、西部地区人均公共财政收入分别为36和42；通过转移支付实施再分配后，中部、西部地区人均公共财政支出提高到63和85（中华人民共和国财政部预算司，2013）。这说明中央转移支付资金在促进中西部社会发展方面起到了非常重要的作用。

（四）对中国及各省份资源环境发展的基本判断

1. 中国及其各省份资源环境水平一级指标的分析

"十二五"规划建议提出"把建设资源节约型、环境友好型社会作为加快转变经济发展方式的重要着力点"（新华社，2011）。该提法实际上点明了环境保护对经济发展的一种独特作用，即环境保护不但不是经济发展的妨碍因素，相反是可以促进经济发展方式转变的推动因素，从而更新了我们过去认为经济发展与环境保护难以兼得的传统认识，把环境保护提到了一个更加积极、更加有为和更加主动的地位（夏光，2010）。可以说，经济的发展离不开资源的支撑，良好的环境有利于经济的健康可持续发展，随着包容性增长内涵的逐步扩大，资源和环境因素理应成为包容性增长的重要组成部分。中国及其各省份包容性增长的二级指标资源环境水平指标值见表4—18。

表4—18　　　　　中国及其各省份资源环境水平指数

（2006—2012 年）

省份 ＼ 年份	2006	2007	2008	2009	2010	2011	2012
中国	0.3820	0.4090	0.4295	0.4306	0.4744	0.4498	0.4640
北京	0.4646	0.4678	0.4548	0.4797	0.4718	0.4577	0.4986
天津	0.4367	0.4586	0.4574	0.4719	0.4592	0.4840	0.4642
河北	0.3546	0.3688	0.3933	0.4203	0.4430	0.4761	0.4397
山西	0.2915	0.3519	0.3923	0.4169	0.4496	0.4484	0.5063
内蒙古	0.3979	0.3810	0.4116	0.4308	0.4717	0.5153	0.5273
辽宁	0.3802	0.3631	0.3755	0.3895	0.3991	0.4214	0.4916
吉林	0.3809	0.4088	0.4022	0.4036	0.4621	0.4297	0.4376
黑龙江	0.4309	0.4185	0.4496	0.4498	0.4791	0.4714	0.5320
上海	0.4481	0.4771	0.4782	0.4833	0.4625	0.4495	0.4656
江苏	0.4683	0.4741	0.4893	0.4771	0.4772	0.4855	0.4885
浙江	0.4279	0.4357	0.5258	0.4622	0.4854	0.4611	0.4964

续表

年份 省份	2006	2007	2008	2009	2010	2011	2012
安徽	0.3889	0.4079	0.4297	0.4500	0.4618	0.4873	0.5107
福建	0.4458	0.4433	0.4481	0.4554	0.4795	0.4773	0.5101
江西	0.3877	0.4071	0.4123	0.4363	0.4997	0.5194	0.5474
山东	0.4446	0.4642	0.4724	0.4837	0.4818	0.4956	0.5059
河南	0.3695	0.3830	0.3954	0.4084	0.4106	0.4081	0.4257
湖北	0.3544	0.3666	0.3931	0.4238	0.4210	0.4447	0.4562
湖南	0.3487	0.3708	0.4027	0.4262	0.4215	0.4126	0.4400
广东	0.3971	0.4052	0.4157	0.4309	0.5765	0.4436	0.4492
广西	0.4251	0.4306	0.4655	0.4946	0.5058	0.4811	0.5067
海南	0.4305	0.4694	0.4753	0.4957	0.5044	0.4874	0.5266
重庆	0.4208	0.4468	0.4447	0.4868	0.5255	0.5581	0.5187
四川	0.3548	0.3923	0.4059	0.4095	0.4088	0.4077	0.4191
贵州	0.2992	0.3118	0.3224	0.3168	0.3424	0.3988	0.4134
云南	0.3749	0.4190	0.4384	0.4625	0.4837	0.4662	0.4686
陕西	0.3586	0.3493	0.3923	0.4360	0.4549	0.4071	0.4382
甘肃	0.3056	0.3565	0.3160	0.3494	0.3801	0.3735	0.4387
青海	0.3410	0.3888	0.4249	0.4035	0.4159	0.4526	0.4497
宁夏	0.3753	0.4434	0.4426	0.4112	0.4326	0.4366	0.4464
新疆	0.2985	0.3230	0.3497	0.3932	0.3919	0.4223	0.4976

表4—18中的数据表明，在2006—2012年期间，中国及其各省份资源环境指数大体上呈增长趋势，表明我国在资源利用和环境保护方面的状况有逐步好转的趋势。与此同时，结合表4—19中的相关数据可以看到更翔实的地区对比情况。大部分东部地区省份在研究的起始统计年份，即在2006年该指数水平就较高，达到了0.4以上，而中西部省份在起始年份该指标值较低，不过发展却较快。到了2012年，三地区在该项指数上的差距已经不大，东中部和东西部该指标值的差距分别从2006年的0.058和0.068缩减至2012年

的 0.003 和 0.019。这表明我国中西部地区在资源消耗和环境治理方面取得了较快的发展，东中西部地区在资源环境方面的发展水平趋于一致。为了更详细和深入地了解中国及各省份的该项指标情况，我们将对资源环境的二级指标进行进一步的分析。

表 4—19　　　　中国各区域资源环境水平指数（2006—2012 年）

年份＼区域	东部地区	中部地区	西部地区
2006	0.4271	0.3691	0.3592
2007	0.4388	0.3893	0.3857
2008	0.4532	0.4097	0.4013
2009	0.4591	0.4269	0.4177
2010	0.4764	0.4507	0.4375
2011	0.4672	0.4527	0.4472
2012	0.4851	0.4820	0.4659

2. 中国及各省份资源环境水平二级指标的分析

资源环境指标下属两个二级指标，分别为资源开发利用和环境保护指标。资源开发利用又进一步细分为资源拥有和资源利用两个子指标，衡量的是地区所拥有的资源状况以及对资源的使用效率；而环境保护则又进一步细分为环境治理与环境质量两个子指标，考察的是地区对环境治理的力度，所取得的成效以及衡量地区本身的环境状况。

（1）资源开发利用

地区资源的拥有量和开发利用的效率直接关系到地方经济的可持续发展。资源匮乏、利用程度不高的地区，在经济增长的潜力性、可持续性方面就会大打折扣，而资源的开发利用状况直接关系到整体经济是否能够健康运行，关系到包容性增长水平的总体状况，故在资源开发利用指标下又有两个细化的二级指标，包括资源拥有和资源利用两个细化的二级指标。表4—20为测算所得的中国及其各省份的资源开发利用指标值。

表4—20 中国及其各省份的资源开发利用水平
指数（2006—2012 年）

省份 年份	2006	2007	2008	2009	2010	2011	2012
中国	0.3555	0.3611	0.3708	0.3637	0.3712	0.3600	0.3702
北京	0.3260	0.3289	0.3424	0.3389	0.3364	0.3494	0.3464
天津	0.3144	0.3129	0.3178	0.3115	0.2953	0.2942	0.2994
河北	0.3295	0.3312	0.3445	0.3396	0.3346	0.3360	0.3446
山西	0.2925	0.3017	0.3024	0.3222	0.3150	0.3128	0.3404
内蒙古	0.3794	0.3715	0.3807	0.3798	0.3712	0.3531	0.3606
辽宁	0.3388	0.3392	0.3434	0.3499	0.3511	0.3377	0.3491
吉林	0.4456	0.4496	0.4458	0.4472	0.4638	0.4412	0.4662
黑龙江	0.5270	0.5175	0.5182	0.4851	0.5156	0.5004	0.5710
上海	0.3455	0.3610	0.3632	0.3547	0.3494	0.3526	0.3595
江苏	0.3667	0.3676	0.3697	0.3672	0.3617	0.3624	0.3616
浙江	0.3719	0.3698	0.3746	0.3774	0.3809	0.3644	0.3898
安徽	0.4076	0.4139	0.4171	0.4196	0.4254	0.4188	0.4203
福建	0.4169	0.3974	0.3960	0.3857	0.4131	0.3796	0.4094
江西	0.4376	0.4248	0.4384	0.4290	0.4627	0.4258	0.4651
山东	0.3570	0.3602	0.3660	0.3608	0.3570	0.3635	0.3578
河南	0.3796	0.3838	0.3884	0.3902	0.3875	0.3846	0.3920
湖北	0.3733	0.3891	0.3987	0.3926	0.3987	0.3866	0.3880
湖南	0.3946	0.3905	0.4042	0.3974	0.4031	0.3898	0.4142
广东	0.3868	0.3767	0.3901	0.3816	0.3772	0.3764	0.3867
广西	0.4362	0.4280	0.4579	0.4341	0.4428	0.4349	0.4568
海南	0.4342	0.4414	0.4687	0.4758	0.4778	0.4591	0.4553
重庆	0.3706	0.4043	0.3896	0.4104	0.3974	0.3963	0.4024
四川	0.3949	0.4067	0.4138	0.4125	0.4151	0.4089	0.4259
贵州	0.3632	0.3814	0.4047	0.3933	0.4027	0.3915	0.4074

年份 省份	2006	2007	2008	2009	2010	2011	2012
云南	0.4383	0.4614	0.4702	0.4477	0.4567	0.4428	0.4473
陕西	0.3968	0.4060	0.4083	0.4112	0.4118	0.4142	0.4040
甘肃	0.3939	0.4040	0.4100	0.4194	0.4162	0.4160	0.4182
青海	0.3960	0.4291	0.4403	0.5030	0.4579	0.4119	0.4562
宁夏	0.2255	0.2483	0.2827	0.2866	0.2827	0.2175	0.2563
新疆	0.4169	0.4150	0.4164	0.4018	0.4262	0.3875	0.3665

从各省份资源开发利用指数可以看出，从全国总体层面上来说，资源开发利用水平指数呈缓步上升趋势，该指数由 2006 年的 0.3555 缓步增长到 2012 年的 0.3702，期间出现了小幅波动的趋势。但结合表4—21 中所显示的数据可以发现，东部地区省份在这项指数上的表现反倒不及中西部地区。从 2006 年到 2012 年，东部地区的该项指数基本没有发展，并且所有年份的指标值均低于中西部地区，与此同时，在这七年中，中西部地区的该项指数则得到了缓步发展。进一步结合细化的二级指标和三级指标进行深入分析，发现这一情况的出现与东部地区过低的人均资源拥有水平及过高的人均能源消费量不无关系。由于东部地区省份人口密度大，在人均资源拥有方面落后于中西部地区，以北京、上海为例，在人均耕地面积上，2012 年这两个地区的指数分别为 0.112 和 0.103，而即便是人口大省的安徽、河南，这两项指数分别为 0.938 和 0.844，远高于东部这两个经济发达城市。与此同时，由于东部地区省份的工业经济发达，在人均能源消费量这项逆指标上，东部地区各省份的该指标值都相对较高，如 2012 年的该指标值皆在 3500 以上，高于大部分中西部省份。而中西部地区特别是西部地区的资源本身拥有的绝对总量要高于东部地区，加之中西部地区人口密度不及东部地区高，使得中西部地区在资源拥有指标上的表现要明显优于东部地

区。另外，由于中西部省份在资源利用水平上有了一定的提高，如在总能耗水平方面，山西、内蒙古、宁夏这些高能耗省份，其能耗水平分别从 2006 年的 2.77、2.6 和 3.9 下降为 2012 年的 1.3、1.39 和 2.12，下降非常明显，这也表明了中西部省份在降低能耗、提高资源利用率方面取得了明显的进步。

表 4—21　　中国各区域资源开发利用水平指数（2006—2012 年）

年份 ＼ 区域	东部地区	中部地区	西部地区
2006	0.3625	0.4072	0.3829
2007	0.3624	0.4089	0.3960
2008	0.3706	0.4141	0.4068
2009	0.3676	0.4104	0.4091
2010	0.3668	0.4215	0.4073
2011	0.3614	0.4075	0.3886
2012	0.3691	0.4322	0.4002

（2）环境保护

环境保护二级指标下属环境治理和环境质量两个细化的二级指标，考察的是地区环境保护与建设的力度以及环境质量的高低。环境保护指标值愈高，说明各地区在环境保护上的投入愈多，环境质量愈好，那么经济、社会的发展愈有可持续性。表 4—22 为我国各省份环境保护水平指数。

表 4—22　　中国及其各省份环境保护水平指数（2006—2012 年）

省份 ＼ 年份	2006	2007	2008	2009	2010	2011	2012
中国	0.4054	0.4513	0.4814	0.4899	0.5658	0.5292	0.5470
北京	0.5872	0.5908	0.5543	0.6043	0.5915	0.5536	0.6334

省份＼年份	2006	2007	2008	2009	2010	2011	2012
天津	0.5449	0.5876	0.5809	0.6138	0.6042	0.6520	0.6100
河北	0.3768	0.4021	0.4364	0.4916	0.5390	0.6000	0.5239
山西	0.2906	0.3964	0.4718	0.5007	0.5687	0.5684	0.6532
内蒙古	0.4142	0.3894	0.4390	0.4760	0.5605	0.6588	0.6749
辽宁	0.4169	0.3843	0.4039	0.4246	0.4416	0.4955	0.6177
吉林	0.3237	0.3727	0.3636	0.3651	0.4606	0.4195	0.4123
黑龙江	0.3458	0.3310	0.3889	0.4185	0.4468	0.4457	0.4975
上海	0.5389	0.5799	0.5799	0.5971	0.5626	0.5352	0.5594
江苏	0.5582	0.5684	0.5952	0.5743	0.5793	0.5945	0.6008
浙江	0.4775	0.4941	0.6595	0.5373	0.5779	0.5468	0.5907
安徽	0.3724	0.4025	0.4408	0.4768	0.4940	0.5479	0.5908
福建	0.4714	0.4839	0.4942	0.5171	0.5383	0.5638	0.5993
江西	0.3435	0.3914	0.3892	0.4429	0.5324	0.6022	0.6202
山东	0.5221	0.5562	0.5665	0.5925	0.5923	0.6124	0.6370
河南	0.3607	0.3823	0.4017	0.4245	0.4310	0.4290	0.4555
湖北	0.3377	0.3466	0.3882	0.4515	0.4407	0.4961	0.5166
湖南	0.3082	0.3533	0.4014	0.4517	0.4378	0.4329	0.4628
广东	0.4063	0.4304	0.4383	0.4745	0.7530	0.5030	0.5046
广西	0.4152	0.4329	0.4723	0.5481	0.5615	0.5220	0.5508
海南	0.4272	0.4941	0.4811	0.5134	0.5280	0.5125	0.5896
重庆	0.4653	0.4844	0.4934	0.5545	0.6387	0.7012	0.6216
四川	0.3193	0.3795	0.3989	0.4068	0.4032	0.4066	0.4130
贵州	0.2426	0.2503	0.2496	0.2491	0.2891	0.4052	0.4187
云南	0.3188	0.3815	0.4103	0.4757	0.5075	0.4869	0.4875
陕西	0.3248	0.2991	0.3781	0.4579	0.4930	0.4007	0.4685
甘肃	0.2275	0.3146	0.2328	0.2873	0.3480	0.3360	0.4568
青海	0.2923	0.3531	0.4114	0.3155	0.3787	0.4886	0.4439
宁夏	0.5079	0.6160	0.5841	0.5215	0.5652	0.6305	0.6147
新疆	0.1937	0.2415	0.2907	0.3855	0.3615	0.4532	0.6137

　　表4—22中的数据显示，在2006年至2012年期间，中国整体及其各省份环境保护的水平指数上升较为明显，总指数由2006年的0.4054增长到2012年的0.5470。这表明我国在环境保护工作方面取得了一定的成就。结合细化的二级指标来看，我国在环境治理方面的投入的确是逐年增长的，2006年我国环境治理投入占GDP比重的1.22%，2012年该比值上升为1.59%。

　　但从表4—23可以看出，该指标在各区域间的表现差异仍然较为明显。东部地区在该项指数上具有很大的优势，首先表现为东部地区环境保护水平指数的起点较高，在2006年就达到了0.4843，大部分东部省份该项指数在2006年就达到了0.45以上，远高于中西部地区各省份。且东部地区该指标值除了在2011年下降了2.18%以外，其余年份均增长较为稳定，平均增幅为2.81%。而中西部地区该指数的发展起点较低，在2006年分别仅为0.3353和0.3383。但是，中西部地区的发展非常迅速，七年间的平均增幅分别为6.71%和6.50%，使得区域间的差距逐步缩小，到了2012年，中西部地区与东部地区在该项指数上的差距从2006年的0.1490和0.1460分别缩减至0.0618和0.0639。

　　结合细化的二级指标和三级指标可以更清楚地看到中西部地区在环境保护指标值上快速增长的状况。虽然中西部地区在环境治理方面的起点较低，但它们不断增强环境治理的意识，对环境治理的重视程度持续增大，表现在治理投入不断加大、治理能力迅速提高，使得中西部地区的环境保护水平指数以较快的速度持续增长。例如，在治理投入方面，江西、山西、内蒙古和新疆等地，环境治理投入占GDP的比重分别由2006年的0.8%、1.33%、2.19%和0.77%增长为2012年的2.44%、2.71%、2.8%和3.4%；在治理能力方面，在垃圾无害化处理率和农村卫生厕所覆盖率等方面指数的增长均较为迅速，2006年大部分中西部省份的这两个指标值在50%以下，但在2012年，该区域的大部分省份这两项指标值则提高到了 60% 乃至 70% 以上，增长迅速。巨大的投入带来了环境质量的极大改善，促进了环境保护水平的提高，比如新疆在 2006 年该项指数仅为 0.1937，2012 年就增长到了 0.6137。这些都使得中西部地区与东部地区在环境保护方面的差距逐步缩小。

表 4—23　　　　中国各区域环境保护水平指数（2006—2012 年）

年份 ＼ 区域	东部地区	中部地区	西部地区
2006	0.4843	0.3353	0.3383
2007	0.5065	0.3720	0.3766
2008	0.5264	0.4057	0.3964
2009	0.5401	0.4415	0.4253
2010	0.5734	0.4765	0.4643
2011	0.5609	0.4927	0.4991
2012	0.5879	0.5261	0.5240

3. 对中国及各省份资源环境指标的评析

通过对资源环境水平各级指标的分析，可以就中国及各省份的资源环境状况进行概括性评析，主要总结为如下两点：

第一，要进一步提高中西部地区的资源利用率。虽然中西部地区在资源利用水平方面有了一定的提高，但与东部地区的差异依然明显，具体来说，在单位生产总值能耗、水耗和电耗方面，中西部地区依然远高于东部地区。我国虽然是一个资源大国，且中西部地区更是包含了众多资源大省，但是众多资源都是不可再生能源，是有限的。提高资源利用率，是改变原有粗放型经济增长模式、促进经济健康可持续发展的关键之举。因此，要不断加大科技投入，促进中西部省份工业生产能力的更新换代，提高生产力水平，降低能耗值。

第二，充分发挥中央转移支付作用，进一步提高中西部地区的环境治理能力。在环境保护水平指数方面，经济不发达地区较之经济发达地区仍有一定差距。由于中西部地区省份大多数位于内陆地区，自然环境往往较为恶劣，环境承载能力和自然更新能力差，一旦污染很难恢复，而环境保护及其治理需要相应的资金投入，但由于中西部地区经济发展水平不高，其在环境治理方面的资金有限，这就需要中央或是其他地区进行相应资金专项补助，提高中西部省份环境保护和污染治理的能力，促进中西部地区生态环境发展。

第五章 财政分权与包容性增长
关系的检验

第一节 中国各省份财政分权水平的测算

在对中国各省份包容性增长测算分析后，需要进一步对中国各省份的财政分权状况进行测算分析。本节所解决的主要问题即是对地区财政分权水平的测算，主要包括：财政分权指标体系的构建、数据的主要来源与计算以及最终结果的形成。

一 财政分权指标体系的构建

（一）指标体系的说明与处理

本研究在参考龚锋、雷欣（2010）计算方法的基础上对中国式财政分权水平进行测算，即在三个维度的基础上进行测算。这三个维度包括收入分权、支出分权和管理分权，并含六个指标，即：财政收入自治率、财政支出自决率、财政收入占比、财政支出占比、税收管理分权度、行政管理分权度，这六个指标的权重皆为1/6。

财政收入自治率衡量的是地方本级财政收入在总收入中所占的

比重，自治率越高的地区，地方财政收入自主权越大，其对转移支付的依赖性也越低。但由于省级预算内收入、预算外收入的相关数据在 2010 年后的《中国财政年鉴》中不再统计，故本研究以地方财政总收入减去中央补助收入的余值占地方财政总收入的比重来测算财政收入自决率。

财政收入占比等于地方本级人均财政收入占地方及中央人均财政收入之和的比重。主要考察地方对财政收入的支配能力，但考虑到地方经济总量和人口规模的不同，在进行人均化处理的基础上，仍然需要剔除经济方面的影响，并进行相应处理，具体方式为乘以一个经济系数（1 - 地方 GDP/国内 GDP）。

财政支出自治率衡量的是地方本级财政支出在总支出中所占的比重，自治率越高的地区，地方财政支出自主权越大，地方政府的偏好越能在财政支出中体现。同样，由于预算外支出的相关数据在 2010 年后的中国财政年鉴中不再统计，故本研究的计算方式为地方财政总支出减去中央补助收入的余值占地方财政总收入的比重。

财政支出占比等于地方本级人均财政支出占地方及中央人均财政支出之和的比重，主要考察地方政府的财政支出责任。同样考虑到地方经济总量和人口规模的差异，在人均化处理的基础上，该指标也需要剔除经济方面的影响，处理方式与财政收入占比相同。

税收管理分权度考察的是地方在税收方面的征管力度和自主性。龚锋、雷欣（2010）的测量方式为地方税务局职工数在地方与国家税务局职工总数中的所占比。但由于 2007 年以后，相关统计年鉴不再统计地方税务局职工数，因此本研究对该测量方法进行了一定的修改。由于地税收入和自主性直接影响到地方税务收入高低，并且征集更多的税收往往需要更多的工作人员，故本研究采用地方人均地税收入除以地方人均地税收入和人均国税收入之和来近似替代。考虑到地方经济总量和人口规模的差异，在人均化的基础上，同时进行与上述相同的处理。

行政管理分权度为地方每万人公共管理与社会组织职工数与国家每万人公务员职工数比值。该指标涉及的是地方政府的偏好问题。由于地方公务员比值越高，人均治理和服务的人口总量就越少，那么，从集体行动的逻辑来看，小集团的影响力更容易发挥，地方政府就越容易采取与民众相一致的行动。考虑到各省经济总量不同带来的影响，在人均化的基础上，仍然要剔除经济影响，处理方式如上。

（二）指标数据的来源与处理

1. 指标数据的来源

在具体数据来源方面，财政收入自治率、财政收入占比、财政支出自治率和财政支出占比指标的相关数据均来源于2007—2013年《中国财政统计年鉴》，税务管理分权度指标的相关数据来源于2007—2013年《中国税务年鉴》，行政管理分权度指标的相关数据来源于2007—2013年《中国统计年鉴》。财政分权指标体系具体说明见表5—1。

表5—1　　　　　　　　测算财政分权的指标体系说明

维度	指标	计算方式	数据来源
收入分权	财政收入自治率	（地方财政总收入－中央补助收入）/地方财政总收入	2007—2013 年《中国财政统计年鉴》
	财政收入占比	地方本级人均财政收入/（地方本级人均财政收入＋中央本级人均财政收入）×（1－地方 GDP/国内 GDP）	2007—2013 年《中国财政统计年鉴》
支出分权	财政支出自治率	（地方财政总支出－中央补助收入）/地方财政总支出	2007—2013 年《中国财政统计年鉴》
	财政支出占比	地方本级人均财政支出/（地方本级人均财政支出＋中央本级人均财政支出）×（1－地方 GDP/国内 GDP）	2007—2013 年《中国财政统计年鉴》

维度	指标	计算方式	数据来源
管理分权	税收管理分权度	地方人均地税收入/（地方人均地税收入＋地方人均国税收入）×（1－地方GDP/国内GDP）	2007—2013年《中国税务年鉴》
	行政管理分权度	地方每万人公共管理与社会组织职工数/国家每万人公共管理与社会组织职工数×（1－地方GDP/国内GDP）	2007—2013年《中国统计年鉴》

资料来源：根据龚锋、雷欣《中国式财政分权的数量测度》，见《统计研究》2010年第10期第47—55页内容整理而得。

2. 指标数据的处理方法

财政分权指标数据的处理过程包含两个步骤，首先是运用线性标准化的方式对指标进行标准化处理，采用这一方法的主要原因是财政分权指标没有负数，线性标准化方法能使所有指数的最终加权值在0—1之间，使之与包容性增长水平指数较为一致。其次是按照相关指标的权重进行赋权加总，本研究采用的方式为加权乘积法进行加权，以最终得出各省份的包容性增长指数。

（1）数据的无量纲化

本研究所用的标准化方法为线性标准化方法，由于指标皆为正指标，因此只需要一种方法，具体公式如下：

$$X'_{kyi} = \frac{X_{kyi}}{Max\ (X_{kyi})}$$

其中，X'_{kyi}为无量纲化后的取值，X_{kyi}为某一省份在某一具体年份的具体分权指标数据，其中，$k=1—30$（包含中国内地地区除西藏外的各省份），$y=2006—2012$（包含面板数据所选取的年份），$i=1—6$（包含所选取的6个财政分权指标），$MaxX_{kyi}$为所有省份在2006—2012年具体财政分权指标值中的最大值。

（2）数据的加权汇总

本研究所用的加权汇总方法为加权乘积法，原因在于 Shannon-Spearman 测度表明，加权乘积法所产生的信息损失最少。具体方法公式如下：

$$R_{ky} = \prod \left(X'_{kyi} \right)^n$$

具体来说，就是六个指标得出的标准值开方后相乘，至于开方数值的大小 n，则由该指标的权重决定。其中，$k = 1—30$（包含中国内地地区除西藏外的各省份），$y = 2006—2012$（包含面板数据所选取的年份），$i = 1—6$（包含所选取的 6 个财政分权指标），由于各指标权重相同，因此 $n = 1/6$。

二 中国及其各省份财政分权水平的测算结果及其分析

依据上述方法，在得出标准化值的基础上，通过加权乘积法最终计算出了中国各省份的地方财政分权水平指数，由于篇幅有限，本节仅列出最终水平指数值，详见表5—2，其他细化的分析指标因篇幅所限不予以体现。

表5—2　　　　中国各省份财政分权水平指数（2006—2012 年）

年份 省份	2006	2007	2008	2009	2010	2011	2012
北京	0.8593	0.8735	0.8644	0.8432	0.8518	0.8665	0.8569
天津	0.6952	0.7100	0.7036	0.7148	0.7041	0.7145	0.7422
河北	0.5583	0.5685	0.5643	0.5598	0.5785	0.5856	0.6082
山西	0.6696	0.6468	0.6543	0.6619	0.6768	0.6834	0.7144
内蒙古	0.6127	0.6442	0.6559	0.6754	0.6934	0.6968	0.7198
辽宁	0.6744	0.6824	0.6918	0.6942	0.7024	0.7206	0.7528
吉林	0.5262	0.5260	0.5442	0.5432	0.5632	0.5827	0.6118

续表

年份 省份	2006	2007	2008	2009	2010	2011	2012
黑龙江	0.5172	0.5202	0.5207	0.5313	0.5474	0.5400	0.5676
上海	0.7566	0.7392	0.7509	0.7473	0.7345	0.7344	0.7345
江苏	0.6470	0.6608	0.6673	0.6666	0.6765	0.6881	0.7058
浙江	0.7290	0.7404	0.7325	0.7294	0.7323	0.7358	0.7463
安徽	0.5094	0.5088	0.5228	0.5284	0.5494	0.5572	0.5486
福建	0.6598	0.6649	0.6579	0.6435	0.6502	0.6582	0.6986
江西	0.5394	0.5550	0.5418	0.5458	0.5669	0.5856	0.6393
山东	0.6365	0.6398	0.6318	0.6261	0.6416	0.6414	0.6015
河南	0.5389	0.5366	0.5312	0.5251	0.5456	0.5468	0.5935
湖北	0.5236	0.5323	0.5198	0.5230	0.5343	0.5634	0.6149
湖南	0.5251	0.5371	0.5271	0.5418	0.5593	0.5703	0.6008
广东	0.6716	0.6807	0.6808	0.6693	0.6669	0.6778	0.6941
广西	0.5154	0.5178	0.5114	0.5180	0.5437	0.5291	0.5597
海南	0.5968	0.6004	0.5872	0.6141	0.6517	0.6631	0.6981
重庆	0.5802	0.6083	0.6183	0.6210	0.6510	0.6961	0.7175
四川	0.5777	0.5478	0.5174	0.5189	0.5696	0.5965	0.6242
贵州	0.4978	0.4913	0.4958	0.5183	0.5494	0.5626	0.6207
云南	0.5233	0.5249	0.5350	0.5404	0.5578	0.5541	0.5833
陕西	0.5781	0.5825	0.5832	0.6025	0.6301	0.6536	0.6722
甘肃	0.4631	0.4836	0.4848	0.4958	0.5082	0.5063	0.5190
青海	0.4699	0.5277	0.4673	0.5037	0.5317	0.5269	0.5986
宁夏	0.5480	0.5795	0.5404	0.5502	0.6104	0.6209	0.6453
新疆	0.5315	0.5503	0.5619	0.5595	0.5805	0.6067	0.6446

　　根据表5—2中的数据可以看出，中国各省份的财政分权度总体上呈现增长的趋势，但增长的幅度略有不同。结合表5—3中的数据显示，东中西部地区的财政分权指数大体都逐年上升，但这种

上升速度的快慢仍然存在较为明显的地区差异。其中,中西部地区增长速度远快于东部地区,特别是西部地区在该项指数中的增长尤为迅速,逐步超越了中部地区。因此,随着中西部财政分权水平的加速提高,区域间的财政分权差距正在逐步缩小。原有财政分权水平相对较高的东部省份,增长速度大大低于原有水平相对较低的中西部省份。如广东、福建 2006 年的财政分权水平分别为 0.6716 和 0.6598,2012 年则分别为 0.6941 和 0.6986,增长幅度很小。而西部地区的青海和新疆等地,2006 年财政分权水平仅为 0.4699 和 0.5315,相较于广东、福建而言水平较低,但这两省的该指数增长非常迅速,2012 年已分别达到了 0.5986 和 0.6446,增长速度和幅度大大高于广东、福建等地。与此同时,也有个别省份的财政分权水平基本没有变化,甚至出现了负增长的情况。如北京和上海两市 2012 年的财政分权水平指数分别为 0.8569 和 0.7345,与 2006 年的水平 0.8593 和 0.7566 大体相当。

另外,各个区域之间的财政分权水平存在明显差异,不过,区域间的差距正在逐步缩小,其中西部地区的增长速度较为显著,但区域间的差距仍然较大。从表 5—3 可以看出,2006 年到 2012 年间,东部地区财政分权水平指数远远高于中西部地区。在 2006 年,东中、东西部地区的差异分别为 0.1367 和 0.1443,不过到了 2012 年这一差距有所减少,但仍保持了 0.08 以上,分别为 0.1012 和 0.0849。

表 5—3　　　　我国各区域财政分权水平指数 (2006—2012 年)

年份 ＼ 区域	东部地区	中部地区	西部地区
2006	0.6804	0.5437	0.5361
2007	0.6873	0.5454	0.5507

续表

区域 年份	东部地区	中部地区	西部地区
2008	0.6848	0.5452	0.5428
2009	0.6826	0.5501	0.5549
2010	0.6900	0.5679	0.5842
2011	0.6987	0.5787	0.5954
2012	0.7126	0.6114	0.6277

　　进一步结合所测算的财政分权度的六个子指标值进行分析。取 2006 年至 2012 年这七年的六个指标值的均值，由表5—4 中所显示的数据来看，中西部地区与东部地区在财政人均支出比、行政管理分权度和税收管理分权度方面没有显著差异，特别是西部地区的这三个指标均值均超过了东部地区。但是，其余的三个指标均值东部地区均优于中西部地区，特别是中西部地区的收入自决率和支出自决率水平非常低，这表明中西部地区的财政收入过于依赖中央补助收入。

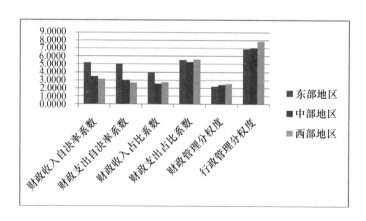

图5—1　我国各区域财政分权子指标均值（2006—2012 年）

表 5—4　　　　我国各区域财政分权子指标均值（2006—2012 年）

区域＼指标	财政收入自决率系数	财政支出自决率系数	财政收入占比系数	财政支出占比系数	税收管理分权度	行政管理分权度
东部地区	5.1857	4.9609	3.9300	5.5127	2.2159	6.8744
中部地区	3.4699	3.0082	2.5412	5.2685	2.4048	7.0346
西部地区	3.1307	2.7060	2.7469	5.6123	2.5871	7.8923

第二节　中国财政分权与包容性增长关系的检验

在对中国各省份包容性增长和财政分权度分别进行测度后，就可以检验财政分权水平的高低对地区包容性增长究竟会产生怎样的影响，据此，本节主要分为三个部分，包括：模型的选择和设定、检测结果的报告以及检测结果的分析。

一　模型的选择和设定

（一）模型的设定

在参考张晏、龚六堂（2005）研究的基础上，本书设立了相应模型，该模型为面板数据模型，具体公式如下：

$$B_{ky} = C + \beta_0 \cdot R_{ky} + \beta_1 \cdot X_{1ky} + \beta_2 \cdot X_{2ky} + \cdots + \beta_{iky} X_{iky} + \varepsilon_{it}$$

其中，B_{ky} 为各省份的包容性增长水平，R_{ky} 为各省份的财政分权程度，C 为常数项，β_0—β_i 为待估算的相关系数，X_{1ky}—X_{iky} 为待选的外生变量，ε_{it} 为干扰项。$k = 1$—30（包含中国内地地区除西藏外的各省份），$y = 2006$—2012（包含面板数据所选取的年份），i 由具体选取的外生变量的数目决定。

（二）外生变量的选择

外生变量的选择，需要考虑到其与包容性增长的可能的联系。包容性增长涉及了经济、社会和环境等众多领域，因此，在外生变量的选择方面，就可以从这些领域出发，参考选取相关变量。

1. 对外贸易依存度

过于封闭式的经济增长模式不利于促进资源的优化配置，进而阻碍了地区经济的包容性增长，因此，对于封闭性较强的地区，增强地区开放程度是促进包容性增长的一个重要举措，改革开放后的中国就是一个重要的例子。与此同时，经济的开放程度应当保持适度，过于开放的经济发展模式也不利于本地区经济的健康发展。对外贸易依存度过高，会"导致地区产业结构不合理，增加宏观调控难度，扭曲地区资源配置，造成地区能源消耗和环境污染"（杨英杰和杨小科，2014）等问题。考虑到贸易依存度对经济发展乃至资源环境的影响，故选取该指标为模型的外生变量。该指标的测算方式为地区对外贸易进出口总额除以地区GDP总量，数据来源于2007年至2013年的各省份统计年鉴中主要经济指标一栏。

2. 外商直接投资

外商直接投资也是检验地区经济开放性的一个重要指标。从以往的研究来看，外商直接投资能够带来促进地区经济增长、增加地区就业率等好处，但是，也有实证研究支持了污染避难假设，证明了外商直接投资对地区环境造成的负面影响（杨万平和袁晓玲，2008；刘渝琳和温怀德，2007）。因此，考虑到外商直接投资对经济、社会发展和环境方面可能造成的综合影响，选取该指标为模型的外生变量。该指标的测算方式为地区外商直接投资额除以地区GDP总量，数据来源于2007年至2013年中国对外经济贸易统计年鉴。

3. 市场化程度

市场化改革就是使资源配置从计划调节转化为市场调节，使市场在资源配置中起决定性作用，以市场化改革为导向的经济转型给中国的经济增长带来了举世瞩目的成就，通过市场化，政府逐步退出竞争性领域，使这些领域的资源配置主要由价格和竞争机制实现，推动了资源配置效率的进一步提高，从而产生更高的经济效率，进而带来社会财富的更快增长（洪华喜等，2001；王立平等，2004；周业安等，2008；樊纲等，2011；惠树鹏，2014）。在中国特色社会主义制度下，市场体系中既有私有制经济，又有公有制经济，二者你进它退，它退你进，共同构成了当今具有中国特色的市场经济体系，也深深影响了中国经济、社会各方面的发展。故此，选取了市场化程度作为包容性增长一个重要的外生变量。因为国有化代表的是公有制的经济，反映的是经济市场上国有经济占比，所以在测算方式上，以国有及国有控股企业在规模以上工业企业产值中的比例来测算①，该指标为逆向指标，所占比值越高，则市场化程度越低，该数据来源于 2007 年至 2013 年的中国统计年鉴。

4. 人口密度

人口是经济、社会发展过程中最基本的影响因素，劳动力是影响经济增长的最基本和最重要的因素之一。充足的劳动力是促进经济增长的一个基础性条件，人力资本对于经济增长的积极作用已为大量的实证研究所证实（巴罗和萨拉伊马丁，1999），而人口密度的高低与经济社会发展的相互关系却是复杂的（蔡昉等，2001）。一方面，人口密度的提高往往反映了地区劳动力的充裕程度，使社

———————

① 虽然樊纲、王小鲁、朱恒鹏在《中国市场化指数——各地区市场化相对进程 2011 报告》（经济科学出版社 2011 年版）中测算了我国各省份的市场化指数，对各地区的市场化进程进行了测度，但由于该指数实际只测算了 1997—2009 年，不能满足本研究的需要，所以不直接采用该指标值。

会的劳动分工有了可能，竞争加剧，促进各种创新活动，市场容量也更大，交换更加频繁等，所有这些都会推动社会经济的增长与发展（Ahituv，2001；朱震葆，2014；谢长青，2014）。另一方面，人口密度的急剧增高达到一定程度之后对经济社会发展的促进作用就会趋缓，当城镇化急剧发展，人口密度过大时，也会给地区资源和环境带来巨大压力，影响地区社会发展，造成地区资源紧张，产生资本稀释，出现各类问题。因此，人口密度也是影响包容性增长的一个重要因素，故将其列为外生变量之一。其计算方法为地区总人口除以地区土地总面积，这两项数据均来源于2007年至2013年的中国统计年鉴。

5. 劳动力素质

劳动力素质反映的是劳动力的受教育情况。已有的研究表明，地区劳动力素质与经济发展存在密切关系，而"提高劳动力素质以强化直接影响更是保障我国未来经济增长最有效的措施"（陈波、吴丽丽，2011）。地区劳动力素质在促进经济可持续发展方面的巨大作用，表明其与包容性增长的理念不谋而合。与此同时，劳动力受教育情况也反映了地区居民在权利享有方面的情况。据此，本书选取劳动力素质作为包容性增长的外生变量。考虑到该项指标与劳动力受教育水平直接相关，因此，劳动力素质的计算方式为就业人口中大专以上学历所占比例，该数据直接来源于2007年至2013年中国的劳动统计年鉴。

6. 交通里程密度

俗话说要想富先修路，良好的交通基础有利于地方经济的发展，促进经济效率的提高。同时，交通条件的改善还能够提高各地区交流水平，提高市场开放程度。Hammond等（2007）认为通信、交通是中低收入群体需求的重要组成部分，基础设施是否完善关系到包容性增长的实现。但是，交通的发展也由此带来了日益严重的交通环境问题，交通发展与环境保护的矛盾日益凸显。因此，交通里程数成为包容性增长的一个重要外生变量。考虑到铁路公路两种交通运输方式的不同，所以先将铁路里程乘以 14.7 换算成标准的公路里程数，再加上原有的地区公路里程数。同时，为了使数据具有可比性，根据运输能力把不同等级的公路里程分别折算为相当于二级公路的标准公路里程，然后除以各省份国土面积，得到每平方千米交通里程数。各省份铁路里程和公路里程均来源于 2007 年至 2013 年的中国统计年鉴。

二 实证检验的结果

在经过模型设定以及外生变量的选择后，本节将运用 stata 软件进行相应的面板数据分析。首先，为了更好地说明财政分权对包容性增长的影响，我们将财政分权最终指数及其子指标都分别纳入模型中进行检验，形成了七个不同的模型检验结果；其次，在总体检验的基础上，为了更好地分析财政分权对不同地区包容性增长水平的影响，我们进行了分地区检验，形成了二十一个不同的模型检验结果。最后，依据豪斯曼检验的结果，确定使用固定效应模型或随机效应模型估计面板数据。财政分权总指数及其子指标与包容性增长关系模型检验结果在表 5—5 列报。

按照上文所述，本书将进行以下三个部分的实证结果分析，即财政分权与包容性增长总体回归结果分析、分地区财政分权与包容性增长回归结果分析，以及财政分权与包容性增长一级指标回归结果分析。

（一）财政分权与包容性增长总体回归结果分析

1. 财政分权对包容性增长具有显著的正向影响，但子指标的影响各有不同。

首先，从表 5—5 中的结果来看，总的来说，财政分权程度的

表5-5　　财政分权与包容性增长回归结果

	财政分权总指标	财政收入自决率	财政支出自决率	财政收入占比	财政支出占比	行政管理分权度	税收管理分权度
财政分权指标	0.3185	0.0341	0.0328	0.1220	0.5697	0.1620	0.1017
	5.02***	0.61	0.95	3.04***	10.66***	2.73***	4.17***
对外贸易依存度	-0.0670	-0.0671	-0.0680	-0.0662	-0.0599	-0.0773	-0.0638
	-4.63***	-4.33***	-4.41***	-4.39***	-4.97***	-4.97***	-4.31***
外商直接投资	0.1931	0.3322	0.3254	0.3141	0.2852	0.3680	0.2945
	1.22	1.91*	1.91*	1.93*	2.21**	2.27**	1.85*
市场化程度	-0.1971	-0.2640	-0.2634	-0.2253	-0.0217	-0.2591	-0.2157
	-6.98***	-9.93***	-9.95***	-7.77***	-0.71	-9.98***	-7.73***
人口密度	-0.000023	-0.000055	-0.000056	-0.000030	0.000014	-0.000017	-0.000044
	-0.79	-1.81*	-1.84*	-0.98	0.57	-0.52	-1.53
劳动力素质	0.0045	0.0058	0.0058	0.0051	0.0029	0.0060	0.0050
	8.37***	11.59***	11.31***	9.49***	6.04***	12.32***	9.51***
交通里程密度	0.0408	0.0468	0.0478	0.0441	0.0031	0.0433	0.0469
	2.78***	2.98***	3.07***	2.89***	0.24	2.82***	3.15***
常数项	0.2253	0.4148	0.4177	0.3535	-0.0912	0.3346	0.3588
	4.84***	10.48***	14.62***	10.25***	-1.74*	7.84***	12.83***
R^2	0.8349	0.8113	0.8119	0.8204	0.8858	0.8187	0.8282
F (7, 173)	125.02	106.25	106.65	112.93	191.75	111.59	119.11
HausmanX^2	80.07***	45.71***	50.2***	40.98***	53.34***	70.43***	44.76***

注：其中＊＊＊表示在1%的水平上显著，＊＊表示在5%的水平上显著，＊表示在10%的水平上显著。

提高，对于提高地区的包容性增长具有非常显著的效果，相关指数为 0.3185，并且在 1% 的水平上显著。这说明随着财政分权水平的提高，地方政府能够拥有更多的资金投入经济、社会和环境等各方面的发展，从而促进了地方包容性水平的增长。

其次，在具体指标方面，财政收入自决率和财政支出自决率对包容性增长的影响较为不明显。从实证结果来看，在 2006 年至 2012 年期间，除新疆、上海外，大部分省份在这两个指标上都没有多大幅度的增长，如东部地区的北京、中部地区的河南、西部地区的云南，2006 年财政收入或支出自决率分别为 0.84 和 0.83、0.49 和 0.46、0.46 和 0.43，2012 年这些省份这两项指数分别为 0.87 和 0.85、0.47 和 0.45、0.46 和 0.44，基本上没有变化。这表明了地方财政收入和支出自决率并不是 2006 年至 2012 年期间促进地区包容性增长的主要因素，二者没有显著的联系。

再次，财政收入占比和财政支出占比在促进地方包容性增长方面具有显著的影响。从事实上来看，从 2006 年到 2012 年，除个别地区外，大部分省份在这两项指标上均有较为明显的增长，尤其以西部地区省份最为明显。例如新疆、重庆等省份，2006 年财政收入占比为 0.80 和 0.72，2012 年则增长到 0.88 和 0.86，增长幅度较大。研究表明地方可支配资金的大小、地方支出责任及使用的财政资金总量的大小与包容性增长具有密切的关系。因此，要不断提高地方在可支配资金方面的事实能力，与此同时，地方政府要更多地承担地方支出的责任，加大财政投入力度，促进地方经济社会环境的全面发展。

最后，行政管理分权度和税收管理分权度对地方包容性增长也具有显著的正向影响。行政管理分权度的提高，代表着所谓的官民比例的提高，这使得地方民众的意见更容易被传递，地方政府的财政支出也更容易符合辖区居民的偏好。税收管理分权度的提高，则意味着地方在税收征管方面的自主性加大，能够按照地方的实际情况进行税务的征管。因此，为了促进地方包容性增长，需要加强地方在税收征管方面的自主权，使地方政府在财政支出方面能够更多地受到当地民众偏好的影响，公共产品和公共服务的提供在更大程度上反映了地方民众的选择。

2. 外贸依存度对包容性增长具有显著的负作用

由表5—5中的七个模型显示的数据可知，外贸依存度对包容性增长的影响都表现为显著的负影响。这表明在2006年至2012年期间，外贸依存度的提高并不利于地方包容性增长水平的提高。虽然地区开放度的提高对于优化资源配置、促进地方经济增长具有相当的作用。但是如上文所述，外向型经济的过度发展也会带来许多问题，如过于依赖出口加工导致产业结构不合理、增加宏观调控的难度、加大地方资源环境消耗等。

3. 外商直接投资对于包容性增长具有一定的积极作用

从表5—5中的数据来看，外商直接投资在七个模型中的显著性不一，但从总体来看，外商直接投资这个变量对包容性增长还是具有较为积极的促进作用，这点在财政支出占比和税收管理分权度两个模型中表现较为明显。这表明，增强地区经济的开放性、吸引外资进入所产生的经济效益能够抵消其带来的相应的消极影响，在促进地方包容性增长中能够起到较为积极的正面作用。因此，应当区别对待不同性质的外商投资，积极接纳那些污染少、高科技的绿色外资，拒绝那些会带来严重污染的灰色外资。

4. 市场化程度对于促进包容性增长具有非常显著的正向作用

由于本研究中的市场化程度是一项逆指标，因此，在表中所体现的是市场化程度降低带来的负面影响。在七个模型中，市场化程度指标的显著性都非常高，这表明了市场化程度的提高对于促进包容性增长的作用非常明显。可见，市场化能够带来更高的经济效率和更优化的资源配置，在促进经济发展、提高居民生活水平方面，市场化具有不可替代的作用。因此，要进一步提高市场的开放度，增强市场活力，促进市场经济的发展，利用好市场这个无形的手以促进包容性增长。

5. 人口密度对于包容性增长的作用不显著

从表5—5中所显示的结果来看，人口密度对于包容性增长的作用在七个模型显著性均不高。因此，虽然人口密度的高低与地区劳动力、环境、资源有着紧密联系，但是从事实上来看，这一指标对于包容性增长的作用尚不明显。

6. 劳动力素质的提高对于包容性增长具有积极的促进作用

劳动力的教育水平意味着劳动力素质的高低，更意味着地区居民在权利方面的享有状况。从数据结果来看，劳动力素质的提高，对于地区包容性增长具有很强的正向作用。这表明了劳动力教育水平与地区包容性增长的关系明显，突出了人才对于地方经济社会发展的重要性。因此，加大地方教育投入，促进地方整体教育水平的提高，是促进地方包容性增长的重要举措。

7. 在促进包容性增长方面，交通里程密度显著性明显

模型结果表明，包容性增长水平与交通状况密切相关，可以说具备良好的交通是地方经济发展的基础，交通条件的改善，能够有效地促进地方包容性增长水平的提高。作为基础性设施，搞好交通对于经济、社会等各方面发展具有积极的正向作用。因此，要不断加强地区基础设施建设，提高交通便利性，提高地区对外开放硬件设施，为地区包容性增长打下良好的基础。

（二）分地区财政分权与包容性增长回归结果分析

为了更好地了解不同地区的包容性增长状况，在已有的总体分析的基础上，更为深入地分析分地区财政分权水平与包容性增长之间的关系，按照区域划分，进一步就东中西三个区域进行分地区检验，实证结果见表5—6、表5—7和表5—8。

1. 财政分权及其子指标对于包容性增长的影响具有显著的地域差异

第一，从加权总指标来看，中国式财政分权与东部地区、中部地区的包容性增长的相关性不够显著，但在西部地区，财政分权水平的提高却有利于该地区的包容性增长水平的提升。东部地区各省份的财政分权与包容性增长相关性不够显著的可能原因在于其本身的财政分权程度已经较高，而且增长非常缓慢，2006 年东部地区财政分权水平指数为 0.6804，2012 年才缓慢提升到 0.7126。

第二，在具体指标中，财政支出占比的提高对于东中西三地区包容性水平的增长都具有积极的影响。这表明，在中国财政支出占比这项指标与包容性增长的相关性不存在地域差异，无论是在经济发达的东部地区，还是在经济较为落后的中西部地区，地方可支配资金的多寡、地方支出责任的大小以及可使用的财政资金总量的多少，与包容性增长都有着密切的关系。

第三，在东部和西部地区，税收管理分权水平与包容性增长具有显著的相关性，这意味着在这两个区域，税收管理分权水平的提高，有助于地区包容性增长水平的提高，东西部地区能够通过加大税收征管方面的自主性，根据地方的实际情况开展税务征管活动，进而影响社会经济各方面，以促进包容性增长水平的提高。

第四，东中西部三个地区的财政收入和支出自决率与包容性增长的相关性不大，这与前文所述的总体情况的分析相同，表明了无论是在全国层面还是在地方层面，地方财政收入和支出自决率对包容性增长都没有太大的影响，可见发挥中央宏观调控职能、加大对地方财政补贴力度将对包容性增长水平的提高发挥更为重要的作用。

第五，分地区研究发现，财政支出占比与包容性增长的相关性也不大，这表明了相对于地方可支配资金来说，地方最终支出的金额对于包容性增长的影响更为明显，因此，在增加地方可支配资金的同时更应该赋予并明晰地方支出责任，构建事权与财权相统一的财政体制，使可支配资金真正用到位。

第六，东部地区在行政管理分权度与包容性增长相关性方面呈显著负相关。从数据上看,东部地区的各省份在该项指数上确实是呈现逐年递减的情况。虽然官民比例提高有利于民众偏好的传递,但同时也会带来机构臃肿、行政效率低下的负作用,并且过多公务员的存在也会导致大量资金用于政府内部开销,这会降低财政支出的水平。东部地区在该项指数上的表现表明了东部地区在精简政府规模、降低财政负担、提高行政效率方面取得了一定成就,这也说明了政府规模应当保持在合理的水平,既能较好地传达民众偏好,又能够保持高效运作。

2. 外贸依存度、人口密度和交通里程密度对包容性增长影响也存在显著的地域差异

实证研究的结果表明,在东部地区,外贸依存度对包容性增长的负作用最为显著,西部次之,中部地区的影响较小。东部地区省份基本都位于沿海地区,对外开放程度高,在外贸依存度上也保持着很高的比重,如北京、上海对外贸易依存度指数都超过了1,意味着对外贸易总额高于地区 GDP 总量。因此,在东部地区,外贸依存度的负作用表现得最为明显。中西部地区在对外贸易依存度指数方面大体相当,都不是很高,但是由于西部地区自然生态环境较为脆弱,一旦造成污染很难恢复,因此,对于西部地区来说,由外贸依存度带来的负作用更为明显。

人口密度对于包容性增长的影响因地域经济环境差异而不同。在东部地区及中部地区,人口密度对包容性增长的影响不大,而在西部地区则表现为较为显著的负作用。这是由于东部地区和中部地区各省份的人口密度本身就很高,普遍在每平方千米 200 人以上,而西部地区的诸多省份存在地广人稀的情况,如青海、新疆、内蒙古等,这些省份的人口密度都在每平方千米 30 人以下。由于西部地区人口密度小,经济发展水平不高,特别是自然环境脆弱,环境承载力低,人口密度的提高所带来负作用的影响就更为显著。

表5—6　　　　东部地区省份财政分权与包容性增长回归结果

	财政分权总指数	财政收入自决率	财政支出自决率	财政收入占比	财政支出占比	行政管理分权度	税收管理分权度
财政分权指标	0.1783	0.0872	0.0306	0.0980	0.4700	-0.2393	0.0903
	1.54	0.88	0.41	1.01	3.42＊＊＊	-2.55＊＊＊	2.37＊＊
对外贸易依存度	-0.0560	-0.0556	-0.0579	-0.0561	-0.0550	-0.0435	-0.0519
	-3.86＊＊＊	-3.71＊＊＊	-3.93＊＊＊	-3.8＊＊＊	-4.08＊＊＊	-2.87＊＊＊	-3.62＊＊＊
外商直接投资	-0.1537	-0.2189	-0.1722	-0.1307	0.2684	-0.2784	-0.1225
	-0.74	-0.94	-0.73	-0.62	1.19	-1.33	-0.6
市场化程度	-0.2435	-0.2744	-0.2775	-0.2402	-0.0709	-0.2820	-0.2569
	-4.56＊＊＊	-5.69＊＊＊	-5.47＊＊＊	-3.73＊＊＊	-0.93	-6.35＊＊＊	-5.54＊＊＊
人口密度	0.000005	-0.000008	-0.000007	0.000009	0.000013	-0.000043	-0.000002
	0.17	-0.29	-0.23	0.31	0.51	-1.39	-0.06
劳动力素质	0.0043	0.0046	0.0046	0.0044	0.0029	0.0039	0.0041
	6.88＊＊＊	7.77＊＊＊	7.85＊＊＊	6.85＊＊＊	3.95＊＊＊	6.26＊＊＊	6.78＊＊＊
交通里程密度	0.0224	0.0209	0.0223	0.0201	0.0147	0.0238	0.0282
	1.42	1.28	1.37	1.24	0.98	1.56	1.82＊
常数项	0.3322	0.4014	0.4463	0.3836	0.0193	0.6285	0.4020
	3.54＊＊＊	4.9＊＊＊	7.29＊＊＊	4.32＊＊＊	0.14	8.93＊＊＊	9.65＊＊＊
R^2	0.8416	0.8374	0.8358	0.8381	0.8626	0.8516	0.8496
F (7, 59)	44.79	43.41	42.89	43.64	52.9	48.37	47.61
HausmanX^2	51.49＊＊＊	28.09＊＊＊	27.29＊＊＊	21.08＊＊＊	39.5＊＊＊	31.62＊＊＊	41.13＊＊＊

注：其中＊＊＊表示在1%的水平上显著，＊＊表示在5%的水平上显著，＊表示在10%的水平上显著。

表5—7

中部地区省份财政分权与包容性增长回归结果

	财政分权总指数	财政收入自决率	财政支出自决率	财政收入占比	财政支出占比	行政管理分权度	税收管理分权度
财政分权指标	0.1801	-0.1552	0.0306	0.0227	0.6272	0.1748	0.0398
	1.33	-1.44	-0.34	0.26	6.66***	1.27	1.22
对外贸易依存度	-0.1481	-0.1134	-0.0579	-0.1367	-0.1878	-0.1077	0.1532
	-1.59	-1.22	-1.32	-1.44	-2.85***	-1.14	-1.5
外商直接投资	0.9068	0.5285	-0.1722	0.8577	0.1812	0.8849	-1.5536
	1.55	0.86	1.33	1.39	0.43	1.51	1.24
市场化程度	-0.1948	-0.1999	-0.2775	-0.2110	0.0184	-0.2328	-0.1354
	-4.26***	-4.52***	-4.85***	-4.44***	0.4***	-5.16***	-4.31***
人口密度	0.000057	-0.00008	-0.000007	0.000149	0.000425	-0.000014	0.000071
	0.09	-0.13	0.12	0.22	0.98	-0.02	-0.16
劳动力素质	0.0016	0.0033	0.0046	0.0025	0.0005	0.0030	0.0074
	1.12	2.49***	2.01*	1.75*	0.51	2.36**	1.72*
交通里程密度	0.1170	0.1276	0.0223	0.1180	0.0106	0.1046	-0.0728
	2.53**	2.76***	2.39**	2.49**	0.29	2.2**	2.58**
常数项	0.2031	0.4129	0.4463	0.2659	-0.2454	0.2474	0.4382
	1.17	2.3**	1.83*	1.37	-1.77*	1.51	1.99*
R^2	0.8535	0.8544	0.8476	0.8474	0.9266	0.8529	0.8524
$F_{(7, 41)}$	34.11	34.38	32.56	32.51	73.93	33.97	33.84
$Hausman X^2$	66.11***	73.26***	21.32***	97.67***	102.64***	106.92***	122.37***

注：其中***表示在1%的水平上显著，**表示在5%的水平上显著，*表示在10%的水平上显著。

表5—8　　**西部地区省份财政分权与包容性增长回归结果**

财政分权指标	财政分权总指数	财政收入自决率	财政支出自决率	财政收入占比	财政支出占比	行政管理分权度	税收管理分权度
财政分权指标	0.2898	0.0459	0.0242	0.0995	0.5158	0.0973	0.2378
	2.73***	0.69	0.54	1.7	5.83***	1.11	4.18***
对外贸易依存度	-0.1205	-0.0630	-0.0709	-0.1147	-0.0819	-0.0895	-0.1151
	-2.85***	-1.51	-1.7	-2.62***	-2.42**	-2.17**	-2.93***
外商直接投资	0.3675	0.1445	0.1983	0.4221	0.1743	0.2602	0.5085
	1	0.46	0.65	1.11	0.7	0.86	1.48
市场化程度	-0.2165	-0.1756	-0.1853	-0.2425	-0.0940	-0.2117	-0.1691
	-3.94***	-4.86***	-5.16***	-4.36***	-2.39**	-5.29***	-3.16***
人口密度	-0.0009	-0.0006	-0.0006	-0.0011	0.0001	-0.0005	-0.0012
	-1.01	-3.41***	-3.47***	-1.18	0.67	-2**	-1.5
劳动力素质	0.0055	0.0082	0.0081	0.0062	0.0045	0.0076	0.0051
	4.41***	8.71***	8.29***	4.98***	4.7***	7.9***	4.63***
交通里程密度	0.0883	0.1032	0.1085	0.1114	-0.0198	0.1040	0.0726
	1.78*	2.91***	3.02***	2.22**	-0.5	2.6**	1.57
常数项	0.3516	0.3921	0.4111	0.4856	-0.0516	0.3720	0.3859
	2.62***	8.83***	12.2***	3.77***	-0.58	5.8***	3.26***
R^2	0.8777	0.855	0.8561	0.8688	0.9108	0.8621	0.8937
F(7,59) or Wald chi2(7)	60.51	353.67	360.86	55.8	618.48	390.01	70.89
HausmanX^2	16.75**	13.37	10.12	20.16**	6.67	4.83	24.26***

注：其中***表示在1%的水平上显著，**表示在5%的水平上显著，*表示在10%的水平上显著。

交通里程密度对包容性增长的影响也存在显著的地域差异。在经济较为发达的东部地区省份，交通里程密度对包容性增长的影响较为不明显，而在经济相对不发达的中部和西部地区，交通里程密度的提高，对于经济的发展具有积极的促进作用，这一点在中部地区表现得更为明显。在东部地区，其交通本身就较为发达，2006年，大部分东部省份交通里程密度就已达到了每平方千米包含一千米的交通里程，而中西部省份由于交通里程密度普遍不高，因此，在这些省份，由交通里程密度提高所带来的促进经济社会发展的作用就表现得更为明显。相较于西部地区，中部地区由于人口密度高，交通水平提高所带来的好处则更为显著。

3. 市场化程度和劳动力素质的提高对各地区包容性增长都具有积极的促进作用

从实证结果来看，无论是在经济发达的东部地区，还是经济相对落后的中西部省份，市场化程度和劳动力素质的提高对包容性增长都具有显著的正向性作用。这也表明了当前我国各区域在市场化程度方面仍然具有提升空间。与此同时，通过对比人口密度与劳动力素质对包容性增长影响的不同我们可以看出，相较于劳动人口总量来说，劳动力素质的提高对于促进地区包容性增长的作用更为明显。

第六章　中印包容性增长战略的比较研究

第一节　中印包容性增长的相关文献综述

一　文献检索

　　本研究通过对有关中印包容性增长的中文文献的检索，结果见表 6—1。这有助于初步了解和把握国内对中国和印度在包容性增长这一研究主题的研究现状和发展进程。本研究同样利用中国期刊网全文数据库中的"篇名"为检索项。首先，以"中印"为检索词，以"全部期刊"为检索范围，时间跨度为所有年份，且为"精确"匹配进行检索，检索的结果是自 1952 年至今①，共有记录 2646 条。但是，如若将上述的检索范围局限在"CSSCI"之中，则仅找到 1998 年至今共 709 条结果。其次，以"印度"并含"包容性"为检索词，以"全部期刊"为检索范围，时间跨度为所有年份，且为"精确"匹配进行检索，检索的结果是自 2011年至 2015 年只有记录 12 条。但是，如若将上述的检索词改为"中印"并含"包容性"，则检索产生的记录为 2 条。而检索词

---

　　①　检索时间截至 2016 年 2 月 18 日。

"中印"分别并含与"经济""社会""环境"进行检索，检索的结果分别是264条、22条和22条记录。这反映了自20世纪50年代以来，中国和印度间的比较研究是经济和政治领域一个较为重要的研究议题，国内在此相关主题的研究文献数量激增，且主要侧重于中印两国在经济方面的研究，但是中印在包容性增长方面的研究文献仍较为缺乏。

　　而后在 Web of Science 的 "SCI&SSCI" 数据库中以 "China" 和 "India" 为标题进行检索，时间跨度包括所有年份，检索的结果为1108条记录，以 "India" 和 "inclusive growth" 为标题进行检索，时间跨度包括所有年份，检索的结果为 10 条记录，但以 "China" 和 "Inida" 和 "inclusive growth" 为标题进行检索，时间跨度包括所有年份，没有获得文献记录，而以同样的检索词为主题进行检索，时间跨度包括所有年份，检索的结果为 7 条记录。详细情况见表6—1。

表6—1　　　　　　　　　国内外主要数据库的检索结果

检索库	时间跨度	检索项	检索词	检索范围	匹配项	检索结果（篇）	文献起止时间（年）
中国期刊全文数据库	所有年份	篇名	中印	全部期刊	精确	2,646	1952—2016
中国期刊全文数据库	所有年份	篇名	中印	核心期刊	精确	709	1998—2016
中国期刊全文数据库	所有年份	篇名	印度+经济	全部期刊	精确	264	1981—2016
中国期刊全文数据库	所有年份	篇名	中印+社会	全部期刊	精确	22	1989—2015
中国期刊全文数据库	所有年份	篇名	中印+环境	核心期刊	精确	22	1997—2015

检索库	时间跨度	检索项	检索词	检索范围	匹配项	检索结果（篇）	文献起止时间（年）
中国期刊全文数据库	所有年份	篇名	印度＋包容性	全部期刊	精确	12	2011—2015
中国期刊全文数据库	所有年份	篇名	中印＋包容性	全部期刊	精确	2	2014—2015
ISI Web of Science-SCI&SSCI	所有年份	标题	China + India	—	—	1108	1980—2016
ISI Web of Science-SCI&SSCI	所有年份	标题	India + inclusive growth	—	—	10	2009—2015
ISI Web of Science-SCI&SSCI	所有年份	标题	China + India + inclusive growth	—	—	0	—
ISI Web of Science-SCI&SSCI	所有年份	主题	China + India + inclusive growth	—	—	7	2006—2015

二　中印包容性增长研究的文献述评

从以上文献检索的结果可以看出，关于中印比较的研究数量众多，中国和印度在政治、经济、文化、社会等各方面的比较研究均有较多的涉猎和论述，尤其是在经济方面的比较研究成果最为丰硕。但是，结合前文的文献检索结果可以看出，虽然目前国内外分别对中国或印度在包容性增长方面做了一定数量的研究，但还没有直接将二者结合起来进行探讨的文献，对于中国和印度在包容性增长方面的比较研究显然是缺乏的。中、印两国同处亚洲大陆，领土相邻，是世界上第一大和第二大发展中国家，两国有着相近的最初发展条件、目前相差无几的人口规模，都在 20 世纪七八十年代通过大规模的经济体制改革和市场开放而成为当今世界上经济增长最快的国家（赵建军，2007；杨怡爽，2011），二者同时也存在着巨大的差异，截然不同的政治体制和文化背景，经济结构、社会结构和增长方式也被认为有明显的差异（华民，2006；龚松柏，2009；杨怡爽，2011）。这些条件导致中印两国在包容性增长方面面临着许多"不合理的趋同"：基尼系数持续增长、居民收入差距扩大、区域不平等和不均衡增长、公民的不平等遭遇、环境恶化以及腐败问题等（华民，2006；杨怡爽，2011）。对此，印度主要采取了以下举措：将包容性增长纳入国家发展战略、采取倾斜政策增加贫困地区投入、扩大生产性就业、提升人力资源能力、完善社会保障制度、强化善治、政府部门通力协作等（王志章、王晓蒙，2011）。而中国则着重转变发展方式、为公民提供平等发展机会、通过政府转型提供更多的公共产品和服务、健全和完善制度体系以及推动投资与贸易自由化（葛笑如、孙亚忠，2011；陈剑，2012）。通过这些策略，中印两国在促进包容性增长方面都取得了一定的成就：人文发展水平呈提高趋势、贫困率有所下降、知识与健康的区域不平等性降低等（杨怡爽，2011）。还有学者对印度的税收改革经验进行了总结，认为其税收制度具有包容性，既实现了印度经济的高速增长，又解决了印度社会不平等的重大问题，实现了效率和公平的统一，是值得中国借鉴的（周阳敏，2012）。蔡荣鑫从"益贫式增长"的角度对印度20世纪90年代以来的增长情况进行了分析，认为印度严厉的劳工法律制度阻碍了制造业的发展，而资本密集型和技术密集型的经济增长模式又难以持续产生大量的劳动力需求，不利于贫困的消除，这对于中国的包容性增长具有重要的启示。

　　总的来说，目前学者对中印包容性增长比较的研究多是单独对中国或者印度的包容性增长模式进行分析，从而为另一国提供借鉴经验，但由于没有具体分析两国的国情对各自实施的包容性增长政策的影响，因而这种经验借鉴没有针对性；同时，现有文献中对中印两国包容性增长的政策体系没有统一的标准，使得对于政策与包容性效果之间的分析缺乏说服力。而且，由于对包容性增长内涵界定的狭窄性及不统一性导致了其不能全面了解一个国家增长的包容性程度，也无法得出具有针对性和可比性的结论。基于现有文献研究的不足，本研究将分析中印两国存在的导致增长低包容性的因素，并在前文对包容性增长的内涵外延界定的基础上，通过对中印两国实施包容性增长战略的背景以及具体措施的比较，从持续的经济增长、共享经济成果、公平享有公民权利、人与自然协调发展等方面对两国的包容性战略的实现情况进行对比总结，以期为进一步提高中国的包容性增长水平提供可资借鉴的经验。

第二节　中印包容性增长比较研究的背景及意义

一　中印践行包容性增长理念的背景

（一）亚洲的经济社会发展状况

20 世纪 90 年代以来，亚洲发展中国家经济的高速发展引起了世界的瞩目。如表 6—2 所示，以 2005 年购买力平价计算的该地区的人均国内生产总值在 1990 年至 2008 年间从 1631 美元增长到 4430 美元，年增长率高达 5.7%；其中，东亚的增长最为显著，平均年增长率达 8.1%，这在很大程度上是由中国驱动的。虽然经历了 1997 年金融危机的冲击，东南亚每年人均国内生产总值还是增长了 3.4%；南亚每年增长 4.5%，虽然较低，但经济发展状况也取得了显著的改善，尤其是近年来不丹、印度和斯里兰卡增长加速；中亚、西亚和太平洋地区在所有亚洲地区中最为落后，年增速分别只有 1.3% 和 0.3%（庄巨忠，2012）。总体而言，亚洲的经济增速之快、持续时间之久，世界上很少有地区可以企及，如此"光鲜"的一面自然引起了世界的关注。另外，经济的高速增长并没有给所有人尤其是贫困人口带来同样的利益，亚洲居民的生活水平的差距仍在不断扩大，庞大的贫困人群依然存在。2005 年，有 9.03 亿人仍然生活在每天 1.25 美元的贫困线下，东南亚、南亚、中亚和西亚的贫困人口比例接近或超过 20%。如果按照每天 2 美元的贫困线进行测算，则有 18.03 亿（约 54%）亚洲人处于贫困中，所有地区的贫困比例都在 35% 以上，即使是中国和越南这样的高增长国家，2005 年的贫困比例也分别高达 36.3% 和 50.5%。

表 6—2　　　　　　亚洲部分国家和地区人均 GDP 和贫困比率

经济体	人均 GDP (2005 年购买力平价美元)		平均年增长率	贫困人数比率（%）每天 1.25 美元 (2005 年购买力平价)			贫困人数比率（%）每天 2 美元 (2005 年购买力平价)		
	1990	2008	（%）	1990	2005	变化	1990	2005	变化
中亚和西亚	2598	3292	1.3	38.6	21.5	−17.1	58.5	53.8	−4.7
东亚	1582	6385	8.1	60.1	15.9	−44.2	84.6	36.3	−48.3
中国	1099	5511	9.4	60.2	15.9	−44.3	84.6	36.3	−48.3
太平洋地区	2062	2192	0.3	—	—	—	—	—	—
南亚	1151	2555	4.5	51.0	42.5	−8.5	82.4	75.6	−6.8
不丹	1669	4395	5.5	51.0	26.8	−24.2	72.9	50.1	−22.8
印度	1208	2747	4.7	51.3	41.6	−9.6	82.6	75.6	−7.0
东南亚	2575	4661	3.4	39.1	18.8	−20.3	66.0	44.6	−21.4
老挝	947	1986	4.2	65.9	35.7	−30.2	89.2	70.4	−18.8
越南	902	2574	6.0	34.2	22.8	−11.4	65.3	50.5	−14.8
亚洲	1631	4430	5.7	52.3	27.1	−25.2	79.4	54	−25.3
贫困人口（百万）	—	—	—	1416.0	903.4	−512.6	2149.1	1802.6	−346.6

资料来源：世界银行数据库：贫困专题。

（二）包容性增长理念逐步成为社会共识

21 世纪以来，亚洲各国在普遍实现经济增长的同时，贫富差距也在进一步扩大，由于意识到亚洲各国在普遍实现经济增长的同时，收入不平等和贫富差距不断扩大的状况却在持续恶化，并出于对这种矛盾状况可能会对亚洲地区经济的持续增长以及社会政治稳定形成冲击的担忧，亚洲开发银行在"益贫式增长"理念的基础上，于2007年在《新亚洲、新亚洲开发银行》的研究报告中率先提出了"包容性增长"的理念，并将其界定为倡导机会平等的增长。根据这一界定，产生收入差距的根本原因是被区分为个人背景的不同与个人努力、勤奋程度的不同，个人背景的不同会带来机会的不平等，而个人努力勤奋程度的差异会导致结果的不平等。亚行的这一界定将产生收入差异的根本原因分为机会的不平等和结果的不平等，强调机会平等是包容性增长的核心，是要通过消除个人背景不同所造成的机会不平等，从而缩小结果不平等，延续了20世纪八九十年代发展起来的权利贫困理论和关于社会排斥方面的研究。"包容性增长"理念强调贫困人口应该享有与他人一致的社会经济、政治权利，为经济增长做出贡献，并在合理分享增长成果方面不会面临能力和权利的缺失、体制的障碍以及社会的歧视（蔡荣鑫，2010）。这一理念一经提出，就得到了仍有大量贫困人口、贫富差距日益加剧的国家政府的认可，因为这一战略将有助于从根本上解决国内的发展不平衡以及国与国之间的不平衡问题。但"包容性增长"战略所要实现的平等又不仅仅只是经济方面的，也不仅仅针对贫困人群，它所期望实现的平等是多维度的，包括人人能够合理分享经济增长成果、平等享有政治权利以及自然环境与人类社会的和谐发展等。

（三）各国积极践行包容性增长理念

自包容性增长理念提出以后，越来越多的国家开始关注并将包容性增长作为其发展政策的目标。中国从2003年就开始逐步提出了科学发展观、和谐社会这些与包容性增长密切相关的理念，并将建设和谐社会作为"十一五"规划的优先发展目标；印度计划委员会在 2006 年采用了以两个目标即促进经济增长和使增长更具包容性为核心的发展战略；在泰国，公平增长是其"充足经济理念"的要素之一，支撑着政府的发展努力；越南社会经济发展战略也有类似的理念，该战略倡导"迅速和可持续发展，经济增长与实施创新、社会公平和环境保护并行"（庄巨忠，2012）；菲律宾通过实施国家食品计划来实现社会包容；印度尼西亚的发展战略体现了包容性增长理念：改善穷人的能力、降低经济中的交易费用、直接创造对穷人劳动力的需求（蔡荣鑫，2010）；博鳌亚洲论坛 2011 年会以"包容性发展：共同议程与全新挑战"为主题，等等。不仅仅是在亚洲，南美洲的巴西在进入 21 世纪后也将缩小贫富差距作为国家责任，实施瞄准贫困人口的扶贫和保障计划；美洲玻利瓦尔联盟的八个成员国承诺继续建立包容性、不同文化的社会和对环境负责的社会，并将根除剥削（商务部，2010）；2012 年 10 月召开的讨论非洲经济问题最主要平台的非洲经济大会将"在全球经济不确定时代促进非洲包容性增长和可持续发展"作为其大会主题；G20 峰会第六次会议作出的《增长与就业行动计划》提出要推动社会包容性发展，在各成员国达成的共识性成果中也多次出现了包容性增长理念。

二　中印相似的发展状况：增长的高速性与低包容性并存

（一）经济总量大、增长速度快

中国和印度在经济发展方面都取得了举世瞩目的成就。从 1978 年到 2014 年以现价美元计算，中国的国内生产总值年均增长率为 9.81%，居世界首位，经济总量也跃居世界前列，而且经济增长日趋平稳。印度自 20 世纪 90 年代拉奥政府改革以来，经济增长明显加快，其间其 GDP 年均增长率达到 5.95%，2007 年和 2010 年度更是分别达到 9.80% 和 10.26%。不过与中国相比，印度除了经济总量偏小外，经济的波动性也相对较大，如图 6—1 所示。

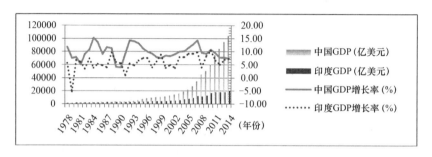

图6—1　中印两国国内生产总值及其增值速度（1978—2014 年）

资料来源：世界银行数据库，http://data.worldbank.org.cn/indicator/NY.GDP.MKTP.CD/ countries。

（二）经济成果共享的低包容性

随着经济的快速增长，中国的贫富差距也在加剧，基尼系数从 1981 年的 0.31 上升至 2005 年的 0.561，早已超过国际警戒值（孙翎，2010）。而贫富差距的加剧很大程度上来源于城乡之间和地区之间收入差距的扩大，1987—2005 年期间，城镇与农村的人均收入比例从 1.9∶1 上升到了 3.2∶1，而沿海与西部地区的人均收入比例也从 1.4∶1 上升到了大约 2∶1（庄巨忠，2007）。与中国相比，印度的贫困比例仍然偏高，按照每天 2 美元的标准，印度在 1990 年至 2005 年间的贫困率从 82.6% 下降到了 75.6%，仅下降了 7 个百分点，在所有亚洲国家中，其贫困比例仅次于孟加拉国（80.3%）。印度农村和城镇的基尼系数分别从 20 世纪 90 年代初期的 0.28 和 0.34 上升到了 2005 年的 0.3 和 0.37（李文，2012）。

（三）社会、环境发展的低包容性

许多研究表明，20 世纪 70 年代市场化改革后，中国在卫生和教育方面的不平等明显增加（Zhang 和 Kanbur，2005；Tandon 和 Zhuang，2007），工人农民这一占全国人数较高比例的人群在全国人大代表中的比例却越来越低。而我国粗放型的经济增长模式给生态环境带来了巨大的压力，水污染、大气污染、光污染、噪声污染以及资源浪费、生态破坏等也对中国的可持续发展敲响了警钟。印度也面临着与中国几乎相同的问题，在平等享有受教育权利方面存在着诸多问题，其奉行的精英教育政策虽然培养出了大量的高素质人才，但同时也导致文盲率居高不下，极大降低了成人普选制度的质量。虽然公立医院的公平性较高，但大量居民仍然需要自费到私立医院看病，成为因病致贫、返贫的重要原因之一。此外，日益加剧的环境污染问题、生物多样性锐减等也极大降低了印度增长的包容性程度。

三　比较中印包容性增长实施战略的意义

包容性增长虽由亚洲开发银行提出，但也得到了除亚洲国家以外多数国家的广泛认同和实践，说明随着经济的发展，贫困、环境污染、发展不均衡等已经成为人类社会面临的共同问题，尤其是在亚洲地区。其中，印度与中国由于在许多方面具有极强的相似性而面临着几乎相同的问题：经济高速增长的同时大量的贫困人口、较高的基尼系数依然存在；贫富差距、收入分配不公；部分公民权利得不到有效保障；环境污染严重；耕地面积缩减；生物多样性锐减等。基于此，印度自 2004 年辛格政府开始，各项政策更加注重印度普通大众的利益、社会公平和化解社会矛盾，解决产业结构中的不平衡问题，拓宽私营部门领域，加强环境保护等，并将实施包容性增长作为第十一个五年计划的目标，成为第一个将包容性增长纳入国家发展战略的亚洲国家。中国政府虽然在 2009 年才明确提出包容性增长，但 2003 年提出的科学发展观、2004 年提出的和谐社会均与包容性增长理念有着异曲同工之处，而"统筹城乡发展、统筹区域发展、统筹经济社会发展、统筹人与自然和谐发展、统筹国内发展和对外开放"更是对解决上述问题提出的明确要求。但两国同时也在经济体制、政治制度、社会结构、文化理念等方面存在明显的差异性，这对二者包容性增长战略的贯彻实施产生了显著影响。

相似的起点，不同的道路，是对中印两国从中华人民共和国成立初到现在的简要概括，也是对两国进行比较的基本出发点。两国实施包容性增长战略，也会由于种种因素的影响而产生不同的效果。中印在实施包容性增长战略的过程中各自取得了怎样的成效、存在什么问题，哪种模式更有发展潜力，中国该如何借鉴极具相似性的印度的经验、摒弃其可能导致增长非包容性的理念及政策，以更好地促进我国经济社会的发展，是我们实施包容性增长战略需要着重分析的问题之一。

第三节　中印包容性增长战略的比较

包容性增长是基于在经济增长的同时出现的贫富差距、非收入福利不平等持续扩大的社会现实而提出的，因此要解决这些问题、实现人类经济社会的健康持续发展，必须实施包容性增长战略。要比较中国和印度在实施包容性增长战略方面的异同，首先要了解两国的差异性，尤其是要了解两国在经济、政治、社会状况等方面的差异性将会对这一战略的实施产生怎样的影响。需要说明的是，该部分主要比较的是中印两国在实施包容性增长战略之前的社会现实，而从中华人民共和国成立及印度建国到现在，变化较大、具有比较价值则是两国改革后的发展阶段。印度的改革始于 20 世纪

90 年代初的拉奥政府，中国改革开放虽然起步较早，但中共十四大才明确提出要建立社会主义市场经济体制，结合研究需要，将1991 年作为中印背景比较的起点。印度包容性增长战略的实施主要是在辛格政府时期（2004 年之后），中国虽然在 2009 年才明确提出包容性增长，但 2004 年提出的科学发展观与包容性增长在理念上是一致的。因此本研究将中印包容性增长战略实施背景比较的时间区间界定在 1991 年至 2004 年前后。

一　中印包容性增长战略实施背景的比较

（一）经济层面

1. 中印经济发展水平的比较

（1）中国的经济发展水平

中国自改革开放以来，经济规模和经济总量不断扩大，政府主导、大力投资的工业经济使得中国的经济一直处于高速增长态势，投资、消费、贸易"三驾马车"对经济的拉升作用非常明显，如图 6—1 所示，中国的国内生产总值从 1991 年的 3794.69亿美元增加到了 2004 年的 19316.44 亿美元，增长了 5.09 倍。GDP 保持了年均 9% 以上的高速度增长，顺利实现了"翻两番"的目标，成为世界上经济增长最快的国家，虽然自 1992 年以来有所降低，但度过了亚洲金融危机后的 GDP 增长率稳步上升，而且比 20 世纪 90 年代更趋平稳。进出口总额从 1978 年的 206 亿美元增加到 2005 年的 1.5 万亿美元，跃居世界第三位，年均增长16%；利用外国直接投资和对外直接投资的规模不断扩大，从1979 年到 2004 年共吸收外商直接投资 5500 多亿美元，累计对外直接投资达到 370 亿美元，2004 年实际使用外商直接投资 606 亿美元，当年年末国家外汇储备达到 6099 亿美元（金焕玲、崔子修，2009），基本实现了从内向型经济向外向型经济的转变。

（2）印度的经济发展水平

如图6—1所示，印度自1991年改革后，经济增长明显加快，1991年国内生产总值只有2748亿美元，到2004年则升至7216亿美元。在实行经济改革的第二年，印度GDP增长率从1.06%猛增到5.48%，以后逐年上升，1994年至1996年年均增长率高达7.26%，虽然受亚洲金融危机的影响经济有所波动，但仍保持着较高的增长率，到2004年时仍高达7.92%。随着吸引外资的增加，印度的对外贸易开始迅速发展，1990年到1991年度的对外贸易额只有420亿美元左右，但到了1999—2000年度就翻了一番，达到860亿美元，2004—2005年度又翻了一番，达到1950亿美元。同时期的外汇储备也有较大幅度的增加，在2003年12月首次突破了1000亿美元（李文，2012）。

（3）中印的经济发展水平比较

虽然整体上中印两国的经济总量和增长率都呈上升趋势，但比较而言，中国的经济总量大于印度，增长速度也快于印度，而且增长更为稳定，尤其是进入21世纪后，经济增长率稳步上升，而印度的经济波动性较大，不仅仅是在每届政府的换届前后（1993年、1999年），而且每届政府的任期内（2000年、2003年）波动也比较大，受政治因素、国际经济环境、自然因素影响比较明显，其发展的稳定性不如中国。

2. 中印经济结构的比较

（1）中国的经济结构

在经济结构方面，中国走的是一、二、三产业顺次发展的道路。20世纪80年代中国改革之初恰遇以制造业打头阵的第一波全球化浪潮，工业得到了大力发展，占据了中国产业构成的半壁江山。如图6—2所示，近年来，中国第一产业的比重在逐年下降，第二产业波动较小，第三产业发展迅速，比重逐年上升，国民经济总量增长从主要由第一、二产业带动转变为主要由第二、三产业带动。第一产业份额已经较小，说明我国的工业化取得了进步，而第三产业份额相对发达国家而言仍然较小，则说明我国的产业结构转型仍未完成。

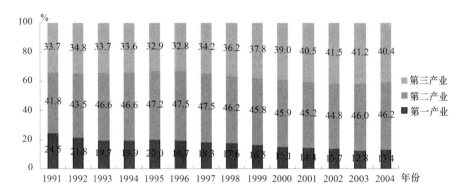

图 6—2 中国产业结构变化（1991—2004 年）

资料来源：国家统计局：《中国统计年鉴 2012》，中国统计出版社 2013 年版。

（2）印度的经济结构

印度与中国不同，并没有按照第一、二、三产业顺次发展的方式，而是实现了直接从第一产业到第三产业的跨越。由图 6—3 可知，印度的第一产业始终处于低速发展状态，且占 GDP 的比重逐年下降。始于 20 世纪 90 年代初的改革迎来了以信息技术和服务业打头的第二波全球化浪潮，因而其以金融、保险、信息、商务等现代服务业为主的第三产业获得了跨越式发展，产值占国内生产总值的比重超过了 50%。但是，印度落后的基础设施、限制较多的外资政策致使其第二产业的比重较低，增长相对缓慢，对经济增长的贡献也不突出。

（3）中印的经济结构比较

中印两国的产业结构明显不同，中国的工业尤其是制造业的大力发展吸引了大量的就业者，尤其是转移了大批农村富余劳动力，

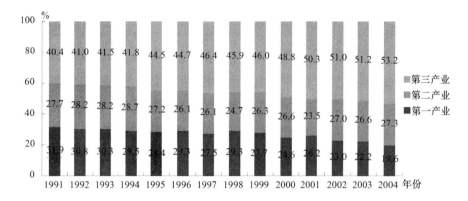

图6—3 印度产业结构变化（1991—2004 年）

资料来源：根据1995—2011 年国家统计局《国际统计年鉴》（中国统计出版社）相关数据整理而得。

对于增加农民收入、减少贫困人口起到了重要作用，但也使其陷入了世界工厂的尴尬，环境污染比较严重。而印度以服务业为主的发展模式虽然减少了对资源的需求和环境污染的压力，但较低的工业比重不利于扩大就业，而生产效率低下的农业又滞留着超过50%的人口，这对于具有大量贫困人口的发展中国家而言，具有明显的局限性。

3. 中印经济体制的比较

（1）中国的经济体制

自党的十四大明确提出把建立社会主义市场经济体制作为经济体制改革的目标以来，中国的体制建设就处于不断完善之中。首先，个体、私营经济迅速发展，非公有制经济在国民经济中的地位不断加强。就工业而言，国有及国有控股企业产值比重从1991 年的56.17%下降至2004 年的35.24%，同期集体经济从33%下降至约5.65%，而私营经济则从4.8%上升到16.5%左右[①]，而且其增长率远高于国有经济和集体经济。2005 年内资民营经济占全国 GDP 的比

---

① 根据 1999 年和 2005 年国家统计年鉴的相关数据计算得出。

重达到49.7%，若加上外商和港澳台投资，则非公经济的比重达到65%左右（叶晓楠，2005）。其次，市场在资源配置中的基础性作用明显增强。除极少数垄断性的公用事业和关系国计民生、不适宜竞争的重要产品外，95%以上的工业消费品、85%以上的农副产品的价格都由市场决定，包括资本、劳动力和技术等生产要素的各种市场也已初步建立（沈开艳，2011）。最后，宏观调控体系初步建立。在社会主义市场经济体制建立的过程中，为了抑制通货膨胀、维持经济总量平衡，行政指令、计划等政府干预方式越来越少，取而代之的是以经济和法律手段为主的宏观调控体系框架的初步形成。

（2）印度的经济体制

印度独立之初选择的是混合所有制基础上的计划经济体制，自20世纪90年代改革开始就确立了建立自由竞争的市场经济体制的方向。为了实现这一目标，印度一方面调整了一些不利于平等竞争的政策，弱化行政干预，强化市场竞争，促使企业参与国内外市场的竞争，激励企业提高生产效益；另一方面，消除闭关自守的经济政策，大力发展外贸经济，加强全球经济合作。这些措施都大大减少了政府对经济活动的干预，促进了经济的快速发展。

（3）中印的经济体制比较

虽然中国一直致力于建立社会主义市场经济体制，并为此作了大量努力，但其私有化和市场化程度明显不如印度。印度在1991年改革之前就已经是市场经济体制，阻碍其经济飞速发展的主要原因是过多的政府管制，因而只要放松管制，其潜在的市场力量就可以得到充分释放，经济就会走上高速增长的道路。而中国在改革之前一直处于计划经济体制下，市场力量弱小，在改革之初也离不开政府的指导，因此政府干预的惯性依然比较强大。另外，政府对微观经济活动的干预也使得中国在企业实力弱小的情况下，最大限度地依靠对外资开放的政策迅速提升实力，这也是印度社会所没有的（沈开艳，2011）。

(二) 政治层面

1. 中印的国体和政体

(1) 中国的国体和政体

我国的人民代表大会制度是人民民主专政的政权组织形式,是按照民主集中制原则、由选民直接或间接选举代表组成国家权力机关、统一管理国家事务的政治制度。全国和地方各级人民代表大会都由民主选举产生,对人民负责、受人民监督。在此基础上,人大产生国家行政机关、审判机关、检察机关,并监督这些机关,是对真正实现人民当家作主的保证。人民代表大会行使立法权,虽然也与司法权和行政权分开,但并不同于西方国家的三权分立。

在人民代表大会制度中,选举权是实现人民当家作主权利的基本方式,因而人大代表的职业构成、名额分配原则就成为是否能够实现人民当家作主权利的关键。在 2010 年之前,中国的人大代表名额分配采用的是"四分之一条款",即按照农村每一代表所代表的人口数四倍于城市每一代表所代表的人口数的原则进行分配。"四分之一条款"虽然并不直接影响县级以上的人大代表的选举权的平等,但在县乡两级的直接选举中,城乡选民一人一票直接导致选举权的不平等,产生同票不同权的后果,可能出现人大代表的多数并不必然代表选民的多数现象,最终不利于保障人民当家作主权利的实现。

(2) 印度的国体和政体

1950 年的印度宪法是印度民主制度的标志,规定了联邦共和制和议会民主制,现在的印度是由 22 个邦和 6 个中央直辖区组成的联邦制国家。各邦的邦长与总统一样不具有实权,而部长会议中的首席部长与联邦总理地位类似,是各邦实际权力的掌握者。作为邦的立法机构,联邦与各邦之间的议会立法有重叠也有各自独立的地方,但各邦的法律只有在与联邦法律没有冲突的情况下才有效,并且联邦政府可以在立法和行政两方面对各邦进行控制（孙士海、葛维钧，2006）。同时联邦政府掌控着国家的税收和财政来源，在经济上也能够对各邦进行控制。因此印度带有比较明显的中央集权的性质，为联邦政府推行各项政策措施提供了便利，例如印度近20年没有出现粮食饥荒的现象就得益于联邦政府在各邦进行的农业推广活动。

印度实行成人普选制，随着议会民主制的运行，民主制度已经成为印度人民的共识，印度百姓参与投票、参政的热情日益高涨。1952年印度第一届大选有1.73亿成年人参与投票，到2004年已有6.71亿成年人参加投票，成为世界上最大规模的民主选举。

（3）中印的国体和政体比较

中国是人民民主专政的社会主义国家，国家最高权力机关是全国人民代表大会，政府虽然行使行政权，但必须要对人大负责，因此其政府政策的出台和实施所受的限制比较大。而印度虽然和西方国家一样实行议会民主制，立法、司法、行政三权分立，权力之间相互制衡，但印度同时又带有明显的东方家长权威，现实中政府首脑具有很大的权力，实行的一些集权措施往往也破坏了印度的民主法制。同时，印度较高的文盲率也大大降低了成人普选制度的质量。

2. 中印的政党制度

（1）中国的政党制度

自中华人民共和国成立初，中国就实行中国共产党领导的多党合作和政治协商制度，在这一制度中，中国共产党是执政党，各民主党派是参政党，具有法律规定的参政权，可以参加国家政权，参与国家大政方针和国家领导人选的协商，参与国家事务的管理，参与国家方针、政策、法律、法规的制定和执行。中国共产党和各民主党派以长期共存、互相监督、肝胆相照、荣辱与共的基本方针展开合作，并以宪法和法律为根本活动准则。

（2）印度的政党制度

印度实行多党制，拥有世界上数量最多的政党，据统计，1999年大选时有49个邦级政党和7个全国性政党，而全国登记的政党多达656个（沈开艳，2011）。虽然在印度独立后的几十年基本是国大党一党执政，但从20世纪90年代的经济改革以来，国大党一党独大的地位就不复存在，在经历了政党联盟的分化组合后，印度正朝着稳定的两党制即国大党和人民党下的多党竞争格局发展。

（3）中印的政党制度比较

中国实行的多党合作和政治协商制度是基于长期的革命和建设的实践而形成的，我国正处在社会主义现代化建设的关键时期，必须要有一个坚强的领导核心，坚持共产党的领导有助于我国在重大事项、重大战略面前取得一致决议，快速有力地推行，还有助于保持政策的连续性；同时又可以与民主党派和无党派人士进行协商，取得一致认识，避免独断专行。印度的多党竞争一方面可以使执政党受到较多的监督与制衡，有助于遏制政党腐败，但另一方面，多党竞争也可能降低执政党的权威，从而影响其执政政策和理念贯彻实施的彻底性与连续性。

3. 中印的民族政策

（1）中国的民族政策

我国共有56个民族，除汉族外，其他民族人数都较少，统称为少数民族。少数民族虽然数量不多，但生活习惯各异，且形成了大杂居、小聚居、相互交错居住的分布形态。作为我国的一项基本政治制度，民族区域自治制度是在国家统一领导下，在各少数民族聚居的地方实行区域自治，设立自治机关，行使自治权的制度。国家贯彻民族平等的政策，尊重各少数民族的语言、宗教和其他生活习惯，并在教育、卫生、文化等方面加大对各少数民族的投入，在计划生育等方面实施宽于汉族的政策。

（2）印度的民族政策

与中国一样，印度也是一个多民族国家，号称"人种博物馆"，有十个大民族和几十个小民族，人数最多的是印度斯坦族，约占46.3%。印度民族政策的核心是"一个国家，一个民族"，其主要内容或特征就是否定本国多民族的客观存在，硬性地将全体国民看作是统一的，即"印度民族"（贾海涛，2005）。这一政策的实质是用一个所谓的"印度民族"囊括所有的印度人民，只承认他们有文化、语言、种姓、宗教和阶级差异，却不承认有民族差异。这一民族政策的初衷是为了维持国家的统一、防止分裂，但实质上却带着推行民族同化的目的，不利于民族问题的解决，将会导致民族矛盾和宗教冲突的升级。

（3）中印的民族政策比较

多民族是中印两国共同的现实，民族政策是否得当直接关系着国家的统一、稳定与长治久安。中国实施的少数民族区域自治制度在保障少数民族自治权利、实现民族团结互助、维护国家稳定方面发挥了重要作用，也为实现社会的包容性奠定了基础。印度在历史上基本没有实现过完全的统一，这一重要事实使其为了维持国家统一、防止分裂而实施了以"一个国家，一个民族"为核心的民族政策，这一政策掩盖了多民族的事实，试图扼杀民族之间的差异性，反而激化了民族之间的矛盾，再加上各宗教势力的影响，为地区冲突、政局动荡埋下了隐患。

（三）社会层面

（1）中国的社会结构

改革开放使中国加快了从传统农业社会向现代工业社会的转型，户籍制度的改革、城乡一体化的推进使得人口出现了大的流动。同时，社会主义市场经济体制的逐步确立也要求我们不能再用政治和意识形态的力量去控制社会成员的分化。由此，我国的社会结构逐渐摆脱了"两个阶级一个阶层"的划分标准，转向只有社会阶层的分类。按照中国社会科学院陆学艺（2010）的研究，以职业结构为主线，以人们占有的组织资源、经济资源和文化资源为标准，可以将中国当前的社会成员划分为国家与社会管理者、私营企业主、经理人员、专业技术人员、办事人员、个体工商户、商业服务业从业人员、产业工人、农业劳动者、无业失业半失业人员共十个阶层。在这种新的社会阶层结构中，中产阶层所占比例不断增大。据测算，2007 年我国的中产阶层占总就业人口的 22%，比1999 年的 15% 增加了 7 个百分点，现在中产阶层的比例每年约增加 1 个百分点，约有 800 万人进入中产阶层（陆学艺，2010）。但农业劳动者阶层等社会中下阶层的比重仍然很大，占到 40% 左右，中层比重偏小，整个社会结构仍然呈金字塔形状，而非橄榄形，现代化社会的转型远未完成，减少社会底层人员的比重也正是实施包容性增长战略的目标之一。

（2）印度的社会结构

印度的阶级、阶层分裂随着经济改革的深入开始逐渐形成。在印度，大资产阶级是那些拥有主要工商贸企业、公司的富有阶级，也包括农村的大土地所有者，是上层阶级，也是经济改革的最大受益者；位于阶级结构中间位置的是中产阶级，这部分人的数量随着经济的发展、失业和贫困的相对减少以及财富的重新分配而有了明显的增加，根据印度 1999 年的非官方统计，中产阶级已有 3 亿人，且以每年 5%—10% 的速度增长，他们是最大的知识专业阶层，积极参与政治，对经济改革大多持开放的态度；下层阶级主要包括城市中的工人阶级和农村中的农业劳动者，数量庞大，在经济改革中受到经济政策的打击，实际收入水平下降，政治地位下降（陈金英，2010）。20 世纪 90 年代后期，印度农村的社会结构也发生了变化：地主阶级只占农村人口的 4.5%，富裕农民占 10%，这两个阶层占有农村 75% 的土地，有 25% 的人口没有土地（林承节，

2011），成为农村中的贫困人口和边缘群体。处于社会底层边缘的是数量庞大的城市中的贫民和长期失业者，大多数是涌向城市寻找工作机会的农村无地农民，也包括城市中破产没落的中下层民众。

（3）中印的社会结构比较

中印两国的社会结构整体上都还属于金字塔结构，底层贫困人员比例仍然较大，现代化的转型都没有完成，都面临着降低底层人员比重、扩大中间阶层比重、实现橄榄型社会结构的重任。同时，两国的阶层之间的矛盾都比较明显：占中国社会总人数 2/3 的产业工人、农业劳动者阶层由于收入和地位的下降而产生了强烈的落差感，成为导致城乡不稳定的潜在因素；且中国人口红利的下降致使劳动密集型企业利润下降、工人工资提高，又加剧了工人与企业主之间的矛盾。印度的种姓和阶层分裂构成了最主要的社会分裂，但这种分裂存在普遍的交叉重叠，因而没有哪一个社会阶层能够成为阶层结构中的多数，同时由于数量众多的宗教、政党势力的影响，各阶层之间的矛盾冲突会一直持续。

二 中印的包容性增长战略的比较

（一）中国实施的包容性增长战略

在国家领导人层面，中国首次提出并明确阐述包容性增长理念是在 2010 年 9 月召开的第五届亚太经合组织人力资源开发部长级会议上，时任国家主席胡锦涛发表了题为"深化交流合作　实现包容性增长"的致辞，这是对亚行提出的包容性增长理念的正式回应和深入理解。但在此之前，中共十六大和十六届三中、四中全会提出的构建社会主义和谐社会的战略任务以及在 2003 年被提出并在中共十七大被写入党章的科学发展观的理念，与包容性增长的理念是一脉相承的。因此，中国实施包容性增长战略可以追溯至 2003

年、2004 年。

自 2003 年以来，党和政府出台了很多促进包容性增长的政策文件（参见附录二），涉及工业、农业、就业、教育、文化、卫生、养老、医疗保障、交通、资源环境等各个方面。除了 21 世纪以来的以"三农"为主题的十个中央一号文件外，还有由中共中央发布的战略、决定（7 份）、全国人大及其常委会颁布、修订的法律（16 份）、国务院及各部门出台的行政法规（36 份）、部门规章（14 份）、地方人大通过的地方性法规（7 份），地方政府制定的地方政府规章（8 份）等，充分表明从中央到地方都已经认识到了包容性增长的重要性并积极贯彻实施。由前文可知，包容性增长的基本特征包含持续的经济增长、公民权利的公平享有、共享经济成果、人与自然的协调发展等几个方面，由于共享经济成果是包容性增长效果上的展现，因而对包容性增长战略的实施主要从促进经济持续增长、保障公民权利和保护资源环境三方面来论述。

1. 促进经济的可持续增长

经济持续、稳定增长是实现包容性增长的基础，促进经济持续增长需要多方面的工作，但通过前文的分析可知，我国经济增长的稳定性和协调性均影响到经济增长质量的提升，其中，我国的农业、私营经济、区域间发展的协调性以及就业质量几方面均属于薄弱环节，因此下文主要论述这几方面的政策措施。

（1）农业领域

我国是一个农业大国，几亿农民同时也是我国贫困人群的主体，90% 的贫困人口在农村（洪巧俊，2009），所以，促进农业发展、增加农民收入，是实践包容性增长理念必须要面临的重要问题。进入 21 世纪以来，从 2004 年到 2013 年我国共出台了以"三农"为主题的中央一号文件十个，直接反映了党和政府对农业、农村和农民"三农"问题的重视。中国政府所采取的政策措施主要侧重在以下几个方面。第一，加强农业和农村基础设施建设，包括农田水利基础设施建设、农村公路"通达工程"等，加大资金投入力度，为推进农业机械化作业创造条件，图6—4正是反映了我国2004年以来的农用机械总动力增长趋势。第二，全面取消农业税并增加农业生产补贴，2006年起我国全面取消除烟叶以外的农业特产税、全部免征牧业税，与农村税费改革前的1999年相比，我国农民每年减负总额将超过1000亿元，人均减负120元左右。并且实行种粮农民直接补贴、良种补贴、农机补贴、农业生产资料综合直接补贴以及农业保险保费补贴等。第三，通过教育科技培训，全面造就新型农业农村人才队伍，依靠科技创新驱动，加快现代农业建设。第四，保护耕地，提高耕地质量，对占用耕地建房或作非农业用途的，通过征税加以限制，坚守18亿亩耕地红线。第五，通过实施《农业保险条例》健全政策性农业保险制度，提高农业生产抗风险能力。

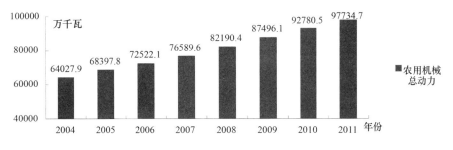

图6—4　中国农用机械总动力（2004—2011年）

资料来源：根据2005—2012年国家统计局《中国统计年鉴》（中国统计出版社）相关数据整理而得。

（2）民营经济

经过多年的发展，我国的民营经济已经成为国民经济的重要支柱，成为推动经济增长和发展的生力军。目前，私营企业占中国法人企业的60%以上，它创造了中国约40%的GDP，创造了约60%的GDP增量；它解决了中国城镇就业和农村劳动力转移的一大半，解决了社会新增非农就业的80%以上（刘阳，2012）。实施包容性增长战略，必须尽力创造充足而体面的就业机会，而促进民营经济的大发展正是提供就业机会的重要途径。

2005年国务院颁布的《关于鼓励支持和引导个体私营等非公有制经济发展的若干意见》，提出了推进非公有制经济发展的7个方面36条重要政策措施，改善了民营经济的发展环境。党的十七大明确提出"坚持平等保护物权，形成各种所有制经济平等竞争、相互促进新格局"的方针，要求"推进公平准入，改善融资条件，破除体制障碍，促进个体、私营经济和中小企业发展"。2009年国务院出台了《关于进一步促进中小企业发展的若干意见》，作为国务院第一部关于中小企业发展的系统性的政策文件，该文件从营造良好发展环境、缓解融资困难、加大财税扶持、加快技术进步、支持市场开拓、改进政府服务、提高管理水平和加强工作领导7个方面，提出了29条政策措施。2010年5月，针对国际金融危机的不利影响，国务院出台了《关于鼓励和引导民间投资健康发展的若干意见》，从7个方面提出了36条新措施，进一步明确了民间投资扩大的领域和范围，鼓励和引导民间资本进入基础产业和基础设施、市政公用事业、金融服务、战略性新兴产业等领域，涉及16个行业。"民间投资36条"进一步鼓励了民间投资和民营经济的发展，激发了经济增长的内生动力，增加了就业机会。

（3）扩大就业

《就业促进法》表明国家从法律层面把促进就业放在了经济社会发展的突出位置，指出要"坚持劳动者自主择业、市场调解就业、政府促进就业的方针，多渠道扩大就业"，并从政府增加资金投入、企业增加就业岗位、失业人员提高自身技能、农村富余劳动力转移就业以及保障妇女、残疾人就业权利等方面对促进就业作了统筹规划。针对不同的就业主体，政府重点对大学生、农民工、残疾人的就业出台了专门文件；在2008年国际金融危机期间，对于吸纳就业主要渠道的中小企业，政府给出了更多的帮助和政策扶持，优先给予缓缴社会保险费，享受社会保险补贴、岗位补贴和在职培训补贴的政策优惠；加大使用失业保险基金稳定就业岗位补贴政策的力度，鼓励中小企业和民营企业不裁员、少裁员、稳定和增加就业岗位；通过以工代赈的方式鼓励贫困农民以就业方式获得劳动报酬，增加收入。中国是世界上人口规模和劳动力数量最大的国家，通过各种途径为适龄劳动人口提供就业机会、提高就业质量是政府的一项重要任务，也是实现包容性增长的必要任务。

（4）统筹区域发展

党的十六届三中全会提出了统筹城乡发展、统筹区域发展、统筹经济社会发展、统筹人与自然和谐发展、统筹国内发展和对外开放的新要求，其中的区域发展是指鼓励各区域在发挥比较优势的基础上合理控制区域间发展差距、有重点地治理区域问题、逐步协调区域关系并促进各种类型区域的经济社会全面发展。鉴于东、中、西区域发展不均衡的问题，我国政府提出了比较完整的区域协调发展战略，即通过推进西部大开发、振兴东北老工业基地等，促进中部地区崛起、鼓励东部地区加快发展，形成东中西互动、优势互补、相互促进、共同发展的区域格局。自中共十五届五中全会提出把实施西部大开发作为一项战略任务后，2006 年国务院通过的《西部大开发"十一五"规划》从经济发展、生态环境、民族团结等方面对推进西部大开发提出了更高层次的要求。随后几年，国务院又相继颁布了《关于进一步实施东北地区等老工业基地振兴战略的若干意见》《关于大力实施促进中部地区崛起战略的若干意见》等文件，从优化经济结构、建立现代产业体系、提升自主创新能力、发展现代农业、加强基础设施建设、推进资源型城市转型等，以及稳步提升"三基地、一枢纽"地位、扩大改革开放、推进改革创新等方面分别对东北老工业基地振兴和中部崛起作了重要部署。统筹区域发展、缩减区域发展差距有助于不同区域的人们都能享有经济增长的成果，维持社会稳定。

2. 保障公民的权利

除了努力实现经济持续增长、尽可能多地创造就业机会外，包容性增长更重视对人力资本能力的培育和提升，例如普及教育，提供健康医疗服务、文化活动以及其他公共服务等，此外，政府还必须保证人们的政治权利和自由，以使社会成员，尤其是贫困人口不会因为个体环境的局限或不属于某个政治集团而被排除在经济增长的过程之外，无法参与和享有经济发展的成果。

（1）选举权

选举权和被选举权是我国公民的基本政治权利，选举人大代表是实现人民群众当家作主的基本途径。2010 年之前，在县乡两级人大的直接选举中，名义上城乡选民一人一票，但我国《选举法》中的"四分之一条款"的限制直接导致了同票不同权，影响了选举权的平等。2010 年 3 月第十一届全国人大第三次会议对《选举法》做了第五次修正，去掉了"四分之一条款"，修改为城乡按同一人口比例计算各级人大代表名额。这次修改体现了十七大报告中提出的"全体社会成员平等参与、平等发展的权利"的要求，也真正体现了我国"人民民主"的本质（张维炜，2009）。

（2）基层自治

扩大基层民主是完善发展中国特色社会主义民主政治的必然趋势和重要基础（中华人民共和国国务院新闻办公室，2005）。党的十七大提出要扩大基层民主，保障人民群众直接行使权利；十七届三中全会通过的《中共中央关于推进农村改革发展若干重大问题的决定》提出要以扩大有序参与、推进信息公开、健全议事协商、强化权力监督为重点，加强基层政权建设，扩大村民自治范围，保障农民享有更多更切实的民主权利。2010 年修订的《村民委员会组织法》规定村民委员会必须实行村务公开制度和民主决策机制，由村民监督，保障村民的自治权利。亿万农民通过公平、公正、公开的程序直接选举产生村委会的组织成员组成自治机构，最突出的特点是进行海选，保证村干部的权力由村民授予，在运作过程中则采取决策、监督、管理的实践形式。在城市，居民按照《居民委员会组织法》选举产生居民委员会，积极参加社区自治，一些地区结合实际探索出了网格化管理模式，管理单位更小、方式也更加民主。企事业单位民主管理在新时期的突出变化是，在企业改制和职工身份转换中，工会组织开始由福利工会向维护工人合法权益的组织转变，在一些外资和私营企业也开始出现工会（徐勇，2008）。

通过基层群众自治可以促进公民政治参与意识和水平的提高，培养规则、法律意识，培养现代公民；同时基层民主鼓励群众通过民主的方式，平等、理性的协商沟通出现的问题，通过政治、法律及其他途径解决、保障基层群众的利益，把矛盾解决在基础阶段和萌芽状态，维持社会稳定（肖立辉，2008）。

（3）受教育权和文化生活

中国公民的受教育权是宪法赋予的一项基本权利，是享受其他文化教育的前提和基础。受教育权的实现一是要保障公民享有这项权利，二是需要国家提供物质和法律保障。教育的普及将使低收入人群更容易获得发展机会，也使其后代降低了继续成为弱势群体的可能性，这也是包容性增长的题中之义。

第一，2006 年新修订的《义务教育法》从法律层面规定了中国的适龄儿童平等享受义务教育的权利，且对其不收学费和杂费，国家建立义务教育经费保障机制，保障义务教育的实施；21 世纪的第一个教育规划——《国家中长期教育改革和发展规划纲要（2010—2020 年）》提出要把教育放在优先发展的战略地位，巩固提高九年义务教育水平、推进义务教育均衡发展。

第二，完善农村以及偏远贫困地区的以政府投入为主的义务教育经费保障机制，如图 6—5 所示，2005 年到 2010 年，政府不断加大对农村中小学义务教育阶段的教育投入。2005 年底国务院颁发

《深化农村义务教育经费保障机制改革的通知》，提出"逐步将农村义务教育全面纳入公共财政保障范围，建立中央和地方分项目、按比例分担的农村义务教育经费保障机制"的要求，并宣布从2006年起全部免除农村义务教育阶段学生学杂费，对贫困家庭学生继续实施"两免一补"。

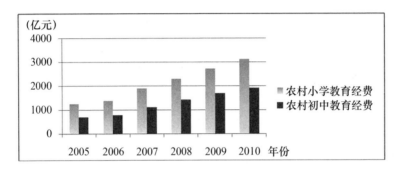

图6—5　中国农村小学和初中教育经费情况（2005—2010年）

资料来源：根据2006—2011年国家统计局《中国统计年鉴》（中国统计出版社）相关数据整理而得。

第三，保障流动儿童以及特殊儿童的受教育权。2007年起，我国确立了对流动儿童的"以流入地政府管理为主，以全日制公办中心小学为主，采取多种形式，依法保障流动人口子女接受义务教育的权利"的双为主的教育政策；同年出台的《"十一五"期间中西部地区特殊教育学校建设规划》明确规定，要以改善特殊教育学校基本办学条件、提高教育质量为重点，有计划、有步骤地推进中西部地区特殊教育学校建设，努力普及和巩固有学习能力的残疾儿童少年九年义务教育。

第四，加快发展面向农村的职业教育。2006年"十一五"规划纲要提出要加快发展农村教育、技能培训和文化事业，培养造就有文化、懂技术、会经营的新型农民；同年的《关于解决农民工问题的若干意见》指出要大力开展农民工职业技能培训和引导性培训，提高农民转移就业能力和外出适应能力；《国家中长期教育改革和发展规划纲要（2010—2020 年)》指出要把职业教育作为服务新农村建设的重要内容，加强基础教育、职业教育和成人教育统筹，扩大农村职业教育培训的覆盖面。

文化在促进农村生产发展、维持农村社会稳定方面发挥着重要作用。《关于进一步加强农村文化建设的意见》指出要通过推进广播电视进村入户、发展农村电影放映、推进服务"三农"的出版物发行的方式加强农村公共文化建设，同时开展多种形式的群众文化活动以及农村特色文化，丰富农民群众的精神文化生活，创新农村文化建设的体制和机制。发展少数民族文化事业有助于促进少数民族的繁荣发展、保护文化多样性、实现各民族的和谐团结。《关于进一步繁荣发展少数民族文化事业的若干意见》提出要加快少数民族和民族地区公共文化基础设施建设、发展新闻出版事业和广播影视事业、加强对文化遗产的挖掘和保护、推进文化产业的发展和对外交流，加强经费保障和人才队伍建设力度，切实把少数民族文化工作摆上更加重要的位置。

（4）医疗保障

2004 年以来中国政府采取积极措施应对"看病难、看病贵"的问题，重建和完善了城乡居民医疗保障体系。

在城镇，我国在 1998 年就已经建立城镇职工基本医疗保障制度，通过用人单位和个人共同缴费的方式设立统筹基金和个人账户，分别用于住院费用和门诊费用，2011 年末已有超过 2.5 亿的城镇职工参加基本医疗保险。对于城镇非正规就业居民，国家实行城镇居民医疗保险制度，2007 年在有条件的城市启动试点、2010 年在全国全面推开，实行个人缴费和政府补贴相结合、以个人缴费为主；对于享受最低生活保障的人、丧失劳动能力的残疾人、低收入家庭六十周岁以上的老年人和未成年人等所需个人缴费部分，由政府给予补贴，目前参保人数已达 2.2 亿多人。

在农村，2003 年 1 月国务院办公厅转发的《关于建立新型农村合作医疗制度的意见》，以法规的形式确立了新型农村合作医疗制度，农民个人每人每年缴费 10 元，中央和地方政府共补助 40 元，所缴费用主要用于补助大额医疗费用或住院费用。从 2012 年起，农民个人缴费提高到每人每年 60 元，而各级财政对新农合的补助标准则提高到每人每年 240 元。针对农民工这一特殊群体，截至 2010 年 7 月，共有 29 个地方政府出台了适用于本地农民工的医疗保险政策。在这些政策中，或者专门针对该群体建立农民工医疗保险体系，在运行上独立于城镇职工、居民基本医疗保险和新型农村合作医疗保险，在内容上参照城镇职工基本医疗保险办法，如珠海市、深圳市；或者允许在城市稳定就业的农民工参加城镇职工基本医疗保险，其他农民工可选择参加户籍地的新型农村合作医疗或是务工地的城镇居民医疗保险，如广东省、云南省等；或者为包括农民工在内的所有外地从业人员或非城镇户籍人员设立综合保险模式，覆盖范围包括工伤、住院医疗、老年补贴三种主要项目，如上海市、成都市（龚文海，2009）。

2009 年 3 月，国务院颁布了《关于深化医疗卫生体制改革的意见》，其中最重要的一点就是"建立覆盖城乡居民的基本医疗保障体系"，即全民医保。而实现这一目标的具体措施就是依据现有的城镇职工基本医疗保险、城镇居民基本医疗保险、新型农村合作医疗和城乡医疗救助共同组成基本医疗保障体系，分别覆盖城镇就业人口、城镇非就业人口、农村人口和城乡困难人群。经过多年的改革探索，中国的城乡医疗保障制度覆盖面也在逐步扩大，截至 2014 年，中国的医疗保险参保人数达 13.9 亿人，城镇居民基本医疗保险、新型农村合作医疗保险和城镇职工基本医疗保险已覆盖了 98% 以上的城乡居民（新华社，2015）。

（5）养老保障

在城镇，《国务院关于建立统一的企业职工基本养老保险制度的决定》对城镇职工的养老保险缴费作出了规定，企业缴纳 20%，职工个人承担 8%。2005 年国务院颁布的《关于完善企业职工基本养老保险制度的决定》，实现了养老保险覆盖范围由职工向个体工商户、城镇灵活就业人员的拓展。

2009 年国务院出台的《关于开展新型农村社会养老保险试点的指导意见》提出，从当年起开展新农保的试点工作，覆盖全国 10% 的县，并逐步扩大试点范围，到 2020 年前基本实现对农村适龄居民的全覆盖。新农保制度实行个人缴费、集体补助、政府补贴相结合，个人账户与社会统筹相结合。新型农村养老保险制度的建立，是中央继免除农业税、实行农业补贴和新农村合作医疗之后的又一项重要的惠农政策。2011 年 3 月，温家宝总理在第十一届全国人大四次会议的政府工作报告中强调，"将新型农村社会养老保险试点范围扩大到全国 40% 的县"。2006 年在《国务院关于解决农民工问题的若干意见》等文件中，对农民工的社会保险工作提出了原则要求，"低费率、广覆盖、可转移，并能够与城乡养老保险制度相衔接"，要求有条件的地方直接将稳定就业的农民工纳入城镇职工基本养老保险。

（6）失业保障

在《失业保险条例》的基础上，2011 年 7 月 1 日起实施的《社会保险法》以专章的形式进一步完善了失业保险制度，对失业保险的覆盖范围、资金来源、待遇项目和享受条件等都做了明确规定。首先，从覆盖范围上，《社会保险法》规定"职工应该参加社会保险，由用人单位和职工按照国家规定共同缴纳失业保险费"，这里的职工不再仅仅是城镇企事业单位的职工，而是所有用人单位的职工，包括企事业单位、民办非企业单位、有雇工的个体工商户、合伙组织等。其次，从保险标准上看，取消了失业保险金低于当地最低工资标准的规定，进一步彰显了失业保险金的生存保障功能。最后，明确规定失业人员在领取失业保险金期间，享受基本医疗保险待遇，所应缴纳的医疗保险费从失业保险基金中支付，个人不缴纳基本医疗保险费，基本解决了失业人员的医疗保障问题，保障其最低生活水平不至于因为疾病而受到影响。

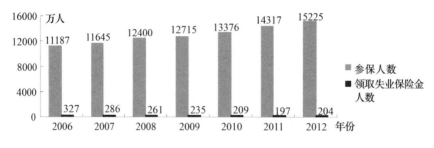

图6—6 中国失业保险参保情况（2006—2012 年）

资料来源：根据2007—2013 年国家统计局《国民经济和社会发展统计公报》（中国统计出版社）相关数据整理而得。

3. 保护资源环境

改革开放以来，我国的经济发展取得了举世瞩目的成就，但粗放型、高投入的经济增长方式对自然资源和生态环境产生了恶劣的影响，导致了自然资源枯竭、生态环境恶化、生物多样性消失等一系列问题的出现，制约了我国经济社会的可持续发展。针对这些问题，党的十六届四中全会明确提出要构建社会主义和谐社会，其中重要的一点是实现人与自然的和谐发展。随后几年，党和政府连续发布了一系列保护自然资源、改善生态环境的政策，在实现包容性增长方面有了新的突破，具体表现在以下几方面。

（1）环境经济政策

排污权交易。为了使环保工作更加适应经济建设的需要，提高灵活性和管理效率，国家环保总局提出了通过实施排污许可证制度促进排污总量控制工作，通过排污权交易完善总量控制工作。2001年至2003 年江苏顺利实现了我国首例排污权交易并开创了跨区域交易的先例，2007 年 11 月，我国第一个排污权交易中心在浙江嘉兴成立，标志着我国的排污权交易逐步走向制度化、规范化。2005年国务院颁布的《关于落实科学发展观 加强环境保护的决定》提出要运用市场机制推进污染治理，鼓励有条件的单位和地区实行二氧化硫等排污权交易。

"三绿"政策。2007 年 7 月，环境保护部会同中国人民银行和银监会下发了《关于落实环保政策法规　防范信贷风险的意见》，正式启动了我国的绿色信贷政策，意见包括两方面核心内容，一是利用优惠的信贷政策和手段，包括贷款期限、利率、额度等，支持环保、节能项目或企业；二是对违反环保和节能等相关法律法规的项目或企业采取停贷、缓贷甚至收回贷款等处罚措施。绿色信贷政策使环境不达标企业面临生存危机，促使企业加强治理，整体而言是一种比较有效的环境保护手段（杨朝飞，2011）。此外，2008 年实施的绿色税收、绿色保险等也具有同样的效果。

生态税费。2006 年 1 月实施的《浙江省林地管理办法》规定，征收、占用林地的单位或个人，应当按规定缴纳森林植被恢复费、支付补偿费，其中的补偿费，按照其被征收、占用前 3 年当地耕地平均年产值的 4 至 7 倍计算。2005 年 11 月至 2011 年 9 月期间颁布实施的《取水许可和水资源费征收管理条例》《安徽省矿山地址环境保护条例》《天津市耕地质量管理办法》《耕地占用税暂行条例》《资源税暂行条例》等对征收矿产资源费、水资源费、耕地占用费等作出了明确规定。

节能产品补贴。2009 年财政部、发改委组织实施的"节能产品惠民工程"明确提出中央财政将对能源效率等级为 1 级或 2 级产品的生产企业给予补助，再由生产企业按补助后的价格进行销售，其中的节能产品包括高效照明产品、节能与新能源汽车以及随后的空调、冰箱、平板电视、洗衣机等。根据测算，实施"节能产品惠民工程"每年可实现节电 750 亿千瓦时，相当于少建 15 个百万千瓦级的燃煤电厂，减排 7500 万吨二氧化碳。

（2）环境行政政策

2009 年修订的《环境行政处罚办法》对环境违法主体规定了警告、罚款、责令停产整顿、责令停产、停业、关闭、暂扣、吊销许可证、行政拘留等行政处罚种类，并且在实施环境行政处罚时，不能免除当事人依法缴纳排污费的义务。2010 年修订的《水土保持法》从水土保持的规划、预防、治理、监测和监督等方面规定了各单位以及相关责任人的法律责任。《国家环境保护"十二五"规划》明确提出要加强环境监管体系建设，到"十二五"末基本形成污染源与总量减排监管体系、环境质量监测与评估考核体系、环境预警与应急体系，初步建成环境监管基本公共服务体系。此外，各地方也制定相关的政策，如《水污染防治法》《节约能源法》《陕西省秦岭生态环境保护条例》《天津市耕地质量管理办法》《天津市关闭严重污染小化工企业暂行办法》等法律法规、规章都从不同方面规定了环境违法行为的行政处罚措施。《河北省环境污染防治监督管理办法》规定县级以上人民政府以及环境保护行政主管部门具有暂扣、封存产生污染物的设施和相关物品、责令排污不达标的单位限期治理、整顿以及主动公开环境信息等权力。

（3）环境技术政策

2004 年修订的《固体废物污染环境防治法》明确指出要加强固体废物污染环境防治的科学研究、技术开发、推广先进的防治技术，并对工业固体废物、生活垃圾、危险废物等的处理提出了技术标准。商务部、建设部等 6 部委联合下发的《再生资源回收管理办法》对再生资源的回收标准以及回收、中转、集散、加工处理等步骤制定了相应的标准。《城市供水水质管理规定》《城市生活垃圾管理办法》等从技术层面对供水水质和垃圾处理提出了相应标准。

（4）环境社会政策

只有社会公众广泛参与，环境保护工作才能真正取得成效。2008 年国务院颁布的《公共机构节能条例》指出要提高公共机构能源利用效率，发挥公共机构尤其是科、教、文、卫、体等部门在全社会节能中的表率作用，而国务院和县级以上地方人民政府则应该会同同级有关部门积极开展公共机构节能宣传、教育和培训，普及节能科学知识。《民用建筑节能条例》给予民用建筑节能项目税收优惠，通过扩大采用节能材质和技术的民用建筑的范围，在全社会倡导节能理念，形成良好的社会风气。例如，中新天津生态城是中国和新加坡两国政府的战略性合作项目，是继苏州工业园后两国政府间的第二个合作项目。根据《中新天津生态城管理规定》，中新天津生态城将全面贯彻循环经济理念，推进清洁生产，优化能源结构，大力促进清洁能源、可再生资源和能源的利用，加强科技创新能力，优化产业结构，实现经济高效循环，这一模式的成功将为我国资源节约型、环境友好型社会的建设提供典范。

（二）印度实施的包容性增长战略

2004 年之前的瓦杰帕伊政府的经济发展战略是以富人和城市为主，忽略了农村的发展，导致政权出现更迭。2004 年新执政的辛格政府吸取了前届政府的经验教训，调整了改革重点、方向，致力于缩小贫富差距、解决地区发展不均衡的问题，实现社会公平。其改革理念与 2007 年"十一五"规划提出的包容性增长理念是一致的，因此，印度实施包容性增长战略可以看作从 2004 年辛格政府开始的，具体文件参见附录二。

1. 促进经济的持续增长

（1）农业领域

辛格政府时期的农业政策主要有以下几个方面。第一，加速食品加工业发展。拟定统一的食品法，改变食品立法混乱状况；增加投资建设大型食品加工园，以提高农产品附加值，并提高将食品加工园纳入农业经济区的可行性；在原有粮食作物保护价格的基础上，提高 14 种秋季粮油作物保护价格，以促进秋季粮食作物的生产。第二，开展第二次绿色革命。2006 年开始的第二次绿色革命提出了提升土地健康程度、改进水利管理体系、改善农村信贷和保险、推广生物和信息技术以及完善农产品市场五项措施。而且特别关注旱地农业以适应小农和边际农的需要；优良品质和科学技术推广的范围不仅包括粮食作物，还普及非粮食作物、果蔬以及其他新的农产品品种；增加农业投资，为农业和农村制造业提供新技术，为农村居民创造更多就业机会。第三，新农村建设。2010年印度政府宣布实施新农村建设，包括鼓励私营企业为试点村庄提供自来水、污水排放和处理、固体垃圾管理、街道照明、电信等基础设施等，客观上改善了农村基础设施和生活环境（沈开艳，2011）。2008年以后，为了削弱金融危机的影响，印度政府更是把农业放在了优先发展的位置。一是继续补贴农业投入物，提高农产品收购价，并设立国家食品安全委员会；二是实行农村就业保障计划，扩大农民就业面；三是尽可能地免除农民债务，加大对农村的财政投入力度，重点加强农田水利等基础设施建设。

各项措施虽然使印度农业获得了一定发展，而且农业及相关部门吸纳的就业人口比率已经超过50%，但相对于第二、第三产业而言，印度的农业发展仍然较为缓慢。如图6—7所示，自2004年以来，相对于高速的经济增长，农业及相关产业的增长率一直处于较低水平，甚至在2009年前后由于遭受降雨影响而成为负增长，表明印度的农业仍旧没有摆脱"靠天吃饭"的局面。

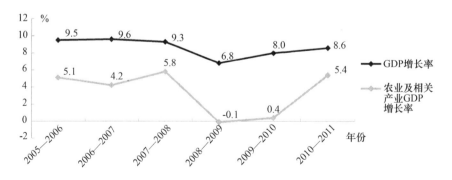

图6—7　印度农业及相关产业 GDP 增长率（2005—2011年）

资料来源：Central Statistical Organization。

（2）私营经济

自经济改革后，一方面，印度政府逐步缩小公营经济的垄断领域，同时放松对私营经济的限制，为私营经济营造公平的竞争环境，例如，辛格政府于 2007 年公布的《投资优惠条例》就明确规定适用于所有企业，并非只有政府所属的企业。另一方面继续为小型企业提供金融和税收优惠政策。如根据《所得税法》第 80IB（Section 80IB of Income Tax Act，2005—2006），小型企业可获得如下税收优惠：如小型企业是公司型的，则前十年的所得税减免 30%；如小型企业是合作型或个人所有的，则前十年的所得税减免 25%（印度政府网站）。随着市场环境和政策环境的改善，印度的私营企业都有了较大程度的发展，私营经济在印度经济总产值中的比例也逐年提高，吸纳就业人数也逐年增加。2006—2007 年度，印度规模以上私营企业的就业人数已达 924 万人；中小企业产出占印度工业产出的 39%，占其出口的 34%，为印度城乡提供了约 2950 万人的就业，而到 2009—2010 年度，中小企业吸引就业人数已经增加到了 6953.8 万人。

（3）就业政策

在印度，按就业部门是否有组织形式，可将就业分为正规就业和非正规就业两种。正规就业是享有相应劳动保护和社会保障的有组织就业，非正规就业是在非正规部门就业或虽在正规部门工作但不享有相应劳动保护和社会保障的就业人员。非正规就业对印度农村劳动力转移、促进印度城市化、缓解就业压力、增加就业机会和脱贫发挥了积极作用（李文，2012）。由于印度有超过 90% 的劳动人口属于非正规就业（灵活就业），且就业人数日益膨胀，使整个社会的发展面临巨大挑战，因而，提高越来越多的非正规就业人员的社会保障水平就成为实施包容性增长战略、减少贫困的重要着力点。

第一，在 20 世纪成立的农村劳动者全国委员会以及第二届劳动者全国委员会的基础上，2004 年成立作为咨询和监督机构的非正规部门企业全国委员会。第二，国家以工换粮方案。该方案的目标是向全国 150 个较落后的县提供补充资源，以创造更多的有薪就业机会，通过在这些县建立符合需要的经济、社会和社区基金，进一步提供更可靠的粮食保障。自 2004 年 11 月以来，全国 150 个较落后的县已经启动了这一方案。第三，劳工部 2005 年颁布《非正规部门员工（工作条件和促进生计）议案》，涉及所有灵活就业人员，内容涵盖非正规经济领域的社会保障和劳动条件的相关规定，比如承认员工最基本的权利，包括不能歧视性地支付工资和提供劳动条件、规定最低工资标准、确保工作场所安全等（贺瑛、华蓉晖，2012）。第四，2005 年中央政府颁布针对农村贫困劳动者的《全国农村就业保障法》，规定每个家庭至少有一个成年劳动者享有一年内不少于 100 天的有偿就业天数。第五，2008 年中央政府颁布《灵活就业人员社会保障法》，明确规定灵活就业人员不论职业或就业与否，都有资格享有社会保障，并设定了全国社保待遇的底线。

2. 保障公民权利

（1）选举权

据统计，在第二次世界大战后人均收入最低的国家中，只有印度实行了民主政治制度（西摩、宋庆仁，1994）。印度的民主政治制度主要包括议会民主制和联邦共和制。根据印度宪法规定，议会分为联邦院和人民院，其中的人民院是国家的主要立法机构，人民院议员的资格必须是 25 周岁以上的印度公民。作为议会民主制核心的议会选举制经过多年的发展已日渐成熟，成人普选制使印度民众对民主参政和投票选举的热情日益高涨。据统计，1952 年印度第一届大选只有 1.73 亿成年人参加投票，到 2004 年已有 6.71 亿成年人参加投票，2009 年时则高达 7.14 亿，成为世界上最大规模的选举。尽管印度实行的是全民普选制，但其民主制度是建立在低经济基础上的，发展不成熟，且伴随着大量的腐败、制度不完善等问题，同时人民文化素质不高，文盲率居高不下，极大降低了选举质量。

（2）基层自治

印度的基层自治制度源远流长，虽然在英国殖民统治期间曾遭瓦解，但在独立后，这一民主制度又被纳入国家的民主制度之中，并在1992年获得了印度宪法第73次修正案的通过，规定了成立村民大会、为弱势群体保留席位、成立财政委员会、明确三级自治机构的职能等内容。2004年辛格政府提出自治机构应与企业界合作，在农村发达地区尝试建立商贸中心，并就基层组织涉及的权力下放、资金来源、人员培训等内容提出了改进意见。2005年印度比哈尔邦率先通过立法，将三级基层自治机构中妇女成员的比例由33%提高到50%（贺永红，2013），并被中央邦、马哈拉施特拉邦、拉贾斯坦邦等邦效仿。2009年6月，印度总统帕蒂尔在新一届联邦议会成立会议上提出联邦议会应该考虑修改宪法，把基层自治机构中妇女成员的比例提高到50%。扩大妇女及其他弱势人群的比例，意味着弱势群体表达自身意愿、维护合法权益的能力增强。

（3）受教育权

受教育权作为人的一项基本权利，对于促进贫困者获得平等的就业机会、降低贫困发生率具有重要意义。有"印度改革之父"之称的辛格总理更是提出"为了使每个公民都能够享有因经济发展而创造的新的就业机会，我们必须确保每一个印度人都要接受教育、具有技能"（张玉秀，2007），并在"十一五"计划中提出将20%的经费用于发展教育。印度在初等、中等和高等教育各阶段的教育均采取了一系列有助于保障公民，尤其是低收入人群和弱势群体的受教育权的政策措施：

初等教育：一是保证儿童受教育的权利。2009年的《儿童免费义务教育权利法》，对不分家庭背景的全部6—14岁的儿童实行免费义务教育，办学经费由中央和各邦政府共同承担。这些教育权利包括：一、享有接受免费义务教育的权利、接受特别教学辅导的权利、超龄完成义务教育的权利和转学的权利。二、贫富生同校。

《教育权利法案》规定私立学校每年必须留出 25% 的名额，招收来自低收入和弱势家庭孩子以及残障儿童。三、女生寄宿学校计划。该计划于 2004 年 8 月启动，主要目的是在教育落后乡镇设立寄宿学校，确保高级小学阶段表列种姓、表列部落、其他落后阶级和少数民族等处境不利群体中的女生能够上学读书并接受有质量的教育。

中等教育：一、在普及初等义务教育目标接近实现的情况下，印度提出到 2020 年普及中等教育。2009 年 1 月，印度"内阁经济事务委员会"正式批准"普及中等教育计划"，并于 2009 年 3 月正式启动。二、重点发展"标兵学校"。标兵学校实行寄宿和免费制度，使有特殊才能的儿童，尤其是来自全国各农业地区的天才儿童，有机会通过高质量的教育获得更快的发展。三、印度的"十一五"计划提出将最低限度教育标准扩展到十年级，推进普及中等教育的进程，每个居住点 5 公里范围内建 1 所初中，7 至 8 公里范围内建 1 所高中，在乡一级建立 6000 所优质示范学校，作为卓越中等教育的基准。中等教育阶段的毛入学率从 2005 年的 40% 提高到 2012 年的 65%，其中初中阶段从 52% 提高到 75%（李建忠，2008）。

高等教育：一、2005 年 12 月，印度《第 93 次宪法修正案》决定在中央院校和私立高等教育机构中单独为"落后阶级"（OBCs）增加 27% 保留名额，从而使"落后阶级"的名额总体比例达到 49.5%（Sahoo 和 Kalpataru，2001）。二、制订特殊扶植计划，包括针对独生子女的 1200 个研究生奖学金计划、针对参加博士生项目的表列种姓和部落种姓子女的 2000 个国家奖学金计划等。三、实施低息贷款政策，帮助经济困难学生完成学业。2009 年政府委托银行协会制定"教育贷款方案"，地方两级政府成立专门机构负责制定相关的配套政策，以确保"落后阶级"、少数民族、残疾学生、女性学生和家庭经济困难学生能够支付起高等教育费用。四、重点支持边远和落后地区高等教育发展，缩小地区间的不平等和差异性，保证全纳性高等教育目标的完成。五、中央政府成立专门机构，负责推动落后地区高等教育发展工作，如教育机会均等办公室（EOO）等。同时，印度政府还通过大力发展远程教育和翻译英文著作，提高整个落后地区的高等教育水平和质量（Planning Commission Grovernment of India，2008）。

（4）医疗保障

印度政府为保障公民享有基本的医疗卫生条件、提高公民的健康水平而采取了一些相关的政策措施。一、全民免费医疗制度，印度在1949年通过的第一部宪法中明确规定所有国民都享有免费医疗。免费医疗主要是一些基础的公共卫生服务、卫生防疫等，目标是满足大多数人的基本医疗需求。目前已经建立起了比较完善的农村三级医疗服务网络：保健站、初级保健中心、社区保健中心（黄晓燕、张乐，2006）。二、非正规部门提供的农村非正式医疗保险计划，主要针对的是发病率较低但费用较高的大病风险，保证成员健康安全的同时防止因病致贫。例如农产品加工企业组织合同农户向保险公司集体投保、非正规经济产业工会的健康福利项目（SPARC）、非政府组织为成员设计保险项目并集体向保险公司投保（SEWA）等。三、社会医疗救助制度。印度的疾病救助基金建立于1997年，这一基金保险分担了一部分患者的经济负担，有效降低了因病致贫的风险。四、国家农村健康计划。印度政府从2005年开始通过实施该计划对基本医疗保障系统进行建设性改善，目的是增加贫困地区的穷人、妇女和儿童获得有质量、有效率的医疗保健的可能性，减少婴儿死亡率和生育死亡率，建立整合的、全面的初级保健系统（刘成军，2009）。健康医疗提升人们尤其是弱势群体的身体素质，为其积极参与经济增长过程创造条件和机会。

（5）养老保障

印度政府为解决劳动者的养老问题，保障劳动者的基本生活采取了一定的措施。一、设立公共长期基金。该基金用来向那些没有被正式纳入养老金系统的人提供一个长期储蓄的手段，而且附带极具吸引力的税收措施，被称为中产阶级的一个免税工具，目前该账户的数目接近劳动力的1%。二、建立社会救助计划和福利基金。这些计划基本上锁定那些绝对贫困、极端贫困、身体虚弱、年龄在60岁或以上的老年人（沈开艳，2011）。对于非正式部门的人员的养老金，由中央和地方实施社会救助。三、开拓印度农村寿险业。印度政府强制规定，保险公司必须将业务开展到农村地区，5年内，保险公司必须在农村地区销售一小部分保单，比例须逐年增加，这一政策的实施效果在2004年时就已经基本达到了政府的期望（张乐，2006）。养老保障在于为普通居民的晚年生活提供基本保障，缓解社会不公平，但是目前印度的养老保险主要覆盖正规部门，而对于主要就业渠道的非正规部门，只有制度层面的，尚缺乏具体的执行计划。

3. 保护资源环境

伴随着人口的急剧增长、不平衡的工业发展、城镇化的推进以及森林面积锐减，空气污染已成为印度最严重的环境问题。基于此，辛格政府在"十一五"计划中把"环境与气候变化"单列为一个部分，目标是在2011—2012年使所有主要城市的质量达到世界卫生组织的标准。

20世纪70年代起印度相继制定了一系列保护环境的法律法规、政策，发起了多项行政计划，1986年的《环境保护法》是第一个全面的保护环境的法律文件，此后逐渐形成了具有特色的环境保护法律机制，现在印度全国共有200多条环境法律法规和条例（张淑兰，2010）。2004年以来在环境保护方面出台了《国家绿色法庭法案》与《湿地保护与管理规则》，在野生生物与生物多样性保护方面出台了《野生生物保护修正法案》，并于2005年颁布了森林保护方面的《林副产品法案》。

2008年6月，辛格总理签署了《气候变化国家行动方案》，明确提出了截至2017年的八个核心"国家任务"：利用太阳能、提高能效、城镇规划中建立可持续的生活环境、提高水资源使用效率、维持喜马拉雅山生态系统、绿色印度（提高森林覆盖率）、可持续农业、气候变化战略知识（更好地了解气候科学、影响与挑战）。印度所采取的减排和低碳措施取得了明显的成效，过去 20 年，印度年均 GDP 增长在 8% 左右，而能源消费只增长了 4%，单位 GDP 耗量几乎减半，从 0.3 降到了 0.16，与目前德国的水平接近（刘学敏，2011）。

2010 年 6 月，印度环境与森林部发布了《印度实施气候变化后哥本哈根国家行动》，对印度实施的各项行动或计划的进程作出了解释，包括设立包容性发展低碳战略专家组，对煤炭征收碳税为清洁能源提供资金支持，提高能源效率国家任务的执行、实现与贸易等。

三　中印包容性增长战略实施效果的比较

（一）经济增长的持续性较强

1. 经济总量持续增大

实现包容性增长，虽然单纯强调增长是不足的，但经济增长显然是必要的，只有通过经济增长，才能创造更多的就业机会，才能为包容性增长提供必要的物质基础。对于贫困者而言，增加收入、摆脱贫困的主要途径是利用其唯一的或者主要的资产——劳动力，因此就业机会的增加对于减少贫困、实现包容性增长有着非常重要的意义。从这个层面上来说，21 世纪以来不论是印度还是中国，在经济发展上的成就以及强劲的增长趋势是值得肯定的，如图 6—8 所示。一方面，即使 2008 年受到国际金融危机的影响，但相对于其他国家以及世界整体经济水平而言，中印两国的经济增长率还是比较高的。中国的 GDP 增长率在 2007 年之后趋于放缓，但最近几年仍然保持在 9% 以上的高增长率，经济的平稳快速增长有力地带动了世界经济的复苏。印度的经济总量以及增长率虽然都不及中

国，但其发展前景也为世界所看好，GDP 增长率在 2007 年曾高达
9.8%，金融危机之后也迅速恢复到了 7% 以上。

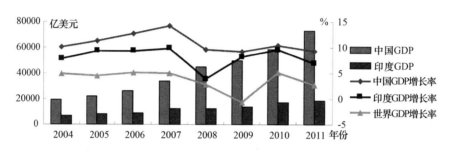

图 6—8　中印经济增长情况（2004—2011 年）

资料来源：根据世界银行数据库，经济政策与外债专题；国家统计局：《国际统计年鉴
2008》《国际统计年鉴 2011》（中国统计出版社）相关数据资料整理而得。

另一方面，大量的人口导致了中印两国较低的人均 GDP。虽然
两国的人均 GDP 都在逐年增加，但在世界排名中仍处于较低水平。
2010 年中国的 GDP 总量已经成为世界第二，但根据当年的国际货
币基金组织数据，中国的人均 GDP 仅为 4520 美元，在世界排名仅
为第 90 位，远低于金砖国家中的俄罗斯（10521 美元，第 54 位）、
巴西（10471 美元，第 55 位）。而印度的人均 GDP 从 2004 年开始
还不及中国的一半，如图 6—9 所示，在世界排名中的位置更低。

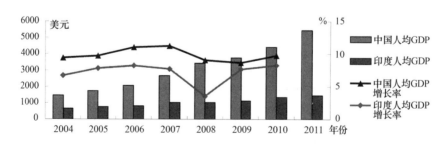

图 6—9　中印人均 GDP 及增长率（2004—2011 年）

资料来源：人均 GDP 数据来自世界银行数据库，经济政策与外债专题；人均 GDP 增长率
数据来自国家统计局：《国际统计年鉴 2008》《国际统计年鉴 2011》（中国统计出版社）。

2. 私营经济发展迅速

自十四大提出把建立和完善社会主义市场经济体制作为经济体制改革的目标后，我国的私营经济出现了突飞猛进的发展。进入21世纪，随着一系列方针政策的出台，私营经济在我国经济社会中发挥着越来越大的作用。"十一五"期间，我国私营经济规模实力成倍增长、社会贡献日益显著，为我国成功应对国际金融危机冲击、实现经济社会平稳较快发展做出了积极贡献（黄孟复，2011）。另外，私营企业也凸显了在吸引就业方面的作用。如图6—10所示，截至2011年底，我国私营企业和个体就业人数已经超过1.8亿，较2005年底增加7500万人，年均增长1250万人，年均增速超过10%，反映出私营经济已经成为我国扩大社会就业的主要渠道。

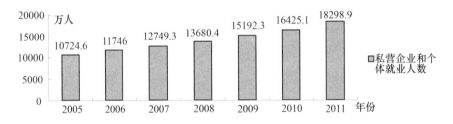

图6—10　中国私营企业和个体就业人数（2005—2011年）

资料来源：国家统计局，2006—2012年的《中国统计年鉴》，中国统计出版社。

经济改革以后，印度政府在缩小公营经济垄断领域的同时，也放松了对私营经济的限制，极大改善了私营企业的发展环境，私营经济得到了前所未有的发展，在印度经济总产值中的比重不断提高，吸纳就业人数也逐年增加。中小企业作为私营经济的主体，其表现可以代表印度私营经济的发展状况。如表6—3所示，2006年起不论是中小企业数量还是吸纳就业人数，都出现了突飞猛进的增长，这对提高就业质量、降低失业率无疑是有利的。此外，印度中小企业对经济发展也起着重大作用。根据印度中小企业部发布的

2010—2011 年度报告，中小企业占全部制造业产出的 45%，占全国出口的 40%。更为重要的是，印度 2600 万家中小企业吸纳了5900 万人就业，生产了近 6000 种产品，以高于大企业生产增长的速度发展着。

表6—3   印度中小企业的表现

年度	企业数量 （十万个）	固定投资 （千万卢比）	产出 （千万卢比）	吸纳就业人数 （十万人）
2004—2005	118.59	178699	429796	282.57
2005—2006	123.42	188113	497842	294.91
2006—2007	261.01	500758	709398	594.61
2007—2008	272.79	558190	790759	626.34
2008—2009	285.16	621753	880805	659.35
2009—2010	298.08	693835	982919	695.38

资料来源：Annual Report 2009 – 2010 of Ministry of Micro, Small and Medium Enterprises, Government of India。

3. 产业结构有所改善

对照中国和印度的产业结构图，如图 6—11 和图 6—12 所示，可以看出，印度的经济增长主要是靠第三产业推动的，是以服务业为导向，而中国的第二产业数据显然远高于印度。改革开放以来，一方面，中国工业的迅速发展很大程度上得益于丰富的劳动力以及低廉的成本优势，第二产业的发展不仅拉动了 GDP 的快速增长，推动了中国城镇化的进程，而且吸纳了大量的农村剩余劳动力，对于降低失业率、解决贫困问题做出了重大贡献。另一方面，制造业等实体经济的发展也为降低金融危机对中国经济发展的影响奠定了坚实的实业基础。近年来，在国家政策的引导下，中国第一、二产业占 GDP 的比值都在不断下降，而第三产业的比值则在不断上升，三大产业的发展越来越和谐，但与发达国家相比，中国第三产业的比重仍偏低。

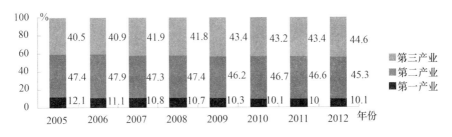

图 6—11 中国产业结构变化（2005—2012 年）

资料来源：国家统计局：《金砖国家联合统计手册 2013》，中国统计出版社 2014 年版。

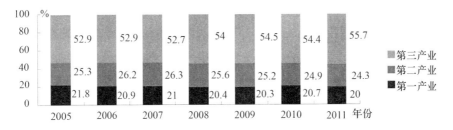

图 6—12 印度产业结构变化（2005—2012 年）

资料来源：国家统计局：《金砖国家联合统计手册 2013》，中国统计出版社 2014 年版。

印度的产业结构独具特色，第三产业尤其是信息技术产业的飞速发展为其赢得了"世界办公室"的称誉，2009 年在全球经济萎缩的背景下仍然保持着高达 58.7% 的产业收入增长率，有力地阻止了经济的继续下滑。印度的农业比值虽然高于中国，而且吸纳了一半以上的劳动力，但由于其土地所有权结构的限制，生产效率低下，农民收入较低，仍旧存在大量贫困人口。考虑到农业占国民经济的比重持续下降，而且增长速度缓慢，印度增加就业机会、实现"益贫式就业"的愿望，只能寄希望于工业以及服务业的发展。但印度第二产业比值仍在不断下降，而且苛刻的《劳资争议法》严重挫伤了企业用工的积极性，一方面使得企业不得不更多雇用临时工人以尽量逃避惩罚，而临时工人的合法权益无法得到保障；另一方面使企业在扩大生产规模时更多地选择资本密集型而非劳动密集型的方式，而这对于人口大国来说，显然不利于解决其就业问题，成为导致印度失业率居高不下的一个重要因素，如图6—13所示。

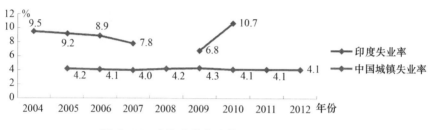

图6—13　中印失业率比较（2004—2012年）

资料来源：中国数据来自《中国统计年鉴2011》《中国统计年鉴2012》（中国统计出版社）；印度数据根据沈开艳《印度经济改革发展二十年》（上海人民出版社2011年版）和蔡荣鑫《"益贫式增长"模式研究》（科学出版社2010年版）相关数据整理而得。

（二）经济成果的共享性增强

包容性增长的特征之一是要保证人们都能公平参与增长过程、享有发展成果，而具体到中印这两个国家，共享经济成果最直接、最明显的表现就是收入分配差距以及贫困人口规模、比例的变化。

1. 收入分配差距逐步缩小

自改革开放以来，中国的经济发展取得了举世瞩目的成就，城乡居民人均可支配收入也有了大幅度的提高，但在2009年之前，城乡居民收入增速是慢于经济增速的，如图6—14所示。从1979年到2009年的30年间，中国居民可支配收入年均实际增长9.5%，比同期的经济增长低了0.4个百分点（武力，2012），其中的农村居民人均纯收入增速更为滞后，不仅低于同期的GDP增速，更低于城镇居民人均可支配收入的增速。但自2009年之后，这种状况有了明显的改变。先是城镇居民收入增速超过了当年的经济增速，

继而是农村居民人均纯收入从 2010 年起一跃成为三个指标中的最
高值，2011 年之后 GDP 增速开始同时低于城乡居民人均收入增速。

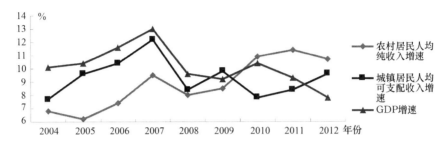

图 6—14　中国城乡居民收入增速与 GDP 增速对比（2004—2012 年）

资料来源：国家统计局：《2008 年国民经济和社会发展统计公报》《2012 年国民经济和社
会发展统计公报》，中国统计出版社。

　　这种状况的改变也直接推动了中国城乡收入分配格局的调整。
如图 6—15 所示，虽然城镇居民人均收入远高于农村，且收入比一
直保持在 3:1 以上，但在 2009 年以前，这一比值是不断上升的，
而 2009 年之后则出现了比较明显的下降趋势，这显示出中国城乡
居民收入差距的相对缩小，反映了中国包容性增长战略的实施已经
初见成效。

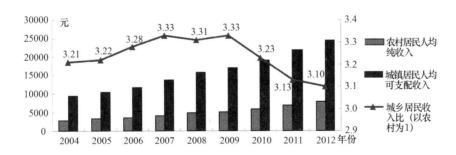

图 6—15　中国城乡居民收入比值变化（2004—2012 年）

资料来源：根据国家统计局《2008 年国民经济和社会发展统计公报》《2012 年国民经济
和社会发展统计公报》（中国统计出版社）相关数据整理而得。

　　另外，中国不同地区居民的收入差距仍然较大。由图6—16和图6—17可知，中国的东、中、西部及东北地区的农村人均纯收入差别一直都较大，2004年之后，中部、西部和东北地区之间的收入差距基本未发生变化，只有东部地区与上述三者之间的差距在不断缩小。在城镇居民人均可支配收入的比较中，中部、西部以及东北地区的差距较小，东部地区仍然是收入较高地区，但相互之间的差距也呈缩小趋势。这反映出中国所实施的西部大开发、中原崛起以及振兴东北老工业基地战略在促进三地区的发展、缩小与东部地区差距方面发挥了一定作用。

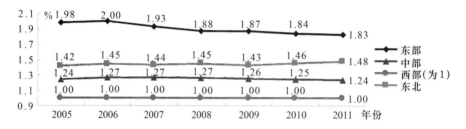

图6—16　中国各地区农村人均收入比值变化（2005—2011年）

资料来源：根据国家统计局2006—2012年《中国统计年鉴》（中国统计出版社）农村居民人均纯收入相关数据整理而成。

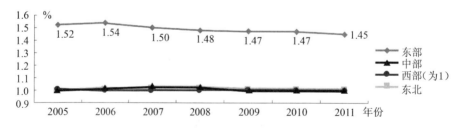

图6—17　中国各地区城镇人均收入比值变化（2005—2011年）

资料来源：根据国家统计局2006—2012年《中国统计年鉴》（中国统计出版社）城镇居民人均纯收入相关数据整理而成。

　　基尼系数是一国全部居民收入中用于进行不公平分配的收

入占总收入的百分比，可以反映居民之间的贫富差异程度，数字越大表明贫富差距越大，反之则越小，国际上通常把 0.4 作为收入分配差距的"警戒线"，因此，可以进一步根据基尼系数来测评中印的收入分配差距问题。如图 6—18 所示，自 2004年之后，中国的基尼系数整体上呈下降趋势，但截至 2012 年，最低数值也是 0.474，远高于国际"警戒线"。通过上文分析可知，这种较大的贫富差距很大程度上来自地区之间的收入差距以及城乡之间的收入差距，后两者差距缩小有限，直接导致整体基尼系数仍然偏高。

　　印度在收入分配方面也面临着比较明显的不平等，由图 6—19

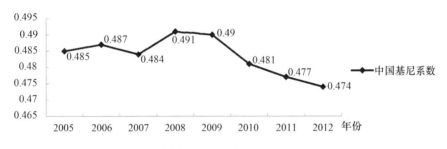

图 6—18　中国基尼系数变化（2005—2012 年）

资料来源：国家统计局：《金砖国家联合统计手册 2013》，中国统计出版社 2014 年版。

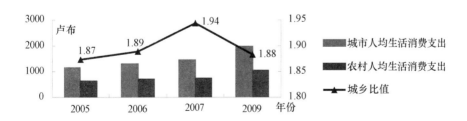

图 6—19　印度城乡人均生活消费支出及比值变化（2005—2009 年）①

资料来源：国家统计局：《金砖国家联合统计手册 2013》，中国统计出版社 2014 年版。

———————————

①　其中 2008 年的数据缺失。

可见，2007 年以后，城乡人均生活消费支出比值有所下降，但 1.88 的数值仍然偏高。在贫富差距方面，印度 2005 年的基尼系数为 0.33，而 2010 年人类发展报告显示印度当年的基尼系数已升至 0.368，虽然低于中国的 0.415，但在世界排名中仍然属于基尼系数平均值偏高国家。

2. 中印两国的减贫效果差距大

（1）中国的减贫成效较为显著

中国的贫困人口主要集中在农村，解决农村贫困问题是包容性增长战略实施的重点。如图 6—20 所示，"十一五"以来，虽然我国农村的贫困标准从 2006 年的 958 元提高到了 2010 年的 1274 元，但绝对贫困数量仍然从 5698 万人下降到了 2688 万人，年均减少 602 万人，农村贫困发生率则从 6.0% 下降到了 2.8%。一方面得益于国家的农业倾斜政策促进了农业的发展，另一方面则是由于城镇化的快速推进以及工业的发展促进了农村剩余劳动力的转移，减少了农产品的供给者，却增加了需求者，再加上生产效率的提高，增加了留在农村的直接劳动者的收入，同时，转移到城镇的农民发挥了数量丰富和成本低廉的优势，积极参与第二、第三产业尤其是劳动密集型产业的发展，增加了收入。此外，政府在农村开展的农业补贴、新型农村合作医疗保险、新型农村养老保险等进一步保障了农村居民的基本生活。

观察图 6—20 和图 6—21 可以发现，2011 年以来，不论是贫困人口数量还是贫困人口比例都有了大幅度的增加，这并非是我国的减贫工作出现了倒退，最直接的原因是"十二五"以来贫困标准从 2010 年的 1274 元提高到 2300 元，提升幅度超过 80%。尽管如此，从国家最新发布的 2012 年的数据看，贫困人口下降 19%，农村贫困发生率下降 3 个百分点，相比"十一五"期间，仍旧保持了比较好的减贫效果。

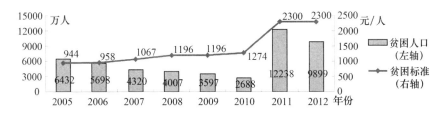

图6—20　中国贫困标准及贫困人口规模变化（2005—2012年）

资料来源：根据2005年至2012年《国民经济和社会发展统计公报》（中国统计出版社）相关数据整理而得。

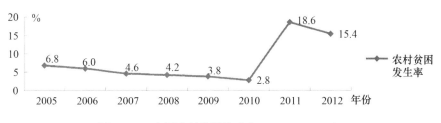

图6—21　中国农村贫困发生率（2005—2012年）

资料来源：2011年和2012年的数据是根据当年度的农村贫困人口与农村总人口之比计算得出，数据来自《中国统计年鉴》（中国统计出版社2013年版）；其他年份的数据来自《中国居民收入分配年度报告2009》（经济科学出版社2010年版）。

（2）印度的减贫速度较为缓慢

2005年开始，印度政府认识到实施"包容性增长"战略能够促进机会均等，使贫困人口分享到经济发展的成果，是解决贫困问题、降低贫困发生率的根本出路，因而将实施"包容性增长"作为第十一个五年计划的目标，通过这一战略的实施，印度的减贫工作取得了一些成就，贫困状况有所改善。

由表6—4可知，印度的贫困标准在逐年提高，且城镇标准远高于农村标准。2007年后，由于印度政府采用新的贫困计算方法，使得2005年度的全国贫困人口比例从27.5%提高到37.2%，贫困人口高达4.07亿。尽管如此，相比2005年之前，2005年之后的减贫工作还是取得了较大的进展。贫困标准农村由每月 356.3 卢比提高到 446.68 卢比，城镇从 538.6 卢比提高到 578.6 卢比，农村的提升幅度（90.38 卢比）远大于城镇（40 卢比）。与此同时，农村贫困比例的下降幅度（8%）也大于城镇（4.8%），反映出在此期间农村减贫工作的成效要远远好于城镇。一方面得益于印度政府在农村开展的国家农村就业保障计划、国家以工换粮方案等，保障了农民的就业；另一方面，则是受到农村劳动力转移的影响，农村剩余劳动力的转移使得城镇就业人数增加，但印度苛刻的劳工法阻碍了工业，尤其是可以吸纳大量劳动力的制造业的发展，以服务业为导向的、知识密集型的产业结构显然对于解决印度严重的失业问题并没有发挥有效的作用。

表 6—4　　　　　　　　印度城镇和农村地区贫困状况

年份区域项目	贫困人口数量（亿）			贫困比例（%）			贫困标准（卢比/月）	
	全国	农村	城镇	全国	农村	城镇	农村	城镇
2000	2.602	1.932	0.67	26.1	27.09	23.62	327.56	454.11
2005	3.017	2.209	0.808	37.2 (27.5)	41.8	25.7	356.3	538.6
2010	3.72			29.8	33.8	20.9	446.68	578.8

资料来源：李文：《印度经济数字地图 2011》，科学出版社 2012 年版。

（3）中印两国减贫效果的比较

总的来看，通过实施包容性增长战略，中印两国的减贫工作都取得了一定的成效。截至 2010 年，中国的贫困比例由 2005 年的 6.8% 下降到了 2.8%，即使是贫困标准提高后的 2012 年，也比上一年下降了 3 个百分点。但印度不论是贫困人口数量的减少还是比例的下降都远滞后于中国，2010 年时全国贫困人口仍有 3.72 亿，贫困比例接近 30%。通过分析不难发现，印度的农业虽然得到了一定的发展，但土地改革不彻底使得土地所有权结构无法得到真正改观，又阻碍了农业的发展，农业丰歉和政府的反贫困运作能力都将直接影响农村的贫困程度，这也是造成印度农村至今仍有大量贫困人口的主要原因。印度城市贫困人口中的主体是非正规就业劳动者，低城镇化水平、缓慢的城镇化进程、严厉的劳工政策以及以服务业为导向的发展模式成为影响印度制造业发展的重要因素，而这又制约着非正规组织的就业机会，影响了城市的贫困程度。相比印度经济增长的高速度，其减贫速度显然是极其缓慢的，与实现包容性增长、人人共享经济发展成果的要求还有很远的距离。

（三）享有公民权利的公平性有所提高

1. 政治参与的广泛性增强

在中国，选举人大代表并由其代表自己行使相应权利是广大人民实现当家作主的最主要途径。如图 6—22 所示，在全国人大代表的构成中，从改革开放后的第五届全国人大开始，少数民族、解放军以及专业技术人员的比例并无太大变化，变化比较明显的是逐年增大的干部比例和逐年减小的工人农民等基层群众的比例。作为中国的最高国家权力机关，全国人民代表大会是各方民意的集合体，因此要求代表必须具有广泛的代表性，工人农民代表植根于一线基层，与广大人民群众联系最紧密，能够更真实地反映群众意愿，是制定政策解决人民群众最关心最直接最现实问题的主要依据。基于此，中央作出了"进一步优化代表结构"的要求，从十一届全国人大开始，省级政府组成部门领导干部大幅缩减，而一线工人代表则比上届增加了一倍以上，基层农民代表增加了70%以上，同时第一次出现了3位农民工代表。

十二届全国人大代表选举是实行城乡同比后的首次全国人大代表选举，顺利实现了"两升一降"的目标，如图 6—23 所示，来自一线的工人、农民代表所占比例13.42%，提高了5.18个百分点；

专业技术人员代表占 20.42%，提高了 1.2 个百分点；党政领导干部占总数的 34.88%，降低了 6.93 个百分点。同时，妇女代表的比例也有了明显的提高，十二届人大代表中的妇女代表共 699 名，占总数的 23.4%，比上届提高了 2.07 个百分点，妇女代表比例的提高有助于广大女性更好地在政治、经济生活中发挥重要作用。

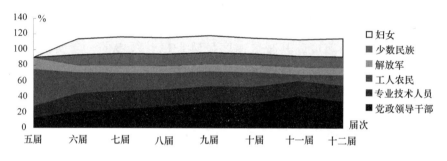

图 6—22　中国历届全国人大代表身份构成（部分）

资料来源：第五届至第九届数据来自《人民日报》，1999 年 9 月 15 日第 10 版；第十届、十一届数据来自人民网，http：//npc. people. com. cn/GB/15017/6937517. html；第十二届数据来自人民网，http：//fujian. people. com. cn/n/2013/0228/c181466 – 18224304. html。

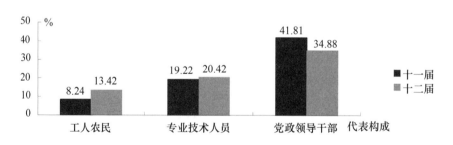

图 6—23　十二届全国人大代表"两升一降"

资料来源：人民网，http：//fujian. people. com. cn/n/2013/0228/c181466 – 18224304. html。

印度号称是世界上最大的民主国家，2009 年的大选中曾有 7.14 亿的选民人数。其实行的成人普选制规定所有有资格的选民在投票时的地位是平等的，但由于印度广大民众的文化素质较低，成人识字率不高，使得普选制度的质量大打折扣。为了解决文盲投票的问题，印度规定每一党派都有自己的选举标识，对此，有学者指出，印度每一个候选人所采取的竞选办法毫无例外的都是极力宣传自己党的选举标识，而非宣传自己的政治主张（孙士海、葛维钧，2006）。

2. 教育普及率不断提高

实现包容性增长，贫困人口减少、比例下降是必不可少的，但更重要的是消除贫困者权利的贫困和所面临的社会排斥，实现机会平等和公平参与，使包括贫困人口在内的所有群体均能参与经济增长、为之做出贡献，并由此合理分享增长的成果（蔡荣鑫，2010）。能力建设包括在教育、健康、基础设施等方面的投入，其中教育促使弱势群体更容易获得经济机会和发展机会，而他们的下一代也会因为能力的提升而减小继续成为弱势群体的可能性。

由于印度的种姓制度，一些"表列种姓"和"表列部族"长期处于社会底层，遭受压迫、歧视，多数成为贫困人口。印度独立后政府就为这两个落后阶级分别保留了15%和7.5%的高等院校入学名额，进入21世纪后，又为其他落后阶级保留了27%的高等院校入学名额，使占印度人口近半数的弱势群体在参加高等教育入学考试时享有被优先录取的机会。尽管保留政策饱受争议，但印度政府从未停止实施，并且覆盖面还在继续扩大。此外，《教育权利法案》也规定，私立学校每年必须留出25%的名额招收低收入、弱势家庭的孩子以及残障儿童，使其真正享有免费义务教育的权利。这些政策为维护印度教育公平作出了积极贡献，保障了弱势群体的受教育权，提升了其平等参与经济活动、获得较好报酬的能力。印度政府实现教育公平的努力带来了比较丰硕的成果，印度的小学、中学和高等院校入学率都在快速提高，如图6—24所示。相比而言，中国在普及义务教育、发展中等教育以及高等教育方面的成就超过了印度，如图6—25所示，较高的教育普及尤其是小学和中学的教育普及程度将会提升贫困人口的能力水平，降低贫困比例，缩小贫富差距。

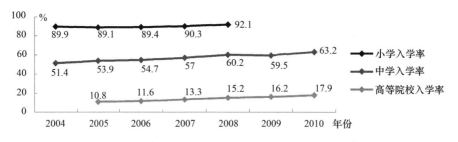

图 6—24　印度各阶段学校入学率情况（2004—2010 年）

资料来源：世界银行数据库，教育专题。

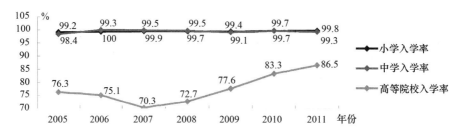

图 6—25　中国各阶段学校入学率情况（2004—2010 年）

资料来源：世界银行数据库，教育专题。

3. 医疗保障的公平性得到提升

如图 6—26 所示，经过多年的改革探索，中国城乡医疗保障制度的覆盖面在逐步扩大，突破"小医保"实现全民"大医保"格局。实行一个制度后，填补二元结构的"真空地带"：即参保对象找不到适合自己经济承受能力的险种，将长期游离于医保参保外的进城务工人员、城镇无业人员、职工家属等纳入参保。截至 2014 年 12 月，全区基本医疗保险参保人数达 28.1 万，参保率达 98% 以上，其中农村居民参保率达到 100%，实现从制度全覆盖向人员全覆盖的转变，真正实现覆盖全民的"大医保"格局（中国财经网，2015）。

另外，在市场导向的改革浪潮中，公立医院被逐步推向市场，通过市场获得的服务和药品销售收入成为医院收入的主要来源，

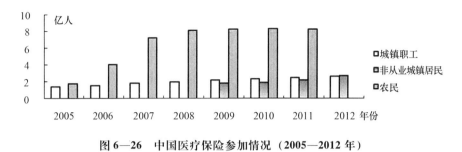

图 6—26　中国医疗保险参加情况（2005—2012 年）

资料来源：国家统计局：2006—2012 年《中国统计年鉴》（中国统计出版社）；2012 年数据来自《2012 年国民经济和社会发展统计公报》（中国统计出版社）。

而且与医院工作人员的收入和医院的发展直接挂钩，因此就鼓励了医院过度提供服务和用药品创收的不良行为，并使得这种行为越来越倾向于营利性而偏离了公益性。这就造成了一个明显的悖论：中国作为一个以公立医院为主导的国家，其医疗筹资的公平性程度却是世界较低的国家之一（沈开艳，2011）。中国的社会保障制度改革虽然以低水平、广覆盖为目标，正在实施中的新型农村合作医疗制度虽然在一定程度上缓解了农民看病难、看病贵的压力，但其主要用于保大病，而且只能提供参保人大病费用的 25% 左右，不能满足多数农民对基本医疗服务的需求，在农村，因病致贫、因病返贫的现象仍层出不穷。

印度的经济发展水平虽然不及中国，但在医疗保障的公平性方面却走在了中国的前面。对于具有较大外部性的公共产品，印度通过政府融资的公立医院提供，对于作为一般消费品的医疗服务，则通过私立医院的市场化竞争、作为一种服务产业来发展，用以满足不同层次的消费者的需求。与中国相比，虽然其医疗服务机构的所有制结构是以私立医院为主，但公平竞争的市场环境发育得比较充分，在医疗服务和医疗人才的素质方面都略胜一筹。印度的医疗保障制度覆盖面广、层次多，在基础层面有低水平的全民免费医疗服务以及相应的公立医疗机构的支持，为包括广大农民在内的全体居民提供公共卫生和最基本的医疗服务，这是其在提供社会保障方面优于中国的一方面。

4. 养老保障的覆盖面逐步扩大

中国由于城乡二元体制的影响，养老保险覆盖的重点是城镇职工，2005 年之后才在农村开展养老保险。如图 6—27 所示，中国农村养老保险虽然起步较晚，但发展迅速，尤其是开展新型农村社会养老保险以来，参保农民数量猛增，在 2011 年首次超过参保的城镇职工人数。但由于农民人数众多，参保比例仍然低于城镇职工。同时，生活在城市的大量农民工也缺少有效的养老保险。印度的就业人群中，属于非正规就业的超过 90%，但其养老保险主要覆盖在正规部门就业的劳动者，没有包括非正规部门的劳动者以及农民，覆盖面很低。缺乏基本的生活保障，非正规就业的劳动者以及农民的老年生活可能会陷入贫困。因此，要减少农村贫困人口、降低贫困发生率，中国和印度都面临着扩大养老保险尤其是农村养老保险覆盖面的重任。

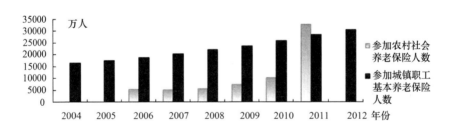

图 6—27　中国养老保险参加情况（2004—2012 年）

资料来源：根据国家统计局 2007 年至 2011 年《中国统计年鉴》（中国统计出版社）相关数据整理而得[1]；2012 年数据来自《2012 年国民经济与社会发展统计公报》（中国统计出版社）。

---

① 2010 年、2011 年农村数据为新农保参保人数。

（四）人与自然发展的协调性有所增强

包容性增长不仅要实现人与人之间的和谐发展，也要保持人与自然生态系统之间的平衡，既满足当代人的需要，又不剥夺子孙后代生存发展的权利。通过包容性增长战略的实施，中印两国在自然资源、生态环境方面都发生了变化。

1. 耕地面积不断缩减

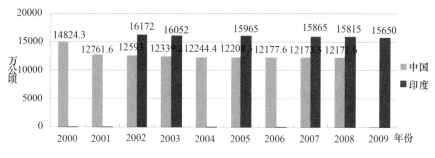

图6—28　中印耕地面积变化（2000—2009年）

资料来源：中国数据来自国家统计局《中国环境统计年鉴2011》（中国统计出版社）；印度数据根据国家统计局2001—2011年《国际统计年鉴》和《金砖国家联合统计手册2013》（中国统计出版社）相关数据整理而得。

随着经济的迅速发展，在工业化与城镇化的进程中，中国的耕地面积逐年减少，为了确保粮食安全，"十一五"规划中提出到2010年末全国耕地面积必须确保不低于18亿亩这条红线。由图6—28可知，从2001年到2008年，中国耕地面积共减少了590万公顷，截至2008年12月31日，全国耕地面积仅有12171.6万公顷，即18.2574亿亩，已经逼近18亿亩耕地红线，仅2008年一年就减少耕地29万亩。但"十一五"时期，在耕地保护政策的作用下，中国的耕地面积减少势头得到了遏制，同时通过大力进行土地整治，新增农用地和耕地都有了明显增多，如图6—29所示。

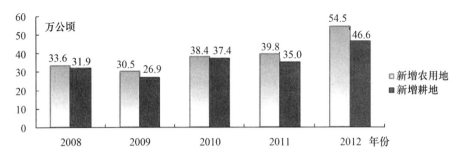

图6—29　中国新增农用地和新增耕地情况（2008—2012年）

资料来源：中国国土资源部，《2012年中国国土资源公报》，中国国土资源部门户网站，http：//www. mlr. gov. cn/zwgk/tjxx/201304/t20130420_ 1205174. htm，2013－4－20。

相较而言，印度的耕地面积远多于中国，名列世界第二，约占国土面积的50%，但近年来也出现不断减少的趋势。如图6—28所示，从2002年到2009年，印度耕地共减少了522万公顷。中印两国都是人口大国，两国的人均耕地占有量都远低于世界平均水平，而耕地是粮食生产的基础，不断减少的耕地对两国的粮食安全都构成了威胁。

2. 森林覆盖率逐年提高

如图6—30所示，由1973年以来实施的七次森林普查结果来看，中国的森林面积和森林覆盖率基本处于连年增长的趋势，尤其是退耕还林政策的实施大大提高了森林覆盖率，截至2008年，中国的森林面积已经达到19545.22万公顷，森林覆盖率为20.36%，人工造林面积居世界首位。另外，中国的森林覆盖率只有世界平均水平的70%，排在世界第139位，人均森林面积0.145公顷，不足世界平均水平的1/4，这表明中国的森林资源总量仍然不足。印度的森林面积虽然不及中国，但由于其国土面积远小于中国，因而覆盖率反而高于中国。根据印度政府发布的《印度2009年森林报告》，印度在过去的十年森林面积每年净增30万公顷，全国森林面积达到 7840 万公顷，占国土面积的 24%，对减少二氧化碳的排放起着令人鼓舞的作用（中国林科院，2010）。但与中国类似的是，大量的人口极大地降低了其人均森林面积，低于世界平均水平。

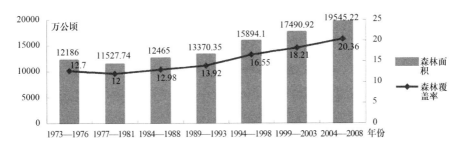

图6—30　中国森林面积和覆盖率变化（1973—2008 年）

资料来源：根据国家林业局政府门户网站，第一至七次全国森林资源清查结果整理而得，http://www.forestry.gov.cn/main/3907/content－611031.html。

3. 水源和卫生设施不断改善

按照世界银行的定义，获得改善的水源人口比是指从改善的水源合理获得足够用水的人口比例，而合理的获得水源意味着每人每天从距离居所 1 公里范围内的水源可获取至少 20 升水。为了提高人们的身体健康素质，中印两国政府在改善人们的生存环境方面作出了重大努力，从图6—31 和图6—32 关于城市和农村改善水源和卫生设施的情况可以看出中印两国人民的生存环境不断优化。

由图6—31 和图6—32 可知，中印两国的城市居民基本都能获得健康的水源保障，相比较而言，中国在保障农村人口获得经过改善的水源保障方面不如印度，但中国这一比例的增长速度高于印度，表明中国近几年在改善农村居民饮水方面成效较大。另外，印度落后的基础设施一直为各国投资者所诟病，卫生基础设施的问题更为严重。目前印度获得经过改善的卫生设施的人口还不足 40%，尤其是广大农村地区，很多家庭仍旧不具备最基本的处理排泄物的设施，为病菌的传播创造了条件。中国的这一比例虽然高于印度，但作为一个人口大国，30%多没有获得经过改善的卫生设施的比例意味着仍旧有超过4亿的人口居住在没有卫生保障的环境中。

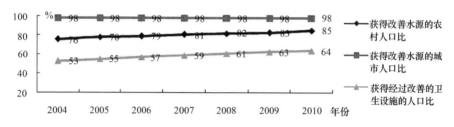

图6—31 中国水源、卫生设施改善情况（2004—2010年）

资料来源：获得改善水源的农村人口比来自世界银行数据库，农业与农村发展专题；获得改善水源的城市人口比来自世界银行数据库，城市发展专题；获得经过改善的卫生设施的人口比来自世界银行数据库，健康专题，http://data.worldbank.org.cn/topic。

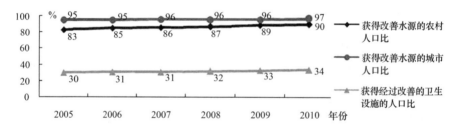

图6—32 印度水源、卫生设施改善情况（2005—2010年）

资料来源：获得改善水源的农村人口比来自世界银行数据库，农业与农村发展专题；获得改善水源的城市人口比来自世界银行数据库，城市发展专题；获得经过改善的卫生设施的人口比来自世界银行数据库，健康专题，http://data.worldbank.org.cn/topic。

4. 空气质量没有明显好转

随着工业的发展和城镇化的推进，空气质量也在逐渐恶化。包容性增长战略则要在经济发展的同时保障人们仍然具有良好的生活环境，而空气质量是影响居民健康的重要指标之一。由图6—33可知，21世纪初的几年中，中国这一指标的数值是低于印度的，但自2003年之后印度的指标值一直低于中国。整体上两国的指标数值都呈减少趋势，但印度的下降速度明显快于中国，表明印度在使用清洁能源、控制污染气体排放、改善空气质量方面的成效要好于中国。

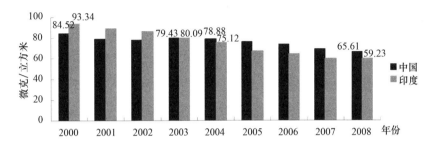

图6—33　中印每立方米空气中颗粒物含量

（直径小于10微米的颗粒物）

资料来源：国家统计局：《国际统计年鉴2011》，中国统计出版社2012年版。

此外，在温室气体的排放方面，中国是目前世界上二氧化碳排放量最多的国家，印度位居世界第三。通过对图6—34的分析可以看出，不论是二氧化碳排放总量还是人均排放量，中国都远高于印度，而且增长速度也比较快，这和我国资源能耗型的发展方式密切相关。进入"十一五"时期之后，随着科学发展观的深入贯彻实施，环境指标开始成为中国经济发展的硬性约束指标，二氧化碳排放总量增长率开始趋缓。

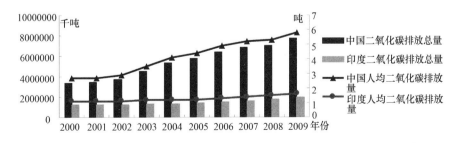

图6—34　中印二氧化碳排放情况（2000—2009年）

资料来源：世界银行数据库，环境专题，http://data.worldbank.org.cn/topic。

表6—5

中印和部分国家能源消耗情况

项目、国别	年份	2000	2001	2002	2003	2004	2005	2006	2007	2008	2009	2010	2011
化石燃料能耗比例（%）	中国	80.6	80.5	81.3	83.2	84.6	85.4	86.4	86.7	86.6	87.3	87.5	—
	印度	65	65	65.7	66.1	67.4	67.9	68.8	70	71.1	72.8	72.7	—
可替代能源和核能比例（%）	中国	2.2	2.6	2.7	2.7	3.0	3.0	3.0	3.3	3.7	3.7	4.0	—
	印度	2.4	2.5	2.3	2.3	2.3	2.6	2.6	2.7	2.4	2.3	2.7	—
	俄罗斯	7.8	8.2	8.2	8.2	8.3	8.4	8.4	8.6	8.3	9.0	8.5	—
	巴西	14.8	14.1	14.4	15.0	14.6	14.7	15.1	15.1	14.4	15.6	14.7	—
	南非	3.2	2.6	3.0	2.9	2.8	2.4	2.3	2.2	2.4	2.4	2.5	—
	美国	10.8	10.7	10.8	10.6	10.7	10.6	10.9	10.8	11.2	11.8	11.7	12.0
	日本	18.4	18.5	17.2	14.8	16.4	17.3	17.4	15.3	15.6	17.6	17.3	8.1
	德国	14.0	13.8	13.8	13.7	14.0	13.9	14.3	12.9	13.5	13.1	13.3	11.9

资料来源：世界银行数据库，能源与矿产专题，http：//data. worldbank. org. cn/topic。

5. 清洁能源使用比例较低

人类大量燃烧化石燃料（煤、石油、天然气等）所排放的二氧化碳是加快全球变暖的重要因素之一，清洁能源是在生成过程中不会产生二氧化碳的非碳水化合物，包括水能、核能、地热能、太阳能等。中印两国同属于发展中国家，能源总量中的化石燃料消耗比例依然逐年上升，尽管中国的化石燃料能耗比例在80%以上，甚至已经接近90%，印度则刚刚超过70%，但就上涨速度而言，印度明显快于中国。如表6—5所示，在清洁能源的使用上，虽然两国的比例都有所上升，但与欧美日发达国家相比，仍处于较低水平，即使是在金砖国家中也远不如俄罗斯和巴西。

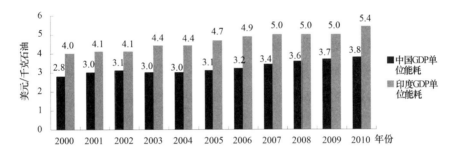

图6—35　中印 GDP 单位能耗变化（2000—2010 年）

资料来源：世界银行数据库，能源与矿产专题，http：//data. worldbank. org. cn/topic。[①]

作为发展中国家，中国在今后相当长的时间内的首要任务仍是发展经济，这使降低单位 GDP 能耗面临较大挑战，但正如前总理温家宝指出的"我们绝不会再走发达国家工业化的老路，就是以牺牲环境为代价来发展经济"一样，环境问题也是我们必须要重视的。中国的 GDP 单位能耗整体上呈增长趋势，由 2000 年的 2.8 增

---

①　GDP 单位能源消耗，指平均每千克石油当量的能源消耗所产生的按购买力评价计算的 GDP，图中的单位是 2005 年不变价购买力平价美元/千克石油当量。

加到了 2010 年的 3.8，但这一数值明显低于印度，如图 6—35 所示。图中的数据表明印度的单位 GDP 能耗远低于中国，这与其大力发展以服务业为导向的第三产业是密不可分的。

第四节　中印实施包容性增长战略后的包容性水平分析

中国和印度作为两个极具相似性而又有明显差异的邻国，自改革之后经济都取得了飞速发展，引起了世界的广泛关注。但与此同时，不断下降的社会公平程度、恶化的生态环境严重影响了经济增长的可持续性和包容性。面临的同样问题促使中印两国进行反思，并几乎在同一时期开始推行包容性增长战略。然而，由于中印两国不同的国情，不同的政治、经济、文化和社会背景必然会对实施的同样的包容性战略产生不同的影响，包容性增长战略的实施效果也各不相同，最终导致两国包容性增长的实现程度也各有高低。

表 6—6　　　　　　　中印包容性增长战略实施效果

项目	国别	中国	印度
持续的经济增长	GDP	经济总量逐年上升，增速高且较平稳	经济总量逐年上升，增速有波动
	人均 GDP	较低，逐年增加，增速平稳上升与小幅下降并存	较低，逐年增加，增速略有上升但波动较大
	收入分配	城乡居民收入差距缩小、增速超过 GDP 增速，不同地区间的差距仍较大，基尼系数偏高	城乡差距有所缓解，基尼系数较高

项目 \ 国别		中国	印度
持续的经济增长	私营经济、中小企业	水平不断提高、吸引就业明显	对经济发展作用大、吸引就业明显
	产业结构	第二产业比重大、促进就业作用明显，第三产业比重不断上升	第三产业比重大、第二产业发展不足，失业率较高
公民权利的保障	公民参与	人大代表结构日趋合理，但工人、农民的比例仍偏小，党政干部比例较大	成人普选制，民主程度高，但高文盲率降低了普选质量
	教育	普及义务教育、发展中等教育和高等教育方面的成就较高	精英教育制度，但高等教育整体质量不高
	医疗保障	参保人数较多，但水平不高、公平性低	全民医疗保障，公平性较高
	养老保障	农民、农民工保障水平不高	覆盖面很低，非正规部门劳动者和农民缺乏有效保障
共享经济成果	贫困标准、贫困人口比例	贫困标准提高，贫困发生率降低，减贫效果明显	贫困标准有所提高，但贫困比例仍偏高，减贫速度缓慢
人与自然协调发展	耕地面积	耕地逐年缩减，但减少趋势有所减缓	耕地面积、比例超过中国，但也不断缩减
	森林面积	面积、覆盖率都逐年增长，但人均水平低	覆盖率高于中国，但人均水平低
	水源、卫生设施	改善程度逐年提高，但卫生设施水平仍偏低	改善程度逐年提高，但卫生基础设施水平仍较低
	空气质量	空气质量恶化，但有所改善	空气质量恶化，但恶化速度慢于中国
	能源消耗	化石燃料比例高，清洁能源比例低	化石燃料和清洁能源比例都低于中国

资料来源：根据本章第三节的相关内容总结整理而成。

一　中印两国增长的包容性分析

如表6—6所示，中印两国通过包容性增长战略的实施，都取得了明显的成就，增长的包容性得到了进一步增强，经济、社会和资源环境等各方面的包容性均得到不同程度的提升。

（一）中印两国经济的包容性增强

1. 中印两国均实现了经济的持续增长

21世纪以来，中印都成为世界上经济增速最快的国家，GDP年均增长率分别达到了9%和7%以上，高速的经济增长为包容性增长战略的实施奠定了坚实的基础。中国走的是一、二、三产业顺次发展的道路，第一、二产业比重大，吸纳就业人数也比较多，产业结构不断完善，且私营经济和中小企业都获得了长足发展，成为扩大就业的主要渠道。印度则是以金融、保险、信息、商务等现代服务业为主的第三产业发展迅速，增速超过GDP增速，对经济增长贡献率超过了60%。

2. 中印两国经济成果的共享性均有明显提升

自实施包容性增长战略以来，中印两国的收入分配关系都得到了明显调整，中国的城乡居民收入增速开始超过GDP增速，城乡居民以及各地区居民之间的收入差距不断缩小，社会公平程度进一步增强。同时中国农村的贫困人口规模和比例都有了大幅下降，2010年时农村贫困人口比例仅有2.8%，基本上保证了广大农民都能享受到经济增长带来的收益。为了能使更多的人更平等享受经济增长成果，中国的贫困标准从2011年开始提高了80%，致使贫困人口大规模增加，但同时国家也给予了更多的各种补助和政策倾斜，使贫困人口比例1年内就下降了3个百分点，彰显了减贫工作的巨大成效。2013年11月，习近平总书记在湖南湘西考察时提出了"精准扶贫",扶贫、脱贫将是全面建成小康社会的"最后一公里",更是极大提升了社会发展的包容性程度。相比而言,印度的减贫成效虽然不及中国,但在不断提高贫困标准的情况下,贫困人口比例并没有出现大幅上涨,从侧面反映出贫困人口及其他人员的收入在不断增加。

(二) 中印两国政治的包容性增强

中印两国都进一步增强了公民享有权利的公平性,通过包容性增长战略的实施,中印两国公民的政治参与水平都有了一定程度的提高,两国实行的普选制度在形式上都有较高的民主程度。中国近年来逐步降低了党政领导干部在人大代表中的比例,提高了工人、农民、妇女代表的比例,使人大代表制度的代表性越来越广泛。而印度的成人普选制的运行使民众对民主参政和投票的热情日益高涨,2009 年曾有 7.14 亿选民参与议会直接选举,被称为是世界上最大规模的直接选举。同时,两国较高的中小学入学率很大程度上保障了人们的受教育权,降低了文盲率,尤其提高了贫困人口参与经济增长的能力。中国的高等教育已经步入大众化阶段,而精英教育制度为印度培养了数量上居世界第二、仅次于美国的科技人员,促进了农业、工业尤其是信息技术产业的发展。另外,中国建立了覆盖城乡居民的医疗保障制度,覆盖率达 95%,而印度的医保制度同样是覆盖广、层次多,公平性较高。

(三) 中印两国资源环境的包容性增强

经济增长不能以牺牲环境为代价,这是包容性增长的基本要义之一。包容性增长战略的实施使得中印两国在人与自然的协调性方面都有了明显的改善。近年来,中印两国的耕地面积都在不断缩减,但下降势头已经得到了较为有效的遏制。两国的森林面积和覆盖率都在逐年增加,尤其是中国,森林覆盖率已经从改革开放初的12.7% 增加到了第七次森林普查时的 20.4%,对减少二氧化碳排放、改善气候等都起到了重要的作用。中印两国的城市居民基本上都能享有健康的水源保障，但在农村居民的水源健康保障方面，印度所取得的成效略胜中国一筹。而且，印度近年来在控制污染气体排放、使用清洁能源、改善空气质量方面的成效也要好于中国。另外，两国的单位 GDP 能耗都在逐年下降，而且清洁能源的使用比例也有了一定程度的增加，这预示着两国的环境状况将会得到进一步的改观。

二　中印两国增长的非包容性分析

通过包容性增长战略的实施，中印两国增长的包容性都有了很大程度的提升，但同时也应看到两国都还存在一些导致增长非包容性的因素，与真正实现包容性增长还存在一定差距。

（一）中印两国的基尼系数较高

中印两国较高的基尼系数表明两国的城乡差距、区域差距相当严重，经济增长的成果不能被人们公平分享，增长的非包容性程度较高。究其原因，中国改革开放之初提出的优先发展东部地区的战略从一开始就拉开了东部与中西部地区之间的差距，同时又恰逢以制造业打头的第一波全球化浪潮，沿海地区具备的交通、资金、政策优势获得了发展制造业的优先权，再加上以工业为主导的产业结构也鼓励了东部地区的发展，使得东部与中西部之间的差距进一步扩大。中国的城乡二元体制一直没有得到彻底改观，农业在国民生产总值中的比重不断下降，农业生产效率提高有限，农民人数众多，使城乡居民之间的收入差距虽然有所缩小，但仍偏高，2012 年城乡居民人均收入比依然高达 3.1。

印度较高的基尼系数则主要由较高的失业率所导致。印度的农业虽然吸纳了超过 50% 的人口，但由于气候影响和投资不足，农业的发展水平和农民收入都很低。同时，由于印度的基础设施比较落后，在交通、电力等许多基础设施领域存在严重的瓶颈，缺乏吸引外国投资者的优势条件，更阻碍了印度工业尤其是制造业的发展，不利于发挥丰富劳动力的优势。而印度以服务业为导向的第三产业虽然水平很高，但资金密集型和技术密集型的企业在吸引就业方面的能力非常有限。另外，印度不恰当的民族政策、种族歧视、宗教冲突等因素带来了比较严重的社会动荡，奉行的精英教育制度使文盲率居高不下，进一步导致了高失业率的产生、贫富差距的扩大。

（二）中印两国的医疗服务机构的公平性较低

目前中印两国在提供医疗服务方面都显现出了一定的非包容性。印度虽然规定所有公民都享有免费医疗，但免费医疗的范围极其有限，医疗设施较为陈旧，很难实现保障国民身体健康的需要。而中国的医疗参保人数目前虽然已达 13.9 亿人，覆盖率达到了98％，但它只是对居民看病费用的部分报销，尤其是新型农村合作医疗保险主要用于保大病，只能提供参保人大病费用的 25％左右，不能满足多数农民对基本医疗服务的需求，而且在医疗服务机构的公平性方面比印度更低。中国医疗服务机构的所有制结构虽然以公立医院为主，但根据 2006 年世界卫生组织对 191 个国家卫生筹资公平性的排名，中国仅排在第 188 位（沈开艳，2011）。在开始新一轮医改时，中国政府也提出了分阶段逐步实现全民医疗保障的目标，但直到现在，看病难、看病贵的问题也没有得到根本解决。究其原因，在市场化改革中，公立医院的经费收入从财政拨款转变成了市场筹资，致使医院通过过度提供服务和药品来增加收入，导致医疗资源紧缺、医疗费用高昂的问题。针对这一问题，印度的解决方案是将那些具有较强正外部性的公共卫生服务和基本医疗服务由政府融资的公立医院提供，而将那些非基本医疗服务作为一般消费品通过私立医院的市场化竞争来提供，这样既保证了低水平的基础层面的全民免费医疗，也可以满足较高层次的消费者的需求。因此，在新一轮医改中，中国政府要加强对公共卫生和基本医疗的投入，以提高基本医疗服务的覆盖面和医疗服务设施的水平，逐步实现全民医疗保障，同时加强对医疗服务市场的管理和引导，鼓励民营医疗机构的发展和有序竞争，以降低政府在提供医疗保障方面的财政负担。

（三）中印两国均面临较为严重的环境问题

发达国家在实现工业化的过程中对环境的污染破坏非常严重，随后所花费的大量的治理成本，给了发展中国家一个启示，即不能再走先污染后治理的道路，必须要实现经济增长与环境保护并举。但是，中印两国近年来在经济高速增长的同时环境问题并没有得到很好改观，耕地数量不断缩减、空气质量恶化、土地质量退化、水污染、生物多样性锐减等问题依旧严重。人与自然并没有得到协调发展，违背了包容性增长的理念。要发展经济，但又不能牺牲环境，是中印两国现在和未来必须要解决的问题，也是增强发展的包容性的应有之义。这就启示我们必须走新型工业化道路，发展循环经济、低碳经济，降低化石燃料的使用比例，使用清洁能源，提高技术和产品的科技含量，降低单位 GDP 能耗。

三　印度经验给予中国实现包容性增长的启示

如前文所述，通过对中国和印度包容性增长战略的比较研究，我们对中国包容性增长的实现程度和仍然存在的制约增长的非包容性的因素有了比较清晰的认识，尤其是收入分配的低公平性、较高的基尼系数、严重的环境问题、不断减少的耕地、医疗服务机构的低公平性等问题给我们敲响了警钟，通过比较研究，印度在实施包容性增长战略过程中采取的措施、战略实施的效果等方面所得到的经验也给了中国有益的借鉴，为进一步完善中国的包容性增长战略、加强薄弱环节的政策执行力度提供了重要的参照依据。

对于印度这样一个与中国极其相似而又有明显差异的国家，通过对两国实施包容性增长战略取得的成效的分析，我们发现印度增长的包容性程度与其固有的政治、经济、社会制度有着很大的联系。印度号称是世界上最大的民主国家，2009 年的大选中曾有7.14 亿选民参与直接选举，如此大规模的选举彰显了印度的民主程度，而同票同权的制度更是对公民平等享有政治参与权利的重视，而中国在 2010 年之前的选举中仍旧坚持"四分之一条款"，城乡居民同票不同权的现实与印度相比存在明显的差距。印度奉行的精英教育制度使其拥有了世界一流的高等教育体系，每年能够培养出大批的熟练使用英语的高素质的国际化管理和技术人才，在培养高等院校学生的创新精神以及与国际接轨方面也明显领先于中国，这是推动印度信息技术产业飞速发展的一个重要因素。此外，印度实现了从第一产业到第三产业的跨越式发展，金融、信息、商务等现代服务业的飞速发展得益于其具有的语言方面的比较竞争优势，对于拉动经济增长具有不可替代的重要作用。然而，印度居高不下的失业率很大程度上是由其产业结构导致的，对于发达国家而言，人口红利已经消失，大力发展第三产业有利于培育新的经济增长点，但劳动密集型产业仍是扩大就业、减少贫困人口的主要方式，印度却结合了发展中国家和人口大国的特点，其迅速发展的第三产业和比重不断减少的工业尤其是制造业，说明印度的劳动密集型产业并没有得到很好的发展。

印度日益严重的环境问题与其一味追求经济增长的高速度和化石能源的大量使用是分不开的。其较低的人均 GDP、人均耕地和森林面积，以及其他较低的人均资源占有量都是人口过多导致的严重后果。印度虽然在 1952 年就提出要节制生育，但并没有采取有效的措施，更重要的是印度强烈的重男轻女思想以及教派纷争的需要使得各个政党在竞选时为了取悦选民而不敢过多提及计划生育的话题，这也是多党制、过分讲究民主所带来的消极影响。此外，减少社会底层人员比重、扩大中间阶层的比重有助于推动社会结构的转型、维持社会稳定和实现社会的包容性，而印度的高文盲率带来的实质上的低政治参与效果、试图抹去各民族差异的民族政策以及政党纷争、宗教冲突等进一步恶化了底层群众的工作和生活环境，也是导致印度贫困人口规模和比例居高不下的重要因素。

第七章 结论及其政策建议

第一节 研究结论

本课题主要是要构建起包容性增长评估体系,并将其运用于对中国及其各省份的包容性增长水平的测度,并在此基础上实证检验中国的财政分权与包容性增长水平之间的关系,以期为中国及其各省份未来发展包容性增长提供评估的工具,为完善分税制财政体制,以促进中国及其各省份的包容性增长水平提供理论依据。"包容性增长"自提出以来就成为政界、学界乃至普通百姓热议的话题,许多学者也从不同的角度对包容性增长进行了大量的研究,本研究在前人研究的基础上,首先从包容性增长的内涵和特征等基础理论研究出发,分析了影响包容性增长评估的重要因素,在此基础上尝试建立起包容性增长评估体系,并搜集中国及其各省份的相关数据,运用层次分析法和 Z 分数法对其进行统计分析,即用包容性增长评估体系测算从 2006 年到 2012 年中国及其各省份的包容性增长水平,进而对财政分权与包容性增长关系进行经验检验,得到如下几点研究结论。

一　中国包容性增长的发展状况

（一）中国包容性增长的总体状况

在所测算的七年里，中国的包容性增长的状况较为乐观，呈现一个明显上升的趋势，且经济发展、社会发展和资源环境都明显改进。

第一，在经济发展层面，中国的经济增长速度与质量并重，但经济增长速度的增长幅度远大于经济增长质量的提升，且通过对中国经济增长质量的进一步剖析可发现，虽然中国经济增长的潜力性增长迅速，但是在稳定性、持续性和协调性方面的表现不尽如人意，波动较大，尤其是经济增长的稳定性和协调性指标波动幅度非常大，在若干年份还不增反减。可以说，中国的经济发展保持了一个较好的上升态势，但增长质量仍需提高，经济发展不够平稳。

第二，在社会发展层面，中国的社会发展同样呈现了良好的向上趋势，其中，中国的劳动者能力指标的提升最为显著，这得益于劳动者获得更多的教育和文化知识的机会，医疗卫生住房方面的境况也得到有效改善，从而提高了他们的竞争能力。但与此同时，劳动者收入指标评价值所反映的收入分配的均等性状况并不理想，虽然总体上略有提高，但一直在一个较低水平上徘徊，且发展并不平稳。而权利指标值的起点虽然较低，且发展也不稳定，但是总体上还是有所提高。

第三，在资源环境层面，虽然出现了较不平稳的发展趋势，但总体上仍然是一个上升的趋势，而且是资源开发利用与环境保护并行发展，但是，中国对资源的拥有显著下降，不过，资源利用水平有所提高，与此同时，对环境治理投入的大幅增加换来了环境质量的明显改善。

（二）中国包容性增长的区域发展状况

虽然总体而言，中国的包容性增长情况良好，但是地区间的发展水平和发展速度的差异性很大。在分区域研究中，我们发现，东部地区的包容性增长水平最高，且在测算的年度中一直高于其他地区，中西部区域较之东部地区包容性增长发展的起点较低，但与此同时我们也看到，中西部地区与东部地区的差距绝对值也在逐步缩小，尤其是西部地区，在 2012 年之前其包容性增长水平一直是最低的，但其增速稳定且明显，于 2012 年超越了中部地区，而中部地区的发展则相对落后。而后在对东、中和西部三个区域的经济发展、社会发展和资源环境方面的分析中同样看到了这种发展的不均衡性。

第一，东部地区不论是经济发展还是资源环境发展方面都遥遥领先于中西部地区，但是在社会发展方面，东部地区一开始处于优势地位，但由于其增长较为缓慢，在 2009 年时反而在各区域中的表现最差，落后于中西部地区，而西部地区在该指标上的表现优异，增长迅速，在 2009 年成为三个区域中社会发展水平最高的地区。

第二，在经济发展水平上，区域间的差异较大，发展不均衡现象仍较为严重。中、西部地区的经济发展水平远低于东部地区，且这种差距性并不是在逐步缩小，反而是越来越大了。在三个区域中，虽然西部地区的经济发展水平指数仍是最低的，但近年来的发展趋势良好，到了 2012 年，其与中部地区的差距已经是非常微小的。可以说，中部地区的经济发展最为缓慢，不仅表现在经济增长速度最为缓慢，而且其在经济增长质量方面基本没有提高。

第三，在社会发展方面，地域的差异性较小。相较于东部地区而言，中西部地区在社会发展方面增长更为快速，特别是在能力和权利这两项指标上，呈现出跨越式增长态势。中西部地区在社会发展方面得到了长足的进步，甚至在 2009 年之后超越了东部地区。

第四，在资源环境方面，区域差异仍然存在，但差距在缩小。虽然中西部地区的发展起点较低，但发展速度较快，尤其是在资源开发利用水平上是明显优于东部地区的，三个区域的资源环境发展水平趋于接近。

二　中国财政分权与包容性增长关系

(一)　财政分权对包容性增长的总体影响

1. 财政分权指标及各子指标对包容性增长水平的影响

为探究财政分权与包容性增长之间的关系，本研究利用2006—2012年的省域面板数据进行了实证分析，定量考察了财政分权对包容性增长的作用。结果显示，从2006年到2012年，财政分权水平指数对包容性增长水平提高的边际贡献为0.3185，在1%的水平上显著。不过，虽然财政分权对包容性增长具有显著的正向影响，但各子指标的影响各有不同。在财政分权的六个子指标中，除了财政收入自治率与财政支出自治率这两个指标以外，其他四个指标对于包容性增长都有积极的促进作用，其中财政支出占比对包容性增长的促进作用最为显著，其每提高1个单位，包容性增长水平将提高0.5697个单位。财政收入和支出占比与包容性增长的显著相关性，说明了地方可支配资金的多寡、地方支出责任的大小以及可使用的财政资金总量的多少，都与包容性增长有着密切的关系。税收管理分权度和行政管理分权度与包容性增长的显著相关性表明了当政府保持一个合理规模时，可以在较好的传达民众偏好，保持高效运作的同时通过加大地方政府税收征管方面的自主性，根据地方的实际情况因地制宜、因时制宜地进行税收征管，进而影响社会经济各方面，以促进包容性增长水平的提高。而财政收入与支出自决率与包容性增长的相关性不大说明了应进一步发挥中央宏观调控职能。

2. 控制变量对包容性增长的总体影响

在研究中所选取的控制变量对包容性增长的影响各异。其中，市场化程度、劳动力素质和交通里程密度都在促进包容性增长方面具有显著的作用，可见，基础设施的改善、地方教育水平和市场化程度的提高对于促进包容性增长的作用非常明显。外商直接投资具有一定的积极作用，但在七个模型中显著性不一，表现不一致，其在财政支出占比及税收管理分权度两个模型中表现较为明显。而人口密度的影响不显著，外贸依存度反而对包容性增长水平具有负面的影响。

（二）财政分权对包容性增长的分地区影响

在已有的总体分析的基础上，进一步探究不同地区财政分权水平与包容性增长之间的关系，即按照区域划分，进一步就东部、中部和西部三个区域进行分地区检验，这可以更好地和更深入地了解不同地区的包容性增长状况。

1. 财政分权及其子指标对包容性增长的分地区影响

财政分权及其子指标对包容性增长的影响具有显著的地域差异。从加权总指标来看，中国式财政分权与东部地区、中部地区的包容性增长的相关性不够显著，但财政分权水平的提高却有利于西部地区的包容性增长水平的提升。财政分权子指标对包容性增长的影响也具有显著的地域差异。其中，财政支出占比的提高对于东中西三地区包容性水平的增长都具有积极的影响作用，但财政收入和支出自决率、财政支出占比均与包容性增长的相关性不大。在东西部地区，税收管理分权水平与包容性增长具有显著的相关性，而东部地区在行政管理分权度与包容性增长相关性方面却是显著负相关。

2. 控制变量对包容性增长的分地区影响

实证研究的结果表明，控制变量对包容性增长影响也存在显著的地域差异。其中，市场化程度和劳动力素质的提高对各地区包容性增长都具有积极的促进作用，而外贸依存度、人口密度和交通里程密度对包容性增长的影响在不同的地区产生显著的不同影响。在东部地区，外贸依存度对包容性增长的负作用最为显著，西部次之，中部地区的影响较小。而人口密度对东、中部地区的包容性增长的影响不大，但在西部地区则表现为较为显著的负作用。而交通里程密度对中西部地区的包容性增长的提高具有积极的促进作用，对东部地区的影响则较不明显。

第二节　政策建议：推进中国国家治理的现代化，实现包容性增长

　　1994 年的分税制改革确立了中国目前的分权财政体制，十多年来的实践和经验检验结果证明了其可行性和有效性。从总体上看，财政分权对中国包容性增长水平的提高，对经济、社会和资源环境的改善等各项事业的发展，尤其是经济增长起到了一定的积极的促进作用。但是，中国为这一时期超高速经济增长所付出的代价是政治上腐败、经济上贫富差距加大、社会一定程度上的失序、环境恶化、生态失衡、资源短缺、道德失范等。正是唯经济增长的社会发展目标导致了中国社会各阶层、各级政府忽略了对上述各个领域的规范与治理，为经济增长目标让道，而任何一种我们不加以干预的系统皆会退化变质（米歇尔，2008）。当然，作为后发展国家的中国在国家治理上有其特殊性和复杂性，我们的改革是先从经济上、从改善人民生活上，而不是从政治上做起（邓小平，2004），使得中国社会发展过程特别是经济发展过程总领先于社会其他发展（王沪宁，1995）。中国改革开放所取得的成就说明了中国的国家治理体系在一定的历史时期是有效的，中国政府具有推动社会经济等各

方面发展的治理能力。但是，相比我国经济社会发展要求、相比人民群众的期待、相比当今世界日趋激烈的国际竞争、相比实现国家长治久安，我们在国家治理体系和治理能力方面还有许多不足，有许多亟待改进的地方（习近平，2014）。

一　明确治理目的，践行包容性增长理念

国家治理的转型是一个复杂的连续不断的进程，是作为上层建筑的国家适应经济和社会基础的变化而不断调整和改革的过程，因此，国家进行治理首先需要有明确的治理目的，明晰治理的目标，从治理者的合理性转向被治理者的合理性，也就是说，国家治理的目的不再是与国家本身有关的，而是与人民有关的，应该把与人民生活相关的一切放在国家治理目标的第一位（刘智峰，2014）。对被治理者合理性的强调意味着治理目标及发展理念的重大转变，政府必须重新确立自己的目标，那就是从单纯的经济增长中"解放"出来，着力于满足"公众的利益"或者"最大限度地满足公众的需要"（厉以宁，1980）。毋庸置疑，一国政府执政的发展理念与其社会发展实践之间的关系是密不可分的，其发展理念正确与否、科学与否将直接影响到该国的经济社会发展的成败。而所谓的发展理念，简言之是指发展观，是人们对经济社会发展实践总的看法和根本观点。具体而言，发展理念是指一个国家、政党或团体围绕为什么要发展、该如何发展、怎样发展等一系列问题凝练而成的基本观点、主要方法和具体思路，它包括经济发展、政治发展、文化发展和人的自身全面发展（王平，2013）。可见，发展理念不应仅仅是经济的发展，而要跳出"发展理念即经济发展"的怪圈，明确发展理念或者发展观是一个多维度的综合概念，它包含多层次的内容，具有丰富内涵，是经济、社会和环境等多方面全方位发展的统一体，而包容性增长正是符合这一发展理念的科学发展观，对中国

的经济社会发展具有重要的指导意义。当前中国在财政分权的背景下要践行包容性增长理念需要就以下几个方面进行调整。

第一，需要实现从"生存"向"发展"的转型。

包容性增长的核心和基本要义是机会均等，强调的是起点、过程的公平（李长安，2010），因此，要倡导包容性增长就必定要实现全体居民的机会均等，那么，政府就必须通过消除市场失灵和制度缺陷、维护法治来为全体社会成员和所有企业创造一个公平的社会发展环境和公平的竞争环境，提高公众特别是弱势群体的教育水平、文化素质和健康状况等各方面的能力，保障他们的各项权利，提升他们的社会地位，增加中小企业和弱势群体在国民收入分配中的比重，保证全体社会成员尤其是穷人可以公平地参与社会经济政治活动并分享经济社会发展的成果。

第二，需要实现从"数量经济"向"质量经济"的转型。

改革开放以来，中国的经济就一直处于高速增长态势，经济总量的大幅增长极大增强了中国的经济实力，经济发展是解决中国经济社会发展中诸多问题的手段和保障，要实现包容性增长首先就要夯实经济增长这个根基，但同时也应看到，中国经济的快速增长并不是"量"与"质"并重，经济过热、消耗大量能源、重复投资建设、通货膨胀、环境破坏严重等问题日益明显，不利于经济的持续性增长。因此，要发展经济不能一味追求速度，不仅要确保经济保持一定比例的增长速度，而且一定要提升经济增长的质量和水平，要加快转变经济发展方式、切实提高经济发展质量和效益，以利于实现更长时期、更高水平、更好质量发展（刘铮、刘劼、刘宝森，2012）。而要实现经济增长方式的转变，由粗放型向集约型的转变，要熨平经济波动、控制物价水平，稳定经济发展，要协调城乡之间、区域之间的发展，促进经济结构、产业结构和行业结构，实现经济的协调发展，要提高投资效果、产出水平和劳动生产率，保证经济的持续发展，要加大对科技研发和高新技术产业的经费和人员的投入，提高经济发展的潜力性。

第三，需要实现从"环境换取增长"向"环境优化增长"的转型。

资源与环境是人类社会得以生存与发展的基础和前提条件，提高资源开发利用水平、保护环境是与包容性增长理念相契合的。中国的经济发展与环境保护之间的关系应从"环境换取增长"转变为"环境优化增长"，即把环境保护作为一种手段，使之改善和促进经济增长，从而达到环境保护与经济发展双重目标，这为环境保护提供了新的作用点（解放日报，2006）。由于资源总量和环境容量是既定的，所以既要保证经济增长又要兼顾资源环境就要提高资源的开发利用水平，加快环境治理的步伐，加大环境污染的治理力度，引导经济实体由高能耗、高污染向低能耗、低污染转变，提高企业的技术创新能力、劳动生产率和资源转换率，生产高附加值的产品，在经济增长的同时实现自然资源和生态环境的良性循环。另外，要完善环境治理的经济机制，如实施排污权交易，对耕地和林地的占用征收生态税费，通过绿色信贷政策促使污染企业加强治理，并推动环保、节能项目的发展等。

第四，需要实现从"先富"向"共富"的转型。

允许一部分地区、一部分人通过诚实劳动和合法经营先富起来，有助于打破"平均主义"，有助于调动和提高广大劳动者的积极性、主动性和创造性，避免同步贫穷、同等贫穷，但是，先富不是目的，只是实现共富的途径，要通过先富带动后富，最终达到共同富裕。而包容性增长是一种共享式增长，这是与共富这一社会发展目标相一致的。在当前城乡之间、地区之间、行业之间和部门之间收入差距较大的情况下，要正确处理先富与共富的关系，就要既保证让一部分人通过合法劳动先富起来，又要高度重视经济发展较为落后地区、经济生活条件较差的特殊群体和发展过程中面临较大压力和诸多问题的企业，尤其是中小企业，尽可能地创造条件为他们的发展谋条件、谋机会和谋出路。

第五，需要实现从"经济导向"向"民生导向"的转型。

要践行包容性增长就要把保障和改善民生作为政府工作的根本出发点和落脚点，转变政府职能，逐步建立起服务型政府，这就要求不断减弱以政府投资为主导的经济增长方式，不断加大政府的民生财政投入力度，制定各项民生政策，整合民生资源，并着力解决广大人民群众反映最为强烈的民生问题，如劳动就业、教育医疗、交通出行、生态环境等，特别是要大力支持中小企业的发展，关注弱势群体的民生需求，通过向他们提供特定的公共产品或服务，扩大社会保障覆盖面，帮助他们降低生活成本，提高社会保障水平。坚持以民生为导向，不断提升人民群众的幸福感和满意度，最终实现包容性增长。

二　转变治理方式，从人治、权治走向法治

20 世纪 90 年代中国就正式提出了建设社会主义法治国家的目标，在依法治国方面也取得了巨大的进步，但是，中国有着悠久的人治和权治的传统政治文化，在现实的公共治理活动中，人治与权治仍起着相当重要的作用，在有时和有些场合其作用甚至重于法治。传统的人治和权治是高度的人际关系化的，权力是相互覆盖和渗透的，不是没有制度，但是制度受到权力的左右，也就是说制度缺乏自立性，而制度化和法治的特点则相反，它是中性的、自立的、非人际关系的，在法和制度面前，任何人、任何权力或者组织都应该是平等的，人和权力都受到制度的约束，人们按照法和制度的规定办事，而不是依赖于个人或者权力，法和制度的权威取代了人和权力的权威（刘智峰，2014）。而且，随着生产力的发展，经济社会的发展，技术的进步，人类活动领域的扩大化和复杂化，人治和权治的治理方式逐渐失去了其合理性，治理方式需适应经济社

会的发展进行相应的变革。传统的以人治和权力治理为主要特征的政治体系过于简单和狭隘，无法容纳和满足人们越来越多的需要，因而也是不稳定的（亨廷顿，1988）。所以，不管国家的行政形式如何，只有实现法治的国家，才能被称为共和国，因为唯有在这里才是公共利益在统治着，公共事务才是作数的（卢梭，1980）。所谓法治国家的含义就是国家的全部活动都必须纳入一系列严格限定的权限，使得国家权力的一切表现都具有一般的可预测性，这种可预测性原则就包含着对权力的分配和区分，而只有实现了可预测性才能为权力的监督创造条件。这样，合法性、合权限性、可监督性、司法形式就产生出一个完整自足的国民法制国系统（卡尔·施米特，2005）。要把政治权力的治理行为纳入法治的规范中，使治理行为合法化起码包含了三层含义，其一是统治者的行政权力，也就是官僚机构的权力不能是没有边界的而必须受到界定和制约；其二是仅有宪法对行政权的约束还不够，还应该实行分权，就是用权力来制约权力；其三是国家的治理，也就是统治者权力的行使必须是按照法律并且自身也是受到法律约束的（刘智峰，2014）。而法治化也是公共财政的基本特征之一，在市场经济下，政府的活动包括其财政活动应当置于法律的根本约束规范之下（张馨，1995）。可见，市场经济下的财政是法治财政，即政府的财政活动和运作是在法律法规的约束规范下进行的，有效的政府间财政关系的正常运转必须有健全的法律保障。因此，应以公共财政为目标，规范和完善财政体制，推进财政治理的法治化，进而推动国家治理的现代化。

（一）建立健全法律制度，保证政府间权限划分的实现（黄君洁，2011）

首先，目前中国既无纵向税权划分的法律约束机制又无统一稳定的规则，中央以政策代替法律对地方进行监督约束，行政色彩和非规范化较明显，基于各自的利益和不规范行为，中央和地方政府在税权划分过程中形成博弈过程，博弈双方的理性行为却常常导致集体的非理性。因此，针对中国税收法律体系特别是地方税收法律体系有待完善的现状，我们必须加快立法进程，建立以《税收基本法》为统帅和指导的结构合理、层次分明、相互协调、便于操作的地方税收法律体系（李凤荣，2006）。建立健全法律制度，对双方的税权和行为进行适当的制约，以法律的形式明确各自的权力和职责，使之固定化、规范化，从而杜绝不规范行为。

其次，就中国的国情来看，由于中国属于单一制国家，客观上要求税权一定程度的集中，以保证中央发挥宏观调控作用，消除分权造成的一系列弊端。中央适当集中税权，还可以防止地方之间的税收恶性竞争，有利于在全国范围内实现税负公平。但是，中国各地的资源禀赋及经济发展水平不平衡，税源情况和财政能力也有较大的差别，要求税权要有一定程度的分散。在保证中央立法在整个国家立法体系中的主导性和基础性的同时，客观上要求适度下放税收立法权给地方政府，并按照国家预算统筹性和统一性的原则，将地方政府的收费纳入预算统筹安排使用，逐步形成"以税为主、以费为辅"的政府分配方式。具体来讲，由全国人民代表大会或其常务委员会或由全国人大及其常务委员会授权国务院制定有关税收的基本的、全国性的税收法律，如《税收基本法》《税收征收管理法》和中国重要税种的税收实体法以及与之配套衔接的《税务行政复议法》《税收减免特别法》《税务司法法》等法规。而对仅涉及局部地区利益的税权则应下放给地方政府，由地方政府机动、灵活和及时地根据各地区的税源状况决定哪些地方税种该不该征、征多少。但地方的税收立法权必须以不得侵犯全国统一税法为前提，中央须从制度上对地方加以监督和引导。因此，中央立法为主，地方立法为辅，赋予地方一定的税收立法权，建立起相对独立运行的中央税收体系与地方税收体系，同时，地方政府对中央与地方在共享税的分享比例上也应具有参与权，而非由中央政府单方面决定或双方进行讨价还价。这样一方面可以保证税法的统一性，维护中央的权威及宏观调控能力，体现全局利益的统一性；另一方面这不仅使整个地方政府的分配行为纳入法治化、规范化轨道，增强了税收法律的适应性，而且还有利于调动地方权力机关在立法方面的积极性，因地制宜地挖掘税收潜力，改善财政状况，促进经济发展，实现地方政府职能，兼顾了地方的局部利益。

（二）合理划分事权与财权，完善转移支付制度

目前要合理界定中央与地方的事权与财权，首先，要明确各级政府的职责范围，即在市场经济条件下明确政府与市场的关系问题。用一句通俗的话来说，就是"市场能干的，政府就不用去干；市场不能干的，政府就要去干"（张馨，1999）。政府要逐步从"越位"的领域退出，并进入"缺位"的领域，这是确定事权的起点。进而以公共产品的层次性理论为依据，进一步对各级政府之间的事权进行划分。公共产品根据受益范围的不同分为全国性公共产品和地方性公共产品，相应地由中央和各级地方政府来提供。同时，由于公共产品的外部效应的存在及其受益区域并不严格地与行政区划相一致，它的受益范围就可能存在交叉性，这也要求发挥中央政府的宏观调控作用。一般说来，上级政府管理和控制下级政府时应该着眼于消除外部效应产生的非公平性和非效率因素。所以，地方政府主要负责的是其辖区范围内发挥公共职能，为辖区提供公共产品和服务，履行其行政管理职能，促进社会公共事业和基本建设等的发展。中央政府则应在全国范围内统一规划和统一调控，保证国家法制、政令和市场的统一，宏观调控的有效执行，以及提供全国性的公共产品，在全国性的基础设施建设、基础教育、卫生防疫、环境保护及其他涉及全体国民素质和利益的方面负责，并尽量平衡地区间的财力，保障地区间经济和社会事业的协调发展。

其次，要遵循受益准则、集散准则、规模准则和便利准则，科

学、合理地划分税种。对稳定、调节和分配功能强的税种宜划归中央；对于资源配置、受益性质明显的税种划归地方，保障地方有较为稳定收入来源的主体税种；收入功能强的仍为共享税，共享的比例随中央和地方税收余额和经济状况而定（蔡德发、王曙光，2005）。合理财权的划分过程中，逐步建立起地方税收体系，实际增强地方财力，保障地方政府稳定的税收能力。地方实际财政能力与其可支配资金的大小密切相关，意味着地方在支出策略和支出选择中具有更大的余地，而财政支出水平越高说明地方最终使用的财政资金总量越大，意味着地方政府可以承担越多的支出责任，可以更有能力、更有效率地为本辖区居民提供所需的公共产品和服务。上文的实证研究结果亦表明，财政收入和支出占比的提高，对提高地区包容性增长十分有益，较之财政收入占比、财政支出占比，对于地区包容性增长的作用更为明显。诚然，财政收入占比代表着地区可支配资金的大小，与财政支出占比高低也存在很大关系，但是，可支配资金大小与最终支出水平的高低并不存在必然联系，即便地区资金支出水平高，若支出责任不明确，支出结构不合理，支出资金过于集中于经济或是社会发展的某一方面，就不能够很好地发挥财政资金的最大作用，更可能会造成经济社会环境发展不平衡，不利于地区经济的包容性增长。在中国，由于地方绩效考核过多地以经济发展为导向，造成了地区在支出结构方面的不平衡，经济方面的支出水平过高，大大压缩了社会环境方面的支出。因此，充分发挥财政对包容性增长的促进作用，既要提高地区收入占比，增强地区实际财力，更要完善支出结构，健全且完善财政支出结构，有利于地区社会、经济、环境等方面均衡发展。

最后，由于中国地区间经济发展不平衡，欠发达地方的财力难以保障其提供必要的公共产品，实现规定的事权，这就需要进一步完善转移支付制度，通过规范的政府间财政转移支付制度平衡地方政府财政收支不足部分。特别是中西部地方财力无法承担相应事权的地区，可以利用中央政府专项财政补贴以提高这些地区相应财力，提高地区财政支出水平。为了更好地发挥转移支付的平衡功能，就要既使得其有利于促进经济发达地区继续保持较快的发展势头，又要扶持经济较不发达地区的发展，合理确定各地所需的基本支出水平和转移支付数额，采用科学的转移支付方法和手段，缩小各地区之间的财力差异。特别是要确保中央政府向下级政府转移的资源能够按原定的转移目的被有效地使用，而且不能让地方政府产生消耗更多的预期，否则它将被中央政府淘汰（Tanzi，2002）。在给予地方财政补助的过程中，中央政府也应当充分发挥补助的导向性作用，运用更多的专项补贴，优化地区的支出结构，提高各地区特别是中西部省份在基础设施及教育等公共物品的支出水平。公共服务均等化的本质就是要实现公共物品和公共服务的公平分配，促进人的全面发展。2005 年，党的十六届五中全会在《中共中央关于制定国民经济和社会发展第十一个五年规划的建议》中首次提出了公共服务均等化的原则（新华网，2005），然而时至今日我国城乡、区域之间的公共服务水平和质量还存在很大差异，很大程度上阻碍了人尤其是弱势群体的继续发展，仍需要发挥中央政府的宏观调控作用。2012 年公布的《国家基本公共服务体系"十二五"规划》明确了在教育、就业服务、社会保险、社会服务、医疗卫生、人口计生、住房保障、公共文化体育八个领域实现基本公共服务均等化的时间表，力争在 2020 年基本实现基本公共服务均等化的目标（国务院，2012），该纲领性文件为实现基本公共服务均等化的目标提出了方向性的要求，但在具体的实施过程中，我们必须注重加大对老少边穷地区的教育、医疗、卫生、环境等基本公共服务的投入，通过提高公共服务水平帮助贫困人口尽快脱贫，促进中国较落后地区社会、经济、环境的加快发展及均衡发展，为实现全社会包容性增长的目标奠定基础，最终达到提高中国包容性增长水平的目标。

三　改变治理结构，从垂直的治理转向水平的治理

福柯对国家的演变进行梳理指出，国家从最早的司法国家走向行政国家，最后是治理国家变化，治理国家的出现，意味着中央集权式的官僚制的全能国家的衰弱（米歇尔·福柯，2010）。尤其是在市场经济的深入发展和全球化的作用下，国家和民族的空间不再是无论好坏都是公众、政治和社会规范的主要框架（皮埃尔·卡蓝莫，2005），传统的以政府为中心的等级森严的金字塔状的垂直国家治理模式已经不适应世界性相互依存关系的规模了，国家的治理化使得国家的权力进一步萎缩和分化瓦解，逐步向非中心或多中心的水平的治理模式转变，治理的领域向经济和社会开放，从而共同完成治理的任务。通过共同治理，将大部分国民整合于统治阶级之中（查尔斯·蒂利，2010），传统的"被统治或被治理者"可以以平等的地位与治理者一起合作实现治理。给穷人以民主权利，积极参与选举，人们就会争取他们的选票，重视解决他们的问题（加尔布雷斯，1999），政府制定的政策自然会充分尊重被治理者的意志和利益。而且，经济社会的发展也使得个人、其他社会、经济组织具备了参与治理的能力，尤其是互联网时代的到来更是为他们的参与提供了条件和可能性，加剧了垂直治理向水平治理转变的速度、广度和深度。但是，水平治理的出现虽然使政府不再独占治理的地位，其作用被削弱，不再是高高在上的统治者，而必须与其他社会、经济组织或国际组织进行协商、合作，共同治理，但是，在众多的组织和力量参与的治理体系中，政府仍然是最重要的治理者。在中国，党是最重要的核心领导力量，在多元治理主体中，最重要的是中国共产党的各级组织，要充分发挥执政党在国家治理中的重要作用。当然，治理结构的转变将带来一系列相应的变化。

（一）处理好政府与市场的关系，提高政府治理能力

政府与市场关系之要义在于谁在资源配置中起决定性作用，政府抑或市场？可以说，中国的经济体制改革和对外开放也始终围绕着正确认识和处理好政府与市场之间的关系，即如何用好"看不见的手"和"看得见的手"这一核心问题展开。十八届三中全会《决定》将市场在资源配置中的"基础性作用"改为"决定性作用"（新华社，2013）具有重大而深远的理论意义，将对在新的历史起点上全面深化改革产生深远影响。政府将从权力的批发者变成服务的提供者，也就是不再以政府为中心，而是以顾客为中心，顾客也就是被治理者不再是管制的对象，而是服务的对象（刘智峰，2014）。当然，政府与市场的关系、双方的活动范围的界定又不应是僵化的和一成不变的，应该因时、因地、因事制宜，它取决于国家经济社会的发展阶段、政府职能的界定、市场本身的发展程度等。在明确政府之手是服务于市场之手的基础之上，更要认识到政府和市场的作用不是对立的，而是相辅相成的，不是简单的让市场作用多一些、政府的作用少一些，而是统筹把握、优势互补、有机结合、协同发力（胡鞍钢，2014）。

市场化、外贸依存度分别代表了市场经济的自由和开放两个维度，在现有的分税制财政体制下，就要处理好财政分权制度与市场化、外贸依存度之间的关系。已有的实证研究结果一方面表明当前市场化水平的提高能够促进地区包容性水平的增长，在现有的分税制背景下，要促进地方经济健康发展，就必须处理好财政分权与市场化之间的关系（周业安、章泉，2008；马胡杰、霍骁勇，2014）。财政分权水平的提高，意味着地方政府在干预市场方面有着更大的能量，这有可能会导致恶性竞争、寻租腐败等现象的出现。因此，在财政分权改革的过程中，为了充分发挥市场化对包容性增长的促进作用就要保障财政体制的分权化改革与市场化进程相协调，要根

据地区市场化程度的实际情况有差别地开展财政分权改革。另一方面，外贸依存度的提高却不利于地区包容性增长水平的提高。由于经济导向型绩效考核机制的存在，地方政府会具有出口及引入外商投资的支出偏好，导致在税收优惠和鼓励出口方面的支出增加，提高地区外贸依存度（王德祥、李建军，2008）。从短期来看，这有利于地方经济发展，但过高的外贸依存度将不利于地区产业结构的合理化，最终不利于地区可持续发展。在财政分权改革过程中，就需要加强财政监督，防止地方政府在推动外贸方面的过度支出，另外，在明晰地方政府支出责任的同时，引导地方政府顺应地方发展状况，制定相应财政支出策略，完善现有的财政支出结构，增强地区民生、环境保护等方面的支出。因此，要充分发挥市场自由度与开放性对包容性增长的促进作用，需要处理好财政分权与二者之间的关系。即为了促进地区包容性增长，应当进一步推进国有企业改革，进一步提高市场化程度，同时平衡内需与外需之间的关系，将外贸依存度控制在一定水平，合理控制地方的外贸依存度，将地方政府在该方面的支出控制在一定水平上。

（二）增强政治参与的公平性，提高治理的包容性

国家的治理必须依据法律，是法治的治理。当然，有法并不就是法治，也存在着依法的专制（刘智峰，2014），必须意识到，合法性仅仅是治理的权力基础，是治理的出发点，如果治理的结果不能做到公平、有效，不能满足和回应人民的要求，那种治理就失去了正当性。邓小平曾指出，政治体制改革的重要任务就是"充分发扬人民民主，保证全体人民真正享有通过各种有效性形式管理国家、特别是管理基层地方政权和企业事业的权力，享有各项公民权利"（邓小平，1993）。无疑，一国在公共事务的治理过程中是否倾听公众的声音，是否允许公众参与公共政策的决策过程，是否积极主动地搭建各种有效的沟通渠道和对话平台，是否开放、听取公

众对政府政策的批评及建议，是否积极主动地回应公众的诉求，从而保证国家治理能够真正体现公众的真实意愿。政治的包容性程度是体现其治理能力的重要标志，是国家治理模式的发展方向。

一方面，公民的作用被重新界定，从政府服务被动的消费者变成了创造社区特定性格的积极活动者，意味着公民已经成为其社区管理的一部分，承担着社区的责任，而不是把自己要么看作孤立的地方政府服务的消费者，要么看作政府对立或反对的力量（Elinor Ostrom，1993）。公民参与公共事务的治理，通过政治参与表达自己的意愿，以使自身利益能得到最大程度的满足。在中国，公民政治参与的途径主要有参与民主选举、民主决策、民主管理和民主监督几方面，增强公民政治参与的积极性、提高政治参与的公平性有助于实现公民心理上的平衡以及在利益主体之间形成均衡，维护社会稳定。人民代表大会制度作为中国的政体，是实现人民当家作主的最基本保证，而人大代表的构成则是广大人民民主权利是否实现的最直接反映。如前文所述，改革开放以来，全国人大代表中工人、农民的比例已经从将近50%下降到了第十届人大代表的不足20%，而党政领导干部的比例则从13.33%上升到了32.43%，知识分子从14.96%上升到21.14%（参见图6—22）。人大代表构成的官员化和精英化导致占人口大多数的工人农民的真实意愿得不到有效表达，利益得不到保障，也成为导致社会不稳定的因素之一。2010年废除的"四分之一条款"保证了人民选举权利的平等，而且十二届人大相比十一届人大也顺利实现了人大代表"两升一降"的目标，但工人农民的比例仍仅仅只有13.42%。要实现包容性增长，就要确保更广泛的民主，给予工人农民，特别是边缘人群和弱势群体等基层民众更多的话语权，增强政治参与的公平性和广泛性。

另一方面，建立在公众广泛参与基础上的政府与公众的共同治理实际上是对官僚主义国家权力过度膨胀的一种抵抗（刘智峰，2014），政府不再是高高在上的统治者，它必须与其他社会主体协商共治，在大部分工业化民主国家，治理已经变成了一种讨价还价和仲裁调解的过程，而不再是施行统治的过程（盖伊·彼得斯，2001）。然而，要实现政府与公众共同完成公共事务的有效治理，需要建立在信任和规则的制度化的基础上。当下中国面临着政府信用危机，公众与政府之间缺乏基本的信任，彼此之间的隔阂与冲突乃至对抗会不断地侵蚀与消解政府与公众合作治理的信任基础，但如果政府办事高效、公平公正、合情合理、没有腐败贪污，就会赢得民众的高度信任（博·罗斯坦，2012）。随着公众对政府信任的提升，政府处理公共事务时就更能获得公众的支持与配合，政府的治理就变得更加容易了，政府的执行能力与效果也就会得到极大的增强。同时，治理的权威来源除了强制性的国家法律之外，还有各种非国家强制的契约。在参与式治理下，政府不再单独地制定和执行决策，而是表现为一种通过使用非政府组织来实现目标的方式，被看成是通过一种更加松散的组织结构实施的统治。那么，规则的制度化就显得尤为重要，它确立了各参与主体共同遵循的行为法则，其行为得到了制约，从而达到了参与方式的理性化、制度化，避免了选择性地执行或不执行决策。建立在信任与规则的基础上的参与式治理是可持续的，可预测的，是互惠互利的共同治理。

但是，在公众参与公共事务的治理过程中，应值得注意的是，公众参与的主动性、广泛性与理性化水平是一个逐渐演进的过程，它取决于一个国家公民社会的发育程度、民主发展状况、政治文明水平等的影响。国家越落后，一个开拓性政府的作用范围就越大（阿瑟·刘易斯，1990）。中国的经济社会发展阶段决定了仍要充分发挥政府在经济社会发展中的主导作用，民主政治建设就不能一味追求公共权力的最小化和公众参与的最大化，而是需要随着经济发展特别是市场体系的发育逐步规范和调整政府的角色功能，逐步扩大政治参与面（何显明，2014）。中国的改革发展战略决定了中国的民主政治建设应该是一种在促进经济社会发展的同时保持自身可持续发展的民主。如果追求形式上的民主，结果是既实现不了民主，经济也得不到发展，只会出现国家混乱、人心涣散的局面（邓小平，1993）。

（三）提高地方税收自主权，培育与增强地方治理能力

古人云："郡县治则天下安，县域强则国家富。"显然，地方治理在国家治理中居于非常重要的地位，在现行体制下，县一级单位在国家政权中处于承上启下的位置，县域的治理水平直接关系到国家的治理状况。而当前我国绝大多数行政机关实行的是"条""块"结合的行政管理体制，其中的"条"即是实行垂直领导体制，在垂直管理的部门中，各级部门的治理权是由上而下赋予的，基层部门和地方政府是对上负责，行政功能的履行不以民意为基础，而是贯彻上级政权意志，自然难以积极主动地回应辖区内公众的利益诉求，而且，公众也无法对地方政府官员形成直接有效的监督和约束。同时，在这样一个垂直的一元化的治理结构下，地方政府往往缺乏治理的独立性和自主性，在一定意义上只是一个为了满足上级要求而提取地方资源的下级权力机关。在全球化和市场经济以及网络的时代，治理对象的复杂化和分散化也使决策变得越来越分散，公共事务急剧膨胀，变得越来越复杂，垂直式的统一的决策方式逐渐被"多层次的治理"所取代了（让·皮埃尔·戈丹，2010），地方治理应是国家治理的基石，成为越来越重要的治理主体。尤其是在中国这样一个地域辽阔、区域间经济社会发展水平极不平衡的背景下，治理权和治理的重点更应该下沉，提升地方治理的自主性，允许和鼓励地方政府根据自身的具体情况积极探索适宜自身特色的治理模式，使地方政府在经济的发展、自然资源的管理、民主的推进和合作伙伴关系方

面，地方和基层都将成为主要的"社会行动者"（皮埃尔·卡蓝莫，2005）。而且，基层与公众的联系最为紧密，不仅能更直接、更清晰地了解公众的各种诉求，而且当治理权向地方倾斜，地方成为治理的重点时，各种社会问题、矛盾也能得到更为快速的反应和处置，各地方所累积的各种治理经验也将为其他区域乃至中央的治理决策提供参照和经验借鉴。

也就是说，治理结构的调整使得地方作为治理主体的作用愈加突出，治理的主体不再是中央集权，政府间关系需要进行调整。而财政关系是政府间关系的核心，税收的征集和分配是从根本上影响中央与地方关系的"第二种基本方法"（伊夫·梅尼、文森特·赖勿特，1989）。作为宏观调控的重要工具，税收政策具有高度的导向性作用，能够影响地区的产业结构构成，影响地区公共物品供给，乃至最终影响地区经济、社会、环境的方方面面，但要切实地发挥税收的导向性作用，就需要因地制宜、因时制宜地制定切合实际情况的税收政策。由于中国区域间的社会经济发展状况存在很大的差异，如若税收政策仅由中央政府统一制定大一统的税收政策，那么就无法充分兼顾各地方的经济社会发展的具体情况，其对地方所能发挥的宏观调控的效用也就会大打折扣。也就是说，税收政策要坚持目标导向和问题导向相统一，定向精准，既着眼于当前发展问题的解决，又着眼于长远目标的实现（计金标，2016），适时调整税收政策，宏观上把好经济发展的方向盘，微观上找准着力点，精准发力（张凯等，2016）。因此，要发挥税收政策在促进社会经济持续发展方面发挥导向作用，就应当在保障中央宏观调控的基础上，适当的提高地方在税收方面的自主权。这种自主权除了前文所述的赋予地方政府在税收立法上一定的自主权之外，还表现在税收征管的自主权和税收政策制定的自主权两个方面。首先，税收征管的自主权代表着地方政府在税收征收额度方面的自主性，增强地方政府在该方面的自主权，使得地方政府能够适时进行征管力度的调整，使得经济运行在一个合理的区间范围内，防止过热或过冷，促进地方经济持续健康发展，以利于地方包容性增长水平的提升。其次，地方税收政策制定的自主性，可以使地方政府能够在中央大方针的指引的前提下，针对地方的实际发展状况，及时地制定与地方发展状况相适应的税收政策。譬如说，在当前的经济发展背景下，通过结构性减税降费，降低企业的各项成本，对冲劳动力、土地成本刚性上升对企业所造成的负面冲击，通过税收政策鼓励新型特别是生态产业、新技术产业等的发展，推动地方产业结构调整；根据地方实际情况，通过税收调节城乡居民收入差距水平，加大民生保障支出，降低公共服务的供给成本，提高社会福利水平；通过税收政策治理环境污染、降低资源浪费等。

四　转移治理对象，加强对治理者自身的治理

由于个人和社会的无法自治，任何类型的社会的正常运转都离不开国家的存在以及国家的治理，国家是社会得以维持运转的中枢神经，无论人们怎样痛恨官僚主义膨胀和权力滥用现象的难以根除，国家仍然是不可或缺的，无论是控制、协调还是与社会组织的合作，国家都是最终的决定者和执行者（刘智峰，2014）。所以，国家，也就是治理者是治理成功的关键，而一个国家的有效治理不是依靠某个领导者个人的能力，在中国是依靠一大批治党治国治军等各个方面领导人才和集体，运用一整套国家制度来共同管理国家各项事务的能力集合体（胡鞍钢等，2014）。也就是说，由于治理者是相关政策的制定者和实施者，其能力、素质和水平的高低直接影响着治理的效果的好坏，成功的治理的前提条件是有一支合格的甚至优秀的治理队伍（刘智峰，2014）。习近平（2014）就曾强调：为政之要莫先于得人，治国先治吏。

（一）改革政府官员的政绩考核制度，逐步树立起新的发展观（黄君洁，2011）

政府绩效评估意味着对权力合理使用的激励或经济上的再约束（彭学明，2002）。要消除现行的政绩考核方式的弊端，建立起科学合理的政府官员政绩考核体系，关键就在于制定科学合理的政府官员政绩考评标准，不再仅仅以 GDP 论英雄，而是以包容性增长指标来评价一方政府或者一个官员的政绩。同时，在对地方政府官员进行绩效考核的时候应当考虑以辖区内居民对当地政府官员的评价为衡量和评价治理者治理效果的尺度，只有这样才能使各级政府官员感受到来自公众而非其上级的压力，才会促使治理者依法行政和管理，所提供的公共产品和服务是以满足其辖区范围内居民的需求为目标，而不是以迎合上级的需求为执政目标，不是单纯地追求 GDP 和财政收入，才会避免热衷于表面工作和政绩工程，不做出可能影响当地经济和社会发展长远利益的短期行为。但是，如果只是单纯地对地方政府进行比较科学的考核，而忽视对中央政府的约束和进行行之有效的考核，那么在中央政府和地方政府的博弈过程中，中央政府总会获得一些本不应该获得的好处。而这种好处要么为地方政府后续的博弈提供了讨价还价的机会，要么损害了整个社会福利（康锋莉，2006）。因此，要保证财政体制的规范和政府体制的改革能够在实践中得到真正的落实，就应该对各级政府官员包括中央政府官员制定科学合理的政绩考核制度。

一切进步都是源于观念的改变、思想的进步。政府执政观念的进步，也是我们国家社会发展观念的进步。在完善政府官员政绩考评制度的同时，也应注重转变政府官员的执政观念，改变传统的以经济为中心的增长观，逐步培养以包容性增长理念为核心的新的发展观。中国各级政府官员逐步树立起包容性增长这一新的发展观，不仅仅是中国政府执政理念的一大进步，也是我们国家在政治社会等各个方面观念发展的一大进步，是在发展观上达到一个新的境界，而且还必将对中国政治社会方方面面都产生重大影响，为我国的经济和社会发展创造更大的自由发展空间。

（二）发挥民主监督的作用，建立有效的权力约束机制

由于治理者往往掌控着一定的权力或其他各种资源，容易被腐败侵蚀，造成公权力异化，这必然会影响到治理者的治理能力，威胁到治理者的权威性和合法性，甚至使其丧失治理资格，对治理结果造成消极的负面影响。在财政分权下，要充分调动各级政府的积极性并保证其行为不会偏离公共利益目标的一个关键环节不容忽视，那就是健全和完善权力约束机制。

首先，要建立起可进可退、可上可下的公务员选人用人机制，避免永久性和稳定性的公务员职业带来的僵化的公务员队伍，为公务员系统注入活力。与此同时，要加强法制建设，有效约束各级政府官员的权力，将其置于国家法律和行政法规的约束下，保证权力运作的合法性，以减少随意性。通过法律法规明确规定各级政府官员职权范围和职责，克服以人、以权代法的现象，防止权力超出应有范围。这不仅要规制政府行政活动的范围，也要规制政府行使权力的方式，即要明确政府进行公共行政活动的程序（蔡立辉，2002）。要坚持公开、透明，使监督贯穿于权力运行的全过程，在直接涉及群众切身利益的部门大力推进政务公开，从机制上防止"暗箱操作"。而且，要强化法律的严肃性，法律、法规一经确立，必须坚持"有法可依、有法必依、违法必究、执法必严"的原则，加大执行力度，以此严格依法约束权力，防止权力的异化和滥用，避免选官非人，避免或减少政府官员产生投机心理，避免以权谋私，从而建立起高素质的官员队伍。

其次，提高民主监督水平，建立、完善党内监督和行政监督条例。这不仅要进一步发扬人民民主特别是党内民主，还要发挥民主

监督的作用，从源头保证政府官员行为的合法性和合理性。以提高
党内民主监督水平为先导，以党内民主推进和带动社会民主水平的
提高。民主监督，也就是通过人民代表大会、社会团体、新闻舆论
单位、社会群众组织和广大人民群众，对党和国家机关制定的政
策、法律及采取的行政措施提出批评和建议；对领导干部违法违纪
行为进行控告、检举等一系列监控活动。这是一种自下而上的监
控，是广大人民群众直接参与公共事务管理、实现共同治理的体
现。把民主监督纳入对政府官员权力约束的轨道，不仅有利于更及
时和更准确规范各级官员的行为，而且最大限度地体现和保护亿万
人民群众的切身利益。

最后，要进一步加强思想道德教育和法纪教育，增强全社会特
别是领导干部遵纪守法的自觉性，形成良好的社会氛围。一方面，
在全社会普及民主法制教育，教育引导人民群众充分尊重宪法和法
律赋予的权力，既要富于进行民主监督的热情而勇于监督，也要有
进行监督的本领而善于监督。另一方面，各级政府官员要意识到其
权力是人民赋予的，真正按照科学发展观进行行为选择，自觉防止
自身的行为超越法律和制度约束的范围，杜绝权力的滥用。

第三节　研究展望

作为一个新兴的发展理念，近年来对于包容性增长的研究日益
增多。本课题在对中外相关文献进行梳理的基础上，界定了包容性
增长的概念，以此为基础构建了包容性增长指标体系，并应用该指
标体系对中国及其各省份的包容性增长水平进行测度，而后探讨了
财政分权水平对地区包容性增长的影响，最后，结合对中印两国所
实施的包容性增长战略及其实施效果的比较，并针对实证研究中所

发现的问题，从实现中国国家治理现代化的角度提出了在当前中国财政分权的背景下提高中国的包容性增长水平的相应政策建议。本课题在研究内容方面具有一定的新颖性，当然，受研究水平和能力以及数据缺失等主观或客观条件的限制，在本课题研究中仍存在一些不足，需要进一步深入探讨及研究，但仍希望本研究能够为后续研究起到抛砖引玉的作用，为今后该研究主题的相关研究提供一定的参考和借鉴，为促进中国包容性增长水平献计献策。

一　进一步提高数据收集的完整性

一方面，建立的包容性增长指标体系不仅同时具有评估包容性增长水平的评估功能、引导中国的未来发展方向和政策制定的引导功能，还具有对各级政府实现包容性增长的业绩进行考核的考核功能，但所设计的包容性增长评估体系及其指标的采用仍存有问题和待改进的地方。尤其是中国各级政府尚未建立起相应的包容性增长信息系统，对于一些重要的指标，政府的相关部门没有将其纳入统计范畴，而且，中国各省份所统计的数据也不统一，部分省份没有统计部分指标所需的数据，或者是在部分年份上存在数据的统计缺失情况。由于缺失的相关数据只能采取替代或是回归分析的方法予以补充，虽然这能够在一定程度上弥补数据缺失的状况，但不可避免地会导致误差的出现，且部分指标仍未能收集齐全，这就使得在实际运用包容性增长评估体系时无法获取所需的数据，在对中国及其各省份的包容性增长进行测算时只得根据数据的可获得性建立简化了的包容性增长评估体系，影响到评估结果的质量，伤害到对中国及其各省份包容性增长测算的完整性和全面性。而且，部分指标数据出现了异常值，但却无法对这些数据的真实性进行验证。

另一方面，由于中国在 20 世纪 90 年代中后期预算外收支的统计口径多次调整，体制外的财政收支规模更是难以度量，所以财政分权指标可能并没有真正反映现实的财政分权状况。同时，财政分权与包容性增长之间可能存在交互作用，但由于缺乏合适的工具变量来控制这种可能的内生性①，使得实证研究部分得到的结论会受到这些缺陷的影响。在未来的研究中，研究的深度和广度还有待加强，应当尽可能直接跟踪和收集相关数据，建立起财政分权、包容性增长评估的相关数据库，保证数据的完整性、精确性，进一步提高对财政分权和包容性增长水平测量的准确度。

二　进一步深化省级乃至县级财政分权与包容性增长的相关性研究

已有的对财政分权实践进行的经验检验的文献主要集中在检验财政分权对经济增长的贡献上。本课题从包容性增长的角度来看待财政分权的效果，扩展了对财政分权结果的研究。本课题基于中国省级面板数据的实证研究结论支持了分税制改革显著地改善了中国财政分权和包容性增长之间的关系，但同时也说明财政分权的积极作用还有待进一步发挥，还存在着许多不尽合理和不够完善的地方，尤其需要注意财政分权对包容性增长的分区域影响是各异的，财政分权子指标中的财政收入自治率与财政支出自治率两个子指标对包容性增长所产生的消极影响也是不容忽视的。但是，中国有五级政府，本课题却只考虑了两级财政分权对包容性增长的影响，研究所涉及的仅为全国性、区域性或各省份的层面，研究成果不够深入细化。由于中国各省份的政治、经济、社会发展水平存在很大的差异，省以下各级政府尤其是县级政府之间的差异更为显著，财政分权水平对其包容性增长的影响程度必然有所差异。因此，在数据资料允许的情况下，可以根据本课题的研究方法，进一步考虑省级

---

① Xie、Zou&Davoodi（1999）；Martinez-Vazquez&McNab（2003）等在有关财政分权与经济增长的实证检验中同样存在内生性问题，使研究结论产生争议。

以下各子级政府财政分权对包容性增长的影响，继续开展省级以下乃至县级财政分权与包容性增长的相关性研究，更为深入地探究财政分权的作用。以此研究成果为基础，更能有针对性地提出相应的政策建议来完善中国的分税制财政体制，能更加因地制宜地、合理地促进地区包容性增长水平的提高。

三　进一步提升政策建议的实效性

本课题在实证研究的基础上主要从实现国家治理现代化的角度探讨如何更好地在中国的分税制背景下促进包容性增长水平的提高。但是，包容性增长概念的多维度性，中国各地区之间的实际情况差异甚大，加之中国的财政分权是在一个特殊的制度环境之下进行的，其背后的运行机制更是庞大且复杂。显然，要厘清的问题是千头万绪，各个问题之间的关联也是盘根错节，在践行包容性增长的过程中更是会触动多方的利益，牵动社会各基层的神经，需要各级政府、各部门、社会各方面的积极协调与配合。然而，本课题的主要研究成员缺乏在相关实务部门工作的经验，对财政分权与包容性增长这一问题的探讨主要停留在理论层面上，所提出的政策建议仍需在实践中加以运用、检验、反馈和进一步修正。在未来的研究中，可以从更多元的角度去看待问题，进行更为全面而又细致的思考，以期为财政分权实践和促进包容性增长提供更为全面和成熟可行的政策建议。

附录一 包容性增长指标体系

目标层	一级指标	二级指标	三级指标	主要评价指标的解释	单位	性质
包容性增长	经济发展	经济增长速度	人均GDP	GDP总量/总人口	万元/人	正
			GDP增长率	某期GDP总量的增量/前期GDP总量	%	正
		经济增长质量 — 稳定性	经济波动系数	(本期经济增长速度/前一期经济增长速度) −1	—	逆
			物价弹性系数	通货膨胀率/经济增长率	—	逆
		协调性	城乡人均生产总值比	城镇人均生产总值/农村人均生产总值	—	逆
			城乡人均收入比	城镇居民人均可支配收入/农村居民人均纯收入	—	逆
			城乡消费水平比	城镇居民消费水平/农村居民消费水平	—	逆

续表

目标层	一级指标	二级指标	三级指标	主要评价指标的解释	单位	性质
包容性增长	经济发展	经济增长质量（协调性）	区域人均增加值方差	Σ（某地区人均增加值－我国人均GDP）^{2} × 该地区人口数/我国总人口数	—	逆
			资源配置率	投资增长率/GDP增长率	—	正
			库存比例	库存/GDP	%	逆
			产业综合集中度	某行业综合集中度＝该行业产值较高的八家企业营业总收入/该行业总营业收入；产业综合集中度＝Σ（该行业增加值/GDP）	—	正
			第一产业占GDP比重	第一产业增加值/GDP	%	逆
			第二产业占GDP比重	第二产业增加值/GDP	%	逆
			第三产业占GDP比重	第三产业增加值/GDP	%	正
		持续性	投资效果系数	GDP增长量/同期固定资产投资完成额	—	正
			劳动生产率	GDP/就业总人数	%	正
			产出投入弹性系数	产出增长率/投入增长率	—	正

续表

目标层	一级指标	二级指标	三级指标	主要评价指标的解释	单位	性质
包容性增长	经济发展	经济增长质量 潜力性	R&D投入占GDP强度	R&D投入/GDP	%	正
			R&D人员投入强度	R&D人员投入/就业总人数	%	正
			高新技术产业产值比重	高新技术产业增加值/GDP	%	正
			人均发明专利数量	专利总数/总人口	项/人	正
			新产品产值比率	新产品产值/GDP	%	正
			贫困发生率	贫困人口数/总人口数	%	逆
			城镇登记失业率	城镇登记失业人员数/总人口数	%	逆
	社会发展	收入	劳动工资占GDP比重	劳动工资/GDP	%	正
			中小企业平均产值与大型企业平均产值之比	中小企业平均产值/大型企业平均产值	—	正
			城镇私营单位就业人员与城镇单位就业人员平均工资比	城镇私营单位就业人员的平均工资/城镇单位就业人员的平均工资	—	正
			城镇居民家庭恩格尔系数	（城镇居民家庭食品支出金额/消费性总支出金额）×100%	—	逆

续表

目标层	一级指标	二级指标	三级指标	主要评价指标的解释	单位	性质
包容性增长	社会发展	收入	农村居民家庭恩格尔系数	（农村居民家庭食品消费支出金额/消费性总支出金额）×100%	—	逆
			城镇居民基尼系数	—	—	逆
			农村居民基尼系数	—	—	逆
		教育文化	人均受教育年限	接受学历教育的年数/人口数	年/人	正
			文盲率	超过学龄期（12—15岁以上）年龄既不会读又不会写字的人口/相应的人口数	%	逆
			学龄儿童净入学率	已入学的小学学龄儿童数/校内外小学学龄儿童总数	%	正
		能力	毛入学率	在校生数/学龄人口总数	%	正
			成人识字率	15岁以上能够读写年龄人口/15岁以上的总人口数	%	正
			教育基尼系数	—	—	逆
			每万人拥有的教育资源	教育资源/总人口数×10000	元/万人	正
			平均每百人每年订报刊数	每年订报刊数/总人口数×100	本/百人	正
			人均拥有总藏书量	公共图书馆总藏书量/总人口数	册/人	正

续表

目标层	一级指标	二级指标		三级指标	主要评价指标的解释	单位	性质
包容性增长	社会发展	能力	医疗卫生住房等	每千人口卫生机构床位数	卫生机构床位数/总人口数×1000	张/千人	正
				每千人口卫生技术人员数	卫生技术人员数/总人口数×1000	人/千人	正
				人均卫生总费用	卫生总费用/总人口数	元/人	正
				出生时平均预期寿命指数	—	—	正
				城乡人均住房面积比	城市人均住宅建筑面积/农村人均住房面积	—	正
		权利	政治权利	选举参与率	参与选举的人数/总人口数	%	正
				人均工会基层组织数	—	个/人	正
				人均社区服务设施数	—	个/人	正
				社会组织单位数	—	个	正
				自治组织单位数	—	个	正
			生存权利	孕产妇死亡率	孕产妇死亡人数/活产数	人/十万人	逆
				人均基本社会保障支出	基本社会保障支出/总人口数	元/人	正
				城市居民最低生活保障人数	—	人	正
				农村居民最低生活保障人数	—	人	正

续表

目标层	一级指标	二级指标	三级指标	主要评价指标的解释	单位	性质
包容性增长	资源环境	资源拥有	人均生活能源消费量	能源消费总量/总人口数	千克标准煤	逆
			人均耕地面积	耕地面积总量/总人口数	公顷/人	正
			人均水资源量	水资源总量/总人口数	立方米/人	正
		资源开发利用	单位国内生产总值能耗	能耗消费总量/国内生产总值	吨标准煤/万元	逆
			单位国内生产总值电耗	全社会用电量/国内生产总值	千瓦小时/万元	逆
			单位国内生产总值水耗	全社会用水量/国内生产总值	吨/万元	逆
			能源生产弹性系数	能源生产总量年平均增长速度/国民经济年平均增长速度	—	正
			能源消费弹性系数	能源消费量年平均增长速度/国民经济年平均增长速度	—	逆
			能源加工转换效率	能源加工转换产出量/能源加工转换投入量	%	正
		环境保护	环境治理	环境污染治理投资占 GDP 的比重	环境污染治理投资总额/GDP	%	正
			工业废水排放达标率	工业废水排放达标量/工业废水排放总量	%	正

续表

目标层	一级指标	二级指标	三级指标		主要评价指标的解释	单位	性质
包容性增长	资源环境	环境保护	环境治理	工业废气处理率	经处理的工业废气排放量/工业废气排放总量	%	正
				工业固体废弃物综合利用率	工业固体废物综合利用率/（工业固体废物产生量＋综合利用往年储存量）×100%	%	正
				生活垃圾无害化处理率	生活垃圾无害化处理量/生活垃圾产生量×100%	%	正
				农村卫生厕所覆盖率	使用各种类型卫生厕所所的农村户数/当地农村总户数	%	正
			环境质量	城市空气质量指标	城市空气质量达到二级以上天数/全年总天数×100%	%	正
				森林覆盖率	森林面积/土地总面积×100%	%	正
				人均造林面积	造林总面积/总人口数	公顷/万人	正
				湿地面积占国土面积的比重	湿地总面积/国土总面积	%	正

续表

目标层	一级指标	二级指标	三级指标	主要评价指标的解释	单位	性质
包容性增长	资源环境	环境保护	环境质量	自然保护区占国土面积比重	自然保护区总面积／国土总面积	%	正
			城市人均公园绿地面积	公园绿地面积／总人口数	平方米／人	正
			农村饮用自来水比例	饮用自来水的农户数／当地农村总户数	%	正
			地质灾害次数	发生地质灾害的总次数	次	逆

附录二　中国实施包容性增长战略的
相关政策文件（2003—2013 年）

时间	内容	发布主体
2003.7	提出科学发展观	中共中央总书记
2004.9	构建社会主义和谐社会	中共十六届四中全会
2003.10	《关于完善社会主义市场经济体制若干问题的决定》	中共十六届三中全会
2004.2	《关于促进农民增加收入若干政策的意见》	中共中央、国务院
2004.6	《农业机械化促进法》	全国人大常委会
2004.12	《固体废物污染环境防治法》	全国人大常委会
2005.1	《关于进一步加强农村工作提高农业综合生产能力若干政策的意见》	中共中央、国务院
2005.8	《关于鼓励支持和引导个体私营等非公有制经济发展的若干意见》	国务院
2005.10	《天津市关闭严重污染小化工企业暂行办法》	天津市政府
2005.11	《关于进一步加强就业再就业工作的通知》	国务院
2005.11	《浙江省林地管理办法》	浙江省政府
2005.11	《关于进一步加强农村文化建设的意见》	中共中央办公厅、国务院办公厅
2005.12	废止《农业税条例》	全国人大常委会
2005.12	《国家以工代赈管理办法》	国家发改委
2005.12	《江苏省环境噪声污染防治条例》	江苏省人大常委会
2005.12	《陕西省汉江丹江流域水污染防治条例》	陕西省人大常委会
2006.1	《农村五保供养工作条例》	国务院
2006.2	《关于推进社会主义新农村建设的若干意见》	中共中央、国务院
2006.4	《农产品质量安全法》	全国人大常委会

时间	内容	发布主体
2006.4	《取水许可和水资源费征收管理条例》	国务院
2006.5	《再生资源回收管理办法》	商务部、国家发改委、公安部、建设部、工商总局、环保总局
2006.6	修订后的《义务教育法》	全国人大常委会
2006.6	修订《安徽省淮河流域水污染防治条例》	安徽省人大常委会
2006.8	《海南省农村居民最低生活保障办法》	海南省政府
2006.10	《农产品产地安全管理办法》	农业部
2006.11	《陕西省村务公开民主管理办法》	陕西省政府
2006.12	《西部大开发"十一五"规划》	国务院
2006.12	《新资源食品管理办法》	卫生部
2006.12	《城市供水水质管理规定》	建设部
2006.12	《城市排水许可管理办法》	建设部
2007.1	《流通领域食品安全管理办法》	商务部
2007.1	《关于积极发展现代农业扎实推进社会主义新农村建设的若干意见》	中共中央、国务院
2007.2	《残疾人就业条例》	国务院
2007.4	《城市生活垃圾管理办法》	建设部
2007.6	《劳动合同法》	全国人大常委会
2007.6	《安徽省矿山地址环境保护条例》	安徽省人大常委会
2007.7	《食品召回管理规定》	国家质量监督检验检疫总局
2007.8	《就业促进法》	全国人大常委会
2007.8	《天津市耕地质量管理办法》	天津市政府
2007.8	《关于解决城市低收入家庭住房困难的若干意见》	国务院
2007.10	《节约能源法》	全国人大常委会
2007.11	《陕西省封山禁牧条例》	陕西省人大常委会
2007.11	《陕西省秦岭生态环境保护条例》	陕西省人大常委会
2007.11	《海南省沿海防护林建设与保护规定》	海南省人大常委会
2007.12	《耕地占用税暂行条例》	国务院
2008.1	《河北省环境污染防治监督管理办法》	河北省政府

时间	内容	发布主体
2008.1	《关于切实加强农业基础建设进一步促进农业发展农民增收的若干意见》	中共中央、国务院
2008.2	《关于做好促进就业工作的通知》	国务院
2008.2	《水污染防治法》	全国人大常委会
2008.2	《天津市生活废弃物管理规定》	天津市政府
2008.7	《公共机构节能条例》	国务院
2008.7	《民用建筑节能条例》	国务院
2008.8	《循环经济促进法》	全国人大常委会
2008.9	《中新天津生态城管理规定》	天津市政府
2008.10	《乳品质量安全监督管理条例》	国务院
2008.10	《辽宁省农村居民最低生活保障办法》	辽宁省政府
2008.10	《关于推进农村改革发展若干重大问题的决定》	中共中央
2008.12	《关于采取积极措施减轻企业负担稳定就业局势有关问题的通知》	人力资源和社会保障部、财政部、国家税务总局
2008.12	《关于促进房地产市场健康发展的若干意见》	国务院办公厅
2008.12	《关于切实做好当前农民工工作的通知》	国务院办公厅
2009.2	《关于促进农业稳定发展农民持续增收的若干意见》	中共中央、国务院
2009.2	《食品安全法》	全国人大常委会
2009.5	《关于开展节能产品惠民工程的通知》	财政部、发改委
2009.7	《关于进一步繁荣发展少数民族文化事业的若干意见》	国务院
2009.8	《全民健身条例》	国务院
2009.9	《关于开展新型农村社会养老保险试点的指导意见》	国务院
2009.9	《关于进一步促进中小企业发展的若干意见》	国务院
2009.9	《关于进一步实施东北地区等老工业基地振兴战略的若干意见》	国务院

时间	内容	发布主体
2009.12	《关于进一步做好减轻企业负担稳定就业局势有关问题的通知》	人力资源和社会保障部、财政部、国家税务总局
2010.1	《关于做好当前失业保险工作稳定就业岗位有关问题的通知》	人力资源和社会保障部
2010.1	《环境行政处罚办法》	环境保护部
2010.2	《关于加大统筹城乡发展力度　进一步夯实农业农村发展基础的若干意见》	中共中央、国务院
2010.3	《消耗臭氧层物质管理条例》	国务院
2010.3	第五次修正《选举法》	全国人大
2010.4	《关于进一步加强淘汰落后产能工作的通知》	国务院
2010.5	《关于鼓励和引导民间投资健康发展的若干意见》	国务院
2010.6	《国家中长期教育改革和发展规划纲要（2010—2020 年）》	中共中央、国务院
2010.10	《社会保险法》	全国人大常委会
2010.10	修订《村民委员会组织法》	全国人大常委会
2010.12	修订《水土保持法》	全国人大常委会
2010.12	修订《工伤保险条例》	国务院
2010.12	新《工伤认定办法》	人力资源和社会保障部
2011.1	《关于加快水利改革发展的决定》	中共中央、国务院
2011.2	《土地复垦条例》	国务院
2011.3	《个体工商户条例》	国务院
2011.5	《关于进一步做好普通高等学校毕业生就业工作的通知》	国务院
2011.8	《太湖流域管理条例》	国务院
2011.9	修订《资源税暂行条例》	国务院
2011.12	《国家环境保护"十二五"规划》	国务院
2011.12	《中国农村扶贫开发纲要（2011—2020 年）》	中共中央、国务院
2012.1	《全国现代农业发展规划（2011—2015 年）》	国务院

时间	内容	发布主体
2012.2	《关于加快推进农业科技创新持续增强农产品供给保障能力的若干意见》	中共中央、国务院
2012.4	《女职工劳动保护特别规定》	国务院
2012.8	《关于大力实施促进中部地区崛起战略的若干意见》	国务院
2012.9	《关于规范农村义务教育学校布局调整的意见》	国务院办公厅
2012.9	《关于深入推进义务教育均衡发展的意见》	国务院
2012.10	《农业保险条例》	国务院
2012.12	《老年人权益保障法》	全国人大常委会
2013.1	《关于加快发展现代农业　进一步增强农村发展活力的若干意见》	中共中央、国务院
2013.1	《关于城市优先发展公共交通的指导意见》	国务院

附录三 印度实施包容性增长战略的相关政策文件（2000—2010 年）

时间	内容
2000	农村道路计划（PMGSY）
2001	乡村自我就业计划（SGRY）
2002	农村电气化
2003	森林保护规则
2004	国家以工换粮方案
2004	养老金补助计划方案
2005	国家农村健康计划
2005	《保护妇女免受家庭暴力法》
2005	地方电力化支持计划
2005	国家农村就业保障方案（NREGS）
2005	村村通电工程（RGGVY）
2005	尼赫鲁国家城市复兴计划
2005	林副产品法案
2005	信息权法（使民众有权获知政府信息）
2005	《非正规部门员工（工作条件和促进生计）议案》
2006	农业领域第二次绿色革命
2007	投资优惠条例
2008	气候变化国家行动方案
2009	《儿童免费义务教育权利法》

续表

时间	内容
2009	《教育权利法案》
2009	教育贷款方案
2010	实施新农村建设
2010	国家绿色法庭法案
2010	湿地保护与管理规则
2010	野生生物保护修正方案
2010	印度实施气候变化后哥本哈根国家行动

参考文献

安宇宏：《包容性增长》，《宏观经济管理》2010 年第 10 期。

蔡德发、王曙光：《关于科学划分我国中央与地方税权的研究》，《财政研究》2005 年第 7 期。

蔡昉、王美艳、都阳：《人口密度与地区经济发展》，《浙江社会科学》2001 年第 11 期。

蔡立辉：《政府法制论——转轨时期中国政府法制建设研究》，中国社会科学出版社 2002 年版。

蔡荣鑫：《"包容性增长"理念的形成及其政策内涵》，《经济学家》2009 年第 1 期。

蔡荣鑫：《"益贫式增长"模式研究》，科学出版社 2010 年版。

陈宝东、邓晓兰：《财政分权是否恶化了城市环境质量——基于长三角地区 26 个城市的经验数据》，《经济体制改革》2015 年第 3 期。

陈宝东、邓晓兰：《财政分权体制下的城市环境污染问题研究——来自中国 73 个城市的经验数据》，《大连理工大学学报》（社会科学版）2015 年第 3 期。

陈波、吴丽丽：《人口红利、劳动力素质与中长期经济增长的关联》，《改革》2011 年第 6 期。

陈剑：《包容性增长与中国的发展转型》，《中央社会主义学院学报》2012 年第 2 期。

陈金英：《社会结构与政党制度》，上海世纪出版集团 2010

年版。

陈明：《财政分权增加了政府环境治理效率吗？——来自我国
31 省市的证据》，《当代经济管理》2014 年第 11 期。

陈森良、单晓娅：《经济增长质量及其评价指标体系》，《统计
与决策》2002 年第 7 期。

陈宪：《包容性增长：兼顾效率与公平的增长》，《文汇报》
2010 年 10 月 14 日第 3 版。

陈一舟：《包容性增长是一种"权利增长"》，《广州日报》
2010 年 9 月 29 日 A2 版。

陈逸鎏：《中国式财政分权与环境污染治理》，《中国外资》
2013 年第 8 期。

程春霞：《可持续发展角度的经济增长质量统计指标体系的研
究》，《统计教育》2009 年第 7 期。

储德银、赵飞：《财政分权、政府转移支付与农村贫困》，《财
经研究》2013 年第 9 期。

［德］卡尔·施米特：《宪法学说》，刘锋译，上海人民出版社
2005 年版。

邓小平：《邓小平年谱》（下册），中央文献出版社 2004 年版。

邓小平：《邓小平文选》（第二卷），人民出版社 1994 年版。

邓小平：《邓小平文选》（第三卷），人民出版社 1993 年版。

东南网：《习近平：发展是遵循社会规律的包容性发展》，2014
年 8 月 6 日，http：//nd. fjsen. com/2014 – 08/06/content_ 14632660.
htm。

［法］卢梭：《社会契约论》，何兆武译，商务印书馆 1980
年版。

［法］米歇尔·福柯：《安全、领土与人口》，钱翰、陈晓径
译，上海人民出版社 2010 年版。

［法］米歇尔·克罗齐耶：《法令不能改变社会》，张月译，格

致出版社 2008 年版。

［法］皮埃尔·卡蓝莫：《破碎的民主——试论治理的革命》，高凌翰译，生活·读书·新知三联书店 2005 年版。

［法］让－皮埃尔·戈丹：《何谓治理》，钟震宇译，社会科学文献出版社 2010 年版。

樊纲、王小鲁、马光荣：《中国市场化进程对经济增长的贡献》，《经济研究》2011 年第 9 期。

范丽红、李芸达、程呈：《财政分权视角下经济增长与环境保护协调发展研究》，《经济纵横》2015 年第 6 期。

方晓利、周业安：《财政分权理论述评》，《教学与研究》2001 年第 3 期。

冯根福、刘志勇、蒋文定：《我国东中西部地区间工业产业转移的趋势、特征及形成原因分析》，《当代经济科学》2010 年第 2 期。

傅勇、张晏：《中国式分权与财政支出结构偏向：为增长而竞争的代价》，《管理世界》2007 年第 3 期。

葛笑如、孙亚忠：《"包容性增长"的正义镜像与中国实践》，《社会主义研究》2011 年第 1 期。

龚锋、雷欣：《中国式财政分权的数量测度》，《统计研究》2010 年第 10 期。

龚松柏：《中印经济转型与发展模式比较》，西南财经大学出版社 2011 年版。

龚文海：《农民工医疗保险：模式比较与制度创新》，《人口研究》2009 年第 4 期。

郭平、杨梦洁：《中国财政分权制度对地方政府环境污染治理的影响分析》，《城市发展研究》2014 年第 7 期。

国家林业局森林资源管理司：《中国森林第七次清查结果及其分析》，《林业经济》2010 年第 2 期。

国家统计局：《统计分类标准》，2015 年 1 月 13 日，http：//www. stats. gov. cn/tjzs/cjwtjd/201308/t20130829_ 74318. html。

国务院：《国务院关于印发国家基本公共服务体系"十二五"规划的通知》，2012 年 7 月 20 日，http：//www. gov. cn/zwgk/2012 –07/20/content_ 2187242. htm。

韩保江：《领会"包容性增长"的深意》，《理论视野》2010 年第 10 期。

韩传模、汪士果：《基于 AHP 的企业内部控制模糊综合评价》，《会计研究》2009 年第 4 期。

何显明：《治理民主：中国民主成长的可能方式》，中国社会科学出版社 2014 年版。

贺瑛、华蓉晖：《印度灵活就业人员的社会保障》，《中国社会保障》2012 年第 3 期。

贺永红：《印度的基层自治》，《中国人大》2013 年第 1 期。

红旗文稿：《对习近平总书记关于发展的"三个规律"的实践思考》，新华网，2015 年 1 月 9 日，http：//news. xinhuanet. com/politics/2015 –01/09/c_ 127373325. htm。

洪华喜、申登明：《市场化改革对中国经济增长的影响》，《经济问题探索》2001 年第 12 期。

洪巧俊：《正视 90% 贫困人口在农村这个问题》，《党政干部文摘》2009 年第 5 期。

胡鞍钢等：《中国国家治理现代化》，中国人民大学出版社 2014 年版。

胡锦涛：《深化交流合作　实现包容性增长》，《人民日报》2010 年 9 月 17 日第 1 版。

胡书东：《经济发展中的中央与地方关系：中国财政制度变迁研究》，上海人民出版社 2001 年版。

华民：《中印经济发展模式的比较》，《复旦学报》（社会科学版）2006 年第 6 期。

黄君洁：《财政分权与经济增长关系的文献综述》，《产经评论》2010 年第 2 期。

黄君洁：《中国财政支出分权与人类发展关系研究》，中国社会科学出版社 2011 年版。

黄孟复：《中国民营经济是转方式保民生的重要力量》，《中央社会主义学院学报》2011 年第 2 期。

黄铁苗、蔡琦：《建设节约型家庭，促进低碳经济发展》，《云南财经大学学报》2010 年第 3 期。

黄晓燕、张乐：《印度公共卫生医疗体系》，《南亚研究季刊》2006 年第 4 期。

黄肖广、李睿鑫：《财政分权与经济增长的地区差异效应研究》，《学术交流》2009 年第 1 期。

惠树鹏、郑玉宝：《中国市场化改革对区域经济增长效率的影响》，《甘肃社会科学》2014 年第 6 期。

计金标：《税收政策要坚持目标导向和问题导向》，中国税务报—中国税网，http：//www. ctaxnews. com. cn/lilun/tantao/201603/t20160303_ 66581. htm，2016 - 03 - 03。

贾海涛：《印度民族政策初探》，《世界民族》2005 年第 6 期。

解放日报：《经济发展与环境保护可双赢》，2006 年 12 月 23 日，http：//finance. sina. com. cn/roll/20061223/09001117518. shtml。

金焕玲、崔子修：《中国改革的成就、特点与展望》，《北京建筑工程学院学报》2009 年第 2 期。

康锋莉：《中国财政政策时间一致性问题研究》，《厦门大学》2006 年。

赖小琼、黄智淋：《财政分权、通货膨胀与城乡收入差距关系研究》，《厦门大学学报》2011 年第 1 期。

赖玥：《财政分权与经济增长：一个委托—代理视角下的动态

模型》,《统计与决策》2014 年第 11 期。

李长安:《包容性增长的核心是机会均等》,《京华时报》2010 年 10 月 26 日第 41 版。

李长安、庄芳:《收入倍增计划:中国强国富民的必由之路》,《西部论丛》2010 年第 5 期。

李凤荣:《我国税权划分存在的问题及改进措施》,《财会月刊(综合)》2006 年第 1 期。

李刚:《"包容性增长"的学源基础、理论框架及其政策指向》,《经济学家》2011 年第 7 期。

李建忠:《第十一个五年:印度教育以质量促公平》,《中国教育报》2008 年 10 月 7 日第 4 版。

李丽琴:《公共服务均等化:中国财政分权作用的再衡量——基于包容性增长的视角》,《当代经济管理》2012 年第 2 期。

李丽琴:《公共服务均等化:中国财政分权作用的再衡量——基于包容性增长的视角》,《中共南京市委党校学报》2011 年第 6 期。

李猛:《财政分权与环境污染——对环境库兹涅茨假说的修正》,《经济评论》2009 年第 5 期。

李涛、黄纯纯:《分权、地方公共支出和中国经济增长》,《中国人民大学学报》2008 年第 3 期。

李文星、艾春荣、徐长生:《财政分权与中国经济增长关系的再检验》,《浙江社会科学》2009 年第 11 期。

李文:《印度经济数字地图 2011》,科学出版社 2012 年版。

李文:《印度经济数字地图》,科学出版社 2012 年版。

李晓园、陈武:《我国县域经济包容性增长评价及启示》,《江西社会科学》2014 年第 9 期。

李雪松、冉光和:《财政分权、农业经济增长与城乡收入差距》,《农业技术经济》2013 年第 1 期。

厉以宁：《经济学与公共目标的中译本序言》，〔美〕约肯加尔布雷斯：《经济学与公共日标》，蔡受百译，商务印书馆 1980 年版。

联合国开发计划署（UNDP）：《2002 年人类发展报告》，中国财政经济出版社 2002 年版。

林承节：《印度现代化的发展道路》，北京大学出版社 2011 年版。

林毅夫、庄巨忠、汤敏等：《以共享式增长促进社会和谐》，中国计划出版社 2008 年版。

林勇、卓玛草：《"双刃剑"上的中国财政分权——基于经济增长和波动效应的研究》，《经济问题探索》2013 年第 3 期。

刘嫦娥、李允尧、易华：《包容性增长研究述评》，《经济学动态》2011 年第 2 期。

刘成军：《印度农村医疗保障体系发展现状及其对我国的启示》，《中国初级卫生保健》2009 年第 23 期。

刘建民、王蓓、陈霞：《财政分权对环境污染的非线性效应研究——基于中国 272 个地级市面板数据的 PSTR 模型分析》，《经济学动态》2015 年第 3 期。

刘世昕：《我国重启绿色 GDP 研究》，《中国青年报》2015 年 3 月 31 日第 3 版。

刘小勇：《省及省以下财政分权与省际经济增长》，《经济科学》2008 年第 1 期。

刘学敏：《循环经济与低碳发展》，现代教育出版社 2011 年版。

刘阳：《中国民营经济发展中存在的问题与原因探析》，《经济与法》2012 年第 1 期。

刘渝琳、温怀德：《经济增长下的 FDI、环境污染损失与人力资本》，《世界经济研究》2007 年第 11 期。

刘铮、刘劼、刘宝森：《经济观察：中国八年来首次下调年度经济增长目标》，2012 年 3 月 5 日，http：//news. xinhuanet. com/politics/2012lh/2012 – 03/05/c_ 111604092. htm。

刘智峰：《国家治理论》，中国社会科学出版社 2014 年版。

卢洪友、卢盛峰等：《"中国式财政分权"促进了基本公共服务发展吗》，《财贸研究》2012 年第 6 期。

陆学艺：《我国社会结构的变动及其影响》，《中国经贸导刊》2010 年第 7 期。

马胡杰、霍骁勇：《市场化进程、财政分权与收入差距》，《软科学》2014 年第 6 期。

马晓钰、李强谊、郭莹莹：《中国财政分权与环境污染的理论与实证》，《经济经纬》2013 年第 5 期。

［美］阿瑟·刘易斯：《经济增长理论》，梁小民译，上海三联书店 1990 年版。

［美］巴罗、萨拉伊马丁：《经济增长》，中国社会科学出版社 1999 年版。

［美］查尔斯·蒂利：《信任与统治》，胡位均译，上海人民出版社 2010 年版。

［美］B. 盖伊·彼得斯：《政府未来的治理模式》，吴爱明、夏宏图译，中国人民大学出版社 2001 年版。

［美］塞缪尔·亨廷顿：《变革社会的政治秩序》，李盛平等译，华夏出版社 1988 年版。

［美］约翰·肯尼斯·加尔布雷斯：《好社会：人道的记事本》，胡利平译，译林出版社 1999 年版。

孟久儿：《包容性增长与包容性财政政策设计研究》，南开大学出版社 2014 年版。

缪小林、伏润民、王婷：《地方财政分权对县域经济增长的影响及其传导机制研究》，《财经研究》2014 年第 9 期。

潘孝珍：《财政分权与环境污染：基于省级面板数据的分析》，《地方财政研究》2009 年第 7 期。

彭学明：《地方政府行政绩效评估原理》，《吉林大学学报》（社会科学版）2002 年第 3 期。

乔宝云、范剑勇等：《中国的财政分权与小学义务教育》，《中国社会科学》2005 年第 6 期。

人民网：《"包容性增长"成李克强访问非洲关键词》，2014 年 5 月 9 日，http：//politics. people. com. cn/n/2014/0509/c1001 - 249 98485. html。

人民网：《李克强：我们要的是包容性发展》，2015 年 1 月 6 日，http：//politics. people. com. cn/n/2015/0106/c1001 - 26335426. html。

人民网：《习近平主持中共中央政治局会议，决定召开十八届四中全会》，2014 年 7 月 30 日，http：//cpc. people. com. cn/n/2014/0730/c64094 - 25366470. html。

任保平：《中国经济增长质量报告（2011）——中国经济增长包容性》，中国经济出版社 2011 年版。

［瑞典］博·罗斯坦：《政府质量：执政能力与腐败、社会信任和不平等》，蒋小虎译，新华出版社 2012 年版。

商务部网站：《美洲玻利瓦尔联盟峰会宣布将建设包容性的社会》，2010 年 7 月 1 日，http：//www. mofcom. gov. cn/aarticle/i/jyjl/l/201007/2010070 6998368. html。

沈开艳：《印度经济改革发展二十年：理论、实证与比较》，上海人民出版社 2011 年版。

沈坤荣、付文林：《中国的财政分权制度与地区经济增长》，《管理世界》2005 年第 1 期。

沈伟：《试析中国税权划分对经济增长的影响》，《税务研究》2008 年第 10 期。

孙翎：《包容性增长与基本社会保障均等化》，《光明日报》2010 年 10 月 25 日第 10 版。

孙士海、葛维钧：《印度》，社会科学文献出版社 2006 年版。

唐均：《人口老龄化的行业机遇》，《中国药店》2010 年第 11 期。

田侃、亓寿伟：《转移支付、财政分权对公共服务供给的影响——基于公共服务分布和区域差异的视角》，《财贸经济》2013 年第 4 期。

田艳芳：《财政分权、政治晋升与环境冲突——基于省级空间面板数据的实证检验》，《华中科技大学学报》2015 年第 4 期。

王德祥、李建军：《财政分权，经济增长与外贸依存度》，《世界经济研究》2008 年第 8 期。

王红茹：《深度解读：胡锦涛倡导的"包容性增长"概念》，《中国经济周刊》2010 年 9 月 28 日。

王沪宁：《政治的人生》，上海人民出版社 1995 年版。

王磊、郭义民：《财政分权与中国经济增长——基于面板数据的联立方程估计》，《北方经济》2009 年第 9 期。

王立平、龙志和：《中国市场化与经济增长关系的实证分析》，《经济科学》2004 年第 2 期。

王平：《中国共产党发展理念的研究现状》，《吉林省教育学院学报》2013 年第 12 期。

王韬、底偓鹏：《中国财政分权与区域经济增长的实证分析》，《武汉理工大学学报》2010 年第 6 期。

王文剑、覃成林：《地方政府行为与财政分权增长效应的地区性差异——基于经验分析的判断、假说及检验》，《管理世界》2008 年第 1 期。

王英娟、李荣平、陈松松：《基于经济增长质量内涵的综合评价指标体系研究》，《河北企业》2011 年第 10 期。

王永钦、张晏、章元、陈钊、陆铭：《中国的大国发展道路——论分权式改革的得失》，《经济研究》2007 年第 1 期。

王玉芳：《低碳城市评价体系研究》，硕士学位论文，河北大学，2010 年。

王志章、王晓蒙：《包容性增长的印度模式及其对中国的启示》，《城市观察》2011 年第 5 期。

《为了让印度实现人人受教育》，张玉秀译，《中国教育报》2007 年 11 月 12 日第 8 版。

温家宝：《2012 年政府工作报告》（第十一届全国人民代表大会第五次会议），2012 年 3 月 5 日，http：//news. xinhuanet. com/politics/2012lh/2012－03/15/c_ 111660147. htm。

吴顺恩：《我国财政分权体制下的环境污染问题研究》，《生态经济》2014 年第 12 期。

武力：《中国经济数字地图 2011》，科学出版社 2012 年版。

［美］西摩·马丁·利普赛特、宋庆仁、约翰·查尔斯·托里期，仕琦译：《对民主政治的社会条件的比较分析》，《国际社会科学杂志》（中文版）1994 年第 5 期。

习近平：《切实把思想统一到党的十八届三中全会精神上来》，《人民网—人民日报》，http：//politics. people. com. cn/n/2014/0101/c1024－23994509. html。

习近平：《遵循经济规律科学发展，遵循自然规律可持续发展》，新华网，2014 年 7 月 8 日，http：//news. xinhuanet. com/2014－07/08/c_ 1111518411. htm 。

夏光：《环境保护与经济增长可兼得（观点）》，http：//paper. people. com. cn/rmrb/paperindex. htm，2010 年 11 月 1 日。

肖立辉：《基层群众自治：中国基层民主的经验与道路》，《中国行政管理》2008 年第 9 期。

谢长青：《论公用设施和人口密度对小城镇经济增长贡献》，《佛山科学技术学院学报》（社会科学版）2014 年第 1 期。

谢贞发、张玮：《中国财政分权与经济增长——一个荟萃回归分析》，《经济学（季刊）》2015 年第 2 期。

新华社：《国民经济和社会发展第十二个五年规划纲要（全文）》，2011 年 3 月 16 日，http：//www. gov. cn/2011lh/content_1825838. htm。

新华社：《全国参保人数达 8. 42 亿人》，2015 年 10 月 27 日，http：//news. 163. com/15/1027/02/B6TAOMTL00014Q4P. html。

新华社：《授权发布：中共中央关于全面深化改革若干重大问题的决定》，2013 年 11 月 15 日，http：//news. xinhuanet. com/2013 - 11/15/c_ 11816 4235. htm。

新华网：《胡锦涛出席第五届亚太经合组织人力资源开发部长级会议开幕式》，2010 年 9 月 16 日，http：//news. xinhuanet. com/politics/2010 - 09/16/c_ 13514808. htm。

新华网：《胡锦涛在 APEC 峰会演讲一年 3 次倡导包容性增长》，2010 年 11 月 14 日，http：//news. qq. com/a/20101114/000543. htm。

新华网：《温家宝：我们必须为中国的发展争得应有的权利》，2009 年 12 月 27 日，http：//news. xinhuanet. com/2009 - 12/27/content_ 12711369. htm。

新华网：《习近平强调"以史鉴今"：为政之要莫先于得人、治国先治吏》，2014 年 10 月 13 日，http：//news. 163. com/14/1013/20/A8FCO47F000 14SEH. html。

新华网：《中共中央关于制定"十一五"规划的建议（全文）》，2005 年 1 月 18 日，http：//news. xinhuanet. com/politics/2005 - 10/18/content_ 3640318. htm。

徐勇：《基层民主：社会主义民主的基础性工程》，《学习与探索》2008 年第 4 期。

许树柏：《层次分析法原理》，天津大学出版社 1988 年版。

许树华：《减贫视角下的财政分权改革研究》，《经济问题探索》2014 年第 7 期。

闫文娟：《财政分权、政府竞争与环境治理投资》，《财贸研究》2012 年第 5 期。

闫文娟、钟茂初：《中国式财政分权会增加环境污染吗》，《财经论丛》2012 年第 5 期。

杨灿：《国民经济核算教程》，中国统计出版社 2015 年版。

杨朝飞：《完善环境政策体系　控制环境污染形势》，《中国环保产业》2011 年第 2 期。

杨万平、袁晓玲：《对外贸易、FDI 对环境污染的影响分析》，《世界经济研究》2008 年第 12 期。

杨新洪：《包容性增长的路径选择与指标监测》，《特区实践与理论》2011 年第 2 期。

杨怡爽：《制度视角的中印经济增长比较》，博士学位论文，中国社会科学院研究生院，2011 年。

杨英杰、杨小科：《包容性增长对出口导向型经济的超越》，《国家行政学院学报》2014 年第 5 期。

杨之刚等：《财政分权理论与基层公共财政改革》，经济科学出版社 2006 年版。

叶晓楠：《民营经济跨入发展新时期》，《人民日报》（海外版）2005—12.24，第 4 版。

叶仲霖：《低碳经济政策执行力评估体系构建及应用分析》，硕士学位论文，厦门大学，2011 年。

殷德生：《最优财政分权与经济增长》，《世界经济》2004 年第 11 期。

［印］阿玛蒂亚·森：《贫困与饥荒：论权利与剥夺》，王宇、王文玉译，商务印书馆 2001 年版。

印度政府网站，http：//business. gov. in/outerwin. php？id = ht-tp：//dipp. nic. in/。

［英］伊夫·梅尼、文森特·赖勿特编：《西欧国家中央与地方的关系》，朱建军等译，春秋出版社 1989 年版。

于敏、王小林:《中国经济的包容性增长:测量与评价》,《经济评论》2012 年第 3 期。

余长林:《财政分权、公共品供给与中国城乡收入差距》,《中国经济问题》2011 年第 3 期。

余闻:《实现包容性增长须去经济增长的 GDP 化》,《学习时报》2010 年 10 月 4 日。

俞宪忠:《"包容"是民众发展的制度诉求》,《人民网—人民日报》,2010 年 10 月 14 日,http://theory. people. com. cn/GB/12946552. html。

俞雅乖:《我国财政分权与环境质量的关系及其地区特性分析》,《经济学家》2013 年第 9 期。

张彩云、郭艳青:《中国式财政分权、公众参与和环境规制——基于 1997—2011 年中国 30 个省份的实证研究》,《南京审计学院学报》2015 年第 6 期。

张凯、王文竹、何乐、苏御:《税收话题两会再升温:导向明一点发力准一点》,中国税务报—中国税网,2016 年 3 月 7 日,http://www. ctaxnews. com. cn/xinwen/dujia/201603/t20160307_ 66616. htm。

张克中、冯俊诚等:《财政分权有利于贫困减少吗》,《数量经济技术经济研究》2010 年第 12 期。

张克中、王娟、崔小勇:《财政分权与环境污染:碳排放的视角》,《中国工业经济》2011 年第 10 期。

张乐:《印度社会保障体系概述》,《南亚研究季刊》2006 年第 2 期。

张立军、袁能文:《线性综合评价模型中指标标准化方法的比较与选择》,《统计与信息论坛》2010 年第 8 期。

张淑兰:《印度环境管理的制度分析》,《南亚研究季刊》2010 年第 1 期。

张维炜:《选举法修改:中国民主进程的历史选择》,《中国人大》2009 年第 22 期。

张晓梅：《中国包容性增长测度及影响因素分析》，山东大学出版社 2014 年版。

张欣怡：《财政分权下地方政府行为与环境污染问题研究——基于我国省级面板数据的分析》，《经济问题探索》2015 年第 3 期。

张馨：《公共财政论纲》，经济科学出版社 1995 年版。

张晏、龚六堂：《分税制改革、财政分权与中国经济增长》，《经济学季刊》2005 年第 1 期。

张蕴岭：《包容性发展：互利共赢　成就未来》，《金融时报》2011 年 4 月 16 日。

赵海均：《包容性增长的三大立足点》，《党政干部参考》2010 年第 11 期。

赵建军：《中印经济比较的理性思考》，《南亚研究季刊》2008 年第 3 期。

赵祖新：《财政分权与经济增长研究》，《武汉理工大学学报》2010 年第 2 期。

中国财经网：《实现覆盖全民的大医保格局》，2015 年 9 月 22 日，http：//finance. china. com. cn/roll/20150922/3354558. shtml。

中国林科院：《印度的森林资源与主要林业政策》，2010 年 12 月 7 日，http：//www. forestry. gov. cn/。

中华人民共和国财政部预算司：《中央对地方转移支付情况》，2013 年 12 月 2 日，http：//www. mof. gov. cn/mofhome/yusuansi/zhengwuxinxi/gongzuodongtai/201311/t20131129_ 1018397. html。

中华人民共和国国务院新闻办公室：《中国的民主政治建设》，新星出版社 2005 年版。

周东明：《财政分权与地区经济增长》，《中南财经政法大学学报》2012 年第 4 期。

周建军：《如何理解"包容性增长"》，《人民日报》2010 年 10

月 27 日。

周阳敏：《印度包容性税收改革的经验及其对中国的启示》，《贵州社会科学》2012 年第 2 期。

周业安、章泉：《财政分权、经济增长和波动》，《管理世界》2008 年第 3 期。

周业安、章泉：《市场化、财政分权和中国经济增长》，《中国人民大学学报》2008 年第 1 期。

朱春奎、严敏：《包容性增长的由来与理论要义》，《东岳论丛》2012 年第 3 期。

朱孔来：《国民经济和社会发展综合评价研究》，山东人民出版社 2004 年版。

朱震葆：《人口密度与社会经济发展的相关性》，《统计科学与实践》2014 年第 9 期。

庄巨忠：《亚洲的贫困、收入差距与包容性增长》，中国财政经济出版社 2012 年版。

庄巨忠：《以共享式增长构建和谐社会：一个战略框架》，《亚行研究报告》2007 年。

左颖：《包容性增长或成大会亮点》，《黑龙江晨报》2010 年10 月 16 日第 13 版。

Aiyar, M. S. , N. Tiwari. Inclusive Growth Through Inclusive Governance in India's North East. *Common-wealth Journal of Local Governance*, 2009, (2) .

Akai, N. , M. Sakata. Fiscal Decentralization Contributes to Economic Growth: Evidence from State-level Cross-section Date for the United States. *Journal of Urban Economics*, 2002, (52) .

Ali, I. , H. H. Son. Measuring Inclusive Growth. *Asian Development Review*, 2007, 24 (1) .

Ali, I. Inequality and the imperative for inclusive growth in Asia.

Asian Development Review, 2007, 24 （2）.

Ali, I., J. Zhuang. Inclusive growth toward a prosperous Asia. ERD Working Paper Series No. 97, Asian Development Bank, 2007.

Ali, I. Pro-poor to Inclusive Growth: Asian Prescriptions. ERD Policy Brief Series No. 48. ADB, Manila, 2007.

Ali, I., X. Yao. Pro-poor Inclusive Growth for Sustainable Poverty Reduction in Developing Asia: The Enabling Role of Infrastructure Development. ERD Policy Brief Series No. 27. ADB. Manila, 2004.

Arikan, G. Gulsun. Fiscal Decentralization: A Remedy for Corruption? Working Paper No. 82. Institute of Government and Public Affairs, University of Illinois, 2000.

Aschauer, D. Is Public Expenditure Productive. *Journal of Monetary Economics*, 1989, （23）.

Asian Development Bank. "Strategy 2020: The Long-term Strategic Framework of the Asian Development Bank 2008 – 2020", Manila, 2008.

Asian Development Bank. Toward A New Asian Development Bank in A New Asia. Manila: 2007.

Avner Ahituv. Be Fruitful orMultiply: On the Interplay Between Fertility and Economic Development. *Population Economics*, 2001 （14）.

Bahl, R. Fiscal Policy in China: Taxation and Intergovernmental Relations. The 1900 Institute, 1999.

Bahl, R. How to Design a Fiscal Decentralization Program. In Y. Shahid, W. Weiping and E. Simon （Eds.）. *Local Dynamics in an Era of Globalization: Twenty-first Century Catalysts for Development*. Oxford and New York: Oxford University Press for the World Bank. 2000.

Bahl, R., J. Linn. *Urban Public Finance in Developming Countries.* Oxford University Press, 1992.

Bahl, R., S. Nath. Public Expenditure Decentralization in Developing Economics. *Government and Policy*, 1986, (4).

Bardhan, Pranab, Dilip Mookherjee. Expenditure Decentralization and the Delivery of Public Services in Developing Countries. CIDER Paper. University of California, Berkeley. 1998.

Barro, R. Government Spending in a Simple Model of Endogenous Growth. *Journal of Political Economy*, 1990, (98).

Bennett, Robert J. (ed.) *Decentralisation, Local Governments and Markets.* Oxford: Clarendom Press. 1990.

Bird, Richard M., Ebel, Robert, Wallich, Chistine. (eds.). Decentralization of the Socialist State: Intergovernmental Finance in Transition Economies. Washington, D. C.: World Bank, 1995.

Bird, R., Threading the Fiscal Labyrinth: Some Issues in Fiscal Decentralization. *National Tax Journal*, 1993, (46).

Break, George F. *Intergovernmental Fiscal Relations in the United States.* Washington, D. C.: Brookings Institution, 1967.

Brennan G., Buchanan J. M. *The Power to Tax.* New York: Cambridge University Press, 1980.

Campbell, T., Peterson, G., Brakarz, J. Decentralization to Local Government in LAC: National Strategies and Local Response in Planning, Spending, and Management. Report No. 5, Latin America and The Caribbean Technical Department, Regional Studies Program. Washington D. C.: World Bank, 1991.

Carbonara, Emanuela. Corruption and Decentralization. Working Paper No. 342/83. *University of Bologna Department of Economics*, 2000.

Careaga, M. , B. Weingast. *The Fiscal Pact with the Devil*: *A Positive Approach to Fiscal Federalism*, *Revenue Sharing*, *and Good Governance*. Mimeo: Stanford University, 2000.

Chu Jian, Zheng Xiao-Ping. China's Fiscal Decentralization and Regional Economic Growth. *Japanese Economic Review*, 2013, 64 (4) .

Davoodi, H. , H. Zou. Fiscal Decentralization and Economic Growth: A Cross-country Study. *Journal of Urban Economics*, 1998, (43) .

Davoodi, H, Zou, HF. Fiscal Decentralization and Economic Growth: A Cross-country Study. *Journal of Urban Economics*, 1998, 43 (2) .

Devarajan, S. , Swaroop, V. , Zou, H. The Composition of Public Expenditures and Economic Growth. *Journal of Monetary Economics*, 1996, (37) .

D. Goulet. *The Cruel Choice*: *A New Concept in the Theory of Development*. University Press of America. 1971.

Easterly, William, Sergio Rebelo. Fiscal Policy and Economic Growth: An Empirical Investigation. *Journal of Monetary Economics*, 1993, (32) .

Easterly, W. It's Been A Rough Ride, Toto, but I Think We're Back in Kansas. World Bank Working Paper. Washington, DC: World Bank, 2000.

Eden, L. , McMillan, M. L. Local Public Goods: Shoup Revisited. In Eden, L. (Eds.) . *Retrospectives in Public Finance.* Durham, N. C. : Duke University Press, 1991.

Elinor Ostrom. A Communitarian Approach to Local Governance. *National Civic Review* (Summer) , 1993.

Enikolopov, R. , E. Zhuravskaya. Decentralization and Political Institutions. CEPR Discussion Paper No. 3857. London, 2003.

Fernando, N. Rural Development Outcomes and Drivers. EARD Special Studies. ADB, Manila, 2008.

Fischer, Stanley. The Role of Macroeconomic Factors in Growth. *Journal of Monetary Economics*, 1993, (32).

Fisman, Raymond, Roberta Gatti. Decentralization and Corruption: Evidence across Countries. Policy Research Working Paper No. 2290. World Bank, 2000.

Francisco Javier Arze Del Granado. A Study of the Relationship between Fiscal Decentralization and the Composition of Public Expenditure. Andrew Young School of Policy Studies of Georgia State University, 2003.

Frederic L. Pryor. Elements of a Positive Theory of Public Expenditures. *Finanzarchiv*, 1967, 24 (3): 356 – 361.

Giertz, F. J. Decentralization at the State and Local Level: An Empirical Analysis. *National Tax Journal*, 1976, (29).

Grewal, B. S., G. H. Brennan, R. L. Mathews (eds.). *The Economics of Federalism*. National University Press, 1980.

Guess, G., Loehr, W., Martinez-Vazquez, J. Fiscal Decentralization: A Methodology for Case Studies. Discussion Papers. CAER Consulting Assistance on Economic Reform Ⅱ, 1997.

Hammond A. L., Kramer W. J., Katz R. S., et al. The Next 4 Billion. *Innovations*, 2007, (2).

Hirschman, A. *Exit, Voice, and Loyalty*. Harvard Cambridge University Press, 1970.

Huther, J., Anwar Shah. Applying a Simple Measure of Good Governance to the Debate of Decentralization. Washington D. C.: World Bank, 1998.

International Policy Center on Inclusive Growth. What is Inclusive Growth？．http：//www. ipc-undp. org/pages/newsite/menu/inclusive/whatisinclusivegrowth. jsp？ active = 1，2014 - 02 - 24.

Jin H.，Y. Qian，B. Weingast. Regional Decentralization and Fiscal Incentive：Federalism，Chinese Style. *Journal of Public Economics.* 2005，（89）．

John Thornton. Fiscal decentralization and economic growth reconsidered. *Journal of Urban Economics*，2007，61（1）．

Kee，W. S. Fiscal Federalism and Economic Development. *Public Finance Quarterly*，1977，5（1）．

Klasen S. Measuring and Monitoring Inclusive Growth：Multiple Definitions，Open Questions，and Some Constructive Proposals. Manila：2010.

Klasen，S. Measuring and monitoring inclusive growth. ADB Sustainable Development Working Paper Series No. 12，2010.

Klitgaard，Robert E. *Controlling Corruption.* Berkeley：University of California Press，1988.

Landau，R. Government Expenditure and Economic Growth：A Cross Country Study. *Southern Economic Journal*，1983，49（3）．

Lan Phi Nguyen，Anwar，Sajid. Fiscal Decentralisation and Economic Growth in Vietnam. *Journal of the Asia Pacific Economy*，2014，16（1）．

Levine，Ross，David Renelt. A Sensitivity Analysis of Cross-country Growth Regressions. *American Economic Review*，1992，82（4）．

Lin，J. Y.，Z. Liu. Fiscal Decentralization and Economic Growth in China. *Economic Development and Cultural Change*，2000，49（1）．

Lin，Y. F. Development strategies for inclusive growth in developing Asia. Paper presented for Asian Development Bank's Distinguished

Speakers Program, Manila, 2004.

Litvack, J., Ahmad, J., Bird, R. Rethinking Decentralization in Developing Countries. Sector Studies Series. Washington D. C.: World Bank. 1998.

Mainak, Sarkar. Fiscal Decentralization and Human Development: Some Evidence from Argentina. Working Paper. Department of Economics Yale University, 2000.

Ma Jun. China's Fiscal Reform. *An Overview Asian Economic Review*, 1997, (4).

Martinez-Vazquez, J., R. M. McNab, Cross Country Evidence on the Relationship between Fiscal Decentralization, Inflation and Growth. Working Paper. International Studies Program. Andrew Young School of Policy Studies, 2002.

Martinez-Vazquez, J., R. M. McNab, Fiscal Decentralization and Economic Growth. *World Development*, 2003, (31).

Martinez-Vazquez, J., R. M. McNab. Fiscal Decentralization, Economic Growth, and Democratic Governance. International Studies Program Working Paper. Atlanta: Andrew Young School of Policy Studies, Georgia State University, 1998.

McKinley, T. Inclusive Growth Criteria and Indicators. ADB Sustainable Development Working Paper Series No. 14, 2010.

Mclure, C. E. Comment on "the Dangers of Decentralization" by Prud' homme. *The World Bank Research Observer*, 1995, 10 (2).

McMillan, M. L. A Local Perspective on Fiscal Federalism: Practices, Experiences, and Lessons from Developing Countries. Washington D. C.: World Bank Policy Research Department. Public Economics Division. 1995.

Mullen, J. The Role of Income in Explaining State-local Fiscal Decentralization. *Public Finance*, 1980, (35).

Musgrave, Richard M. *The Theory of Public Finance*. McGraw-Hill, 1959.

Oates, W. E. Fiscal Decentralization and Economic Development. *National Tax Journal*. 1993 (XLVI).

Oates, W. E. Fiscal Federalism. *Harcourt Brace Jovanovich*. 1972.

Oates, W. E. Searching for Leviathan: An Empirical Analysis. *American Economic Review*, 1985, (75).

Panizza, H. On the Determinants of Fiscal Centralization: Theory and Evidence. *Journal of Public Economics*, 1999, (74).

Persson, T., Tabellini, G. *Political Economics: Explaining Economic Policy*. Cambridge: MIT Press, 2000.

Philip Bodman, Kathryn Ford. Fiscal Decentralisation and Economic Growth in the OECD. *Applied Economics*, 2011, 11 (4).

Planning Commission Government of India. Eleventh Five Year Plan 2007 – 2012. New Delhi: *Social Science*, 2008.

Pommerehne, W. Quantitative Aspects of Federalism: A Study of Six Countries. In Oates W. (Eds.). *The Political Economy of Fiscal Fedeeralism*. Massachuasetts: Lexington Mass, 1977.

Prud' homme, R. On the Dangers of Decentralization. *The World Bank Research Observer*, 1995, (10).

Qiao, B., Martinez-Vazquez, J., Y. Yu. Growth and Equity Trade-off in Decentralization Policy: China's Experience. Working Paper 02 – 16. International Studies Programm. Georgia State University, 2002.

Ram, R. Government Size and Economic Growth: A New Framework and some Evidence from Cross-Section and Time-Series Data. *American Economic Review*, 1989, (79).

Rauniyar, G., K. Ravi. Inclusive Development: Two Papers on

Conceptualization, Application, and the ADB Perspective. *Independent Evaluation Department*, ADB, 2010.

Raymond, Fisman, Roberta Gatti. Decentralization and Corruption: Evidence across Countries. *Journal of Public Economics*, 2002, (83).

R. C. Crook, Decentralisation and Poverty Reduction in Africa: the Politics of Local -Central Relations, *Public Administration and Development*, 2003, 23 (1).

Rodriguez-Pose, Andres, Ezcurra, Roberto. Is Fiscal Decentralization Harmful for Economic Growth? Evidence from the OECD Countries. *Journal of Economic Geography*, 2011, 11 (4).

Rodriguez-Pose, Andres, Kroijer, Anne. Fiscal Decentralization and Economic Growth in Central and Eastern Europe. *Growth And Change*, 2009, 40 (3).

Rowland, A. M. Population as a Determinant of Local Outcomes under Decentralization: Illustrates from Small Municipalities in Bolivia and Mexico. *World Development*, 2001, 29 (8).

Samuelson, Paul A. The Pure Theory of Public Expenditure. *Review of Economics and Statistics*. 1954, (36).

Sarbeswara Sahoo, Aparimita Pramanik Kalpataru. Political Economy of Reservation. http//www. gdnet. Org/fulltext/Sahoo.

Schleifer, Andrei, Robert Vishny. Corruption. *Quarterly Journal of Economics*, 1993, 108 (2).

Seabright, Paul. Accountability and Decentralization in Government: An Incomplete Contracts Model. *European Economic Review*, 1996, 40 (1).

Sewell, D. The Danger of Decentralization According to Prud'homme: Some Further Aspects. *World Bank Research Observer*, 1995, 11 (1).

Shah, A. Indonesia and Pakistan: Fiscal Decentralization—An Elusive Goal? . In R. M. Bird and F. Vaillancourt (Eds.) . *Fiscal Decentralization in Developing Countries.* New York: Cambridge Universtiy Press, 1998.

Solow, R. M. A. , Contribution to the Theory of Economic Growth. *Quarterly Journal of Economics*, 1956, (70) .

Spahn, P. B. , Decentralization Government and Macroeconomic Control. Infrastructure Notes FM – 12. Washington, D. C. : World Bank, 1997.

Strumpf, K. Does Government Decentralization Increase Policy Innovation. Working Paper, Department of Economics, Yale University. 1997.

Tandon, A. , J. Zhang. Inclusiveness of Economic Growth in the People's Republic of China: What Do Population Health Outcomes Tell Us? *Manila, ERD Policy Brief Series*, 2007, (47) .

Tanzi, V. Fundamental Determinants of Inequality and the Role of Government. Working Paper Series WP/98/178. Washington D. C. International Monetary Fund, 1998.

Tanzi, Vito. Corruption, Government Activities, and Markets. IMF Working Paper No. 94/99. Washington D. C. : International Monetary Fund, 1994.

Tanzi, Vito. Fiscal Federalism and Decentralization: A Review of Some Efficiency and Macroeconomic Aspets. Annual World Bank Conference on Development Economics 1995, 1996.

Tanzi, V. On Fiscal Federalism: Issues to Worry About. Working Paper Series. Washington D. C. : International Monetary Fund, 2000.

The World Bank. What Is Inclusive Growth? PRMED Knowledge Brief. Washington, D. C. : Economic Policy and Debt Department,

2009, February 10.

Thie Ben, U. Fiscal Federalism in Western European and Selected Other Countries: Centralization or Decentralization? What Is Better for Economic Growth, DIW Berlin Unpublished Manuscript. 2003.

Thiessen, Ulrich. Fiscal Decentralisation and Economic Growth in High-income OECD Countries. *Fiscal Studies*, 2003, 24 (3).

Tiebout, C. A Pure Theory of Local Expenditures. *Journal of Political Economics*, 1956, (64).

Treisman, Daniel. The Causes of Corruption: a Cross-national Study. *Journal of Public Economics*, 2000, 76 (3).

Tugrul Gurgur and Anwar Shah. Localization and Corruption-panacea or Pandora's Box? In Ehtisham Ahmad and Vito Tanzi (eds.). Managing Fiscal Decentralization. Routledge Studies in the Modern World Economy. 2002.

Vito Tanzi. Pitfalls on the Road to Fiscal Decentralization. In Ehtisham Ahmad and Vito Tanzi (ed.). Managing Fiscal Decentralization. Routledge Studies in the Modern World Economy. 2002.

Wasylenko, M. Fiscal Decentralization and Economic Development. *Public Budgeting and Finance*, 1987, (7).

Wildasin, David. (ed.) Fiscal Aspects of Evolving Federations. Cambridge: Cambridge University Press. 1997.

William, Dillinger. Decentralization and Its Implications for Urban Services Delivery. Urban Management Programme. Discussion Paper No. 16. Washington D. C. : World Bank. 1994.

Woller, Gary M, Phillips Kerk. Fiscal Decentralization and LDC Economic Growth: An Empirical Investigation. *The Journal of Development Studies*, 1998, 34 (4).

World Bank. India Inclusive Growth and Service Delivery: Building on India's Success. Washington, D. C. : 2006.

Xie, D. Y. , Zou, H. F. , Davoodi, H. Fiscal Decentralization and Economic Growth in the United States. *Journal of Urban Economics*, 1999, 45 (2) .

Yilmaz, S. The Impact of Fiscal Decentralization on Macroeconomic Performance. in National Tax Association (ed.). Proceedings of the 92nd Annual Conference on Taxation 1999. Washington, D. C. : 2000.

Zhang, T. , Zou, H. F. , Fiscal Decentralization, Public Spending, and Economic Growth in China. *Journal of Public Economics*, 1998, 67 (2) .

Zhang, X. , Ravi Kanbur. Spatial Inequality in Education and Health Care in China. *China Economic Review*, 2005, 16 (2) .

Zhuang, J. , A. Ali. "Inequality and Inclusive Growth in Developing Asia". Introduction to A Book Publication. ADB, 2009.